어떻게 말할 것인가

세상을 바꾸는
18분의 기적 TED

어떻게 말할 것인가

카민 갤로 지음 | 유영훈 옮김

TALK

LIKE

TED

RHK
알에이치코리아

《어떻게 말할 것인가》는 놀라운 프레젠테이션 비법을 알려주는 똑똑하고 실용적인 책이다. 이 책은 발표하는 기술에 대한 단순한 설명으로 끝나지 않는다. 무엇이 당신의 마음을 움직이는지, 당신의 비전이 어떻게 타인의 마음을 움직이는지 깊은 이해와 통찰을 안겨준다.

_대니얼 핑크(Daniel Pink), 〈뉴욕 타임스〉 베스트셀러 1위
《파는 것이 인간이다(To Sell is Human)》, 《드라이브(Drive)》 저자

훌륭한 TED 강연 사례들을 통해 교훈과 통찰을 준다. 나아가 당신을 더 나은 발표자로 만들어주는 꼭 필요한 책이다.

_가이 가와사키(Guy Kawasaki), 애플의 전설적 마케터이자
《가이 가와사키의 시장을 지배하는 마케팅(Enchantment)》 저자

당신과 당신이 바라는 바를 가장 잘 전달할 방법을 알고 싶다면 이 책을 읽어라. 세상에서 가장 뛰어난 강연자들의 비법을 손에 넣을 것이다.

_댄 쇼벨(Dan Schawbel), 〈뉴욕 타임스〉 베스트셀러 《자신을 홍보하라(Promote Yourself)》,
《Me 2.0: 나만의 브랜드를 창조하라(Me 2.0)》 저자

영감을 주고 동기를 주어라. 누구라도 설득하라! 카민 갤로는 그렇게 나를 도왔고, 이제는 이 책으로 당신을 도와줄 것이다. 성공은 결국 자신의 비전과 생각과 제안을 얼마나 잘 말하느냐에 달렸다. 전문가처럼 말하는 방법을 배워라.

_**대런 하디**(Darren Hardy), 《석세스(Success)》의 출판인 겸 편집고문

갤로는 이 책에서 마법을 보여준다. 세상에서 가장 뛰어난 강연들이 정확히 어떤 이유로 그렇게 뛰어난지 알려주며, 이야기와 통찰과 열정으로 비밀을 공개한다. 그들의 비법을 당신의 프레젠테이션에 적용하라. 사람들은 당신의 이야기를 듣고 싶어 할 것이다.

_**댄 로암**(Dan Roam), 《생각을 SHOW하라(The Back of the Napkin)》,
《그림으로 말하라(Show and Tell)》 저자

현실감 있고 설득력이 있다. 어떻게 말해야 상대에게 먹히는지, 어떻게 하면 프레젠테이션을 망치는지를 최신 뇌과학 연구로 설명하는 책이다.

_**〈포춘**(Fortune)〉

《스티브 잡스 프레젠테이션의 비밀》을 쓴 카민 갤로는 의사소통 전문 가로서 TED 강연의 역동적 무대를 통해 효과적인 발표와 강연의 비밀을 밝혀냈다. 그 결과 스토리텔링에 초점을 맞춘 힘 있는 역작이 탄생했다. 이 책에는 TED 강연의 다양한 사례들이 등장하는데, 개중에는 빌 게이츠 같은 유명 인사의 강연도 있다. 타인과의 소통에서 성공하고 싶은 사람이라면 누구에게나 유용할 책이다.

_〈**퍼블리셔스 위클리**(Publishers Weekly)〉

이 책은 '긍정적으로 생각하고 열의를 보여주라'는 식의 식상한 내용을 벗어나 있다. 그보다는 프레젠테이션 수준 향상을 위한 구체적 기술과 전술에 초점을 맞추며, 이런 비밀 뒤에 놓인 과학을 설명한다. 또한 이 책은 실제로 해야 할 것과 하지 말아야 할 것을 잘 알려주면서 가치 있는 통찰도 한 아름 안겨준다. 당신도 이 책을 읽고 무대에 올라 청중을 사로잡기 바란다. 사람들에게 기억에 남는 이야기, 설득력 있는 이야기를 하기 바란다.

_〈**석세스**〉

카민 갤로의 이 책을 주목하지 않을 수 없다. 많은 것을 배울 수 있는 책이다. 이제 내 발표와 강연도 짧게 가져가고 틀도 다시 짜야겠다는 생각이 든다.
_〈INC〉

훌륭한 발표자나 강연자가 되고 싶은 사람들에게 필요한 것들을 이해하기 쉽게 설명한다. 충분한 연구와 조사를 통해 가장 최근의 최고 사례들만 실었다.
_〈**매니지먼트 투데이**(Management Today)〉

프레젠테이션의 대가로 거듭나 극적인 구성과 활기찬 발표를 하도록 돕는 강력한 도구다.
_〈**커커스 리뷰**(Kirkus Reviews)〉

끝내준다. 프레젠테이션을 준비하는 사람에게 적절한 조언과 격려를 해준다. TED 강연을 즐겨 보는 TED 팬들에게도 즐거운 선물이 될 것이다.
_〈**북리스트**(Booklist)〉

새로운 생각은 21세기의 화폐다

저는 학습하는 기계이며, 이곳은 배우는 장소입니다.
— 토니 로빈스, TED 2006

21세기에는 생각이 돈이다. 그런데 자신의 생각을 놀랍도록 잘 전달하는 이들이 있다. 오늘날 사회에서 그들의 언변은 세간의 평판과 영향력을 높이는 데 큰 역할을 한다. 훌륭한 대화에 담긴 담찬 사상은 큰 영감을 주며, 새로운 생각을 효과적으로 꾸려 전달하면 세상을 바꿀 수도 있다. 그러니 세계 최고의 강연자들이 공통적으로 지닌 바로 그 기술을 안다면 당신도 세상을 바꿀 수 있다.

그들의 발표를 듣고 있노라면 나도 모르게 탄성이 나온다. 그 비밀을 알면 누구나 듣는 이에게서 탄성이 나오게 할 수 있을까? 물론이다. 비밀은 세계적으로 명성이 자자한 어떤 강연회에 있다. TED는 기술(Technology), 교육(Education), 디자인(Design)의 줄임말로 세계 최고의 강연을 인터넷에 무료로 공개한다. 이 책을 쓰기 위해 나는 TED

강연 수백 편을 과학적으로 분석했고, 인기 있는 TED 강연자들과도 직접 만나 얘기를 들었다. 그리고 세계적 리더와 기업 경영자들이 멋진 발표와 강연을 할 수 있도록 다년간 지도했던 내 개인적 경험도 이 책에 덧붙였다.

《어떻게 말할 것인가》는 자신감을 갖고 권위 있게 말하고 싶은 당신을 위한 책이다. 그래야 하는 이유는 다양하다. 프레젠테이션 때문일 수도 있고, 상품이나 서비스를 팔기 위해서일 수도 있다. 영감을 주는 리더가 되고픈 이도 있을 것이다. 당신이 다른 사람과 나눌 만한 생각을 가지고 있다면 이 책은 그것을 훨씬 더 설득력 있게 전달할 수 있도록 도와줄 것이다.

2012년 3월 인권변호사 브라이언 스티븐슨(Bryan Stevenson)이 캘리포니아 롱비치에서 열린 연례 TED 강연회 연단에 올랐다. 청중은 1,000명 정도였다. 스티븐슨은 TED 강연 역사상 가장 긴 기립 박수를 받았고, 온라인에서 그의 강연 동영상은 200만 건에 육박하는 조회수를 기록했다. 스티븐슨은 강연하는 18분 동안 듣는 이의 머리와 가슴을 파고들며 그들의 넋을 빼앗았다. 머리와 가슴의 조합은 효과 만점이었다. 그날 참석자들은 스티븐슨의 비영리단체 '사법 평등을 위한 변호사 모임(Equal Justice Initiative)'에 도합 100만 달러를 기부했다. 강연 1분당 5만 5,000달러가 넘는 돈이 모인 셈이다.

스티븐슨은 파워포인트 강연을 하지 않았다. 시각 자료도, 슬라이드도, 무대 소품도 쓰지 않았다. 그날 그는 오직 이야기의 힘에만 의존했다. 물론 인기 있는 TED 강연자 중에는 서술 기법에 파워포인트로 방점을 찍는 방식을 선호하는 이들도 있다. 2011년 3월 데이비드 크리스천(David Christian) 교수 같은 경우는 눈이 즐거운 슬라이드와 흥미로운 시각 자료로 채워진 매혹적인 TED 강연을 했다. 130억 년 역사를 18분 동안 다루는 크리스천의 강연 동영상 조회수는 100만 건을 넘겼다. 그 후 그는 학교에서 '거대사(Big History)'를 가르치는 운동을 시작했다. 거대사를 통해 학생들은 세계가 어떻게 진화했고 우주에서 어떻게 지금의 자리에 있게 되었는지를 배운다.

크리스천과 스티븐슨의 강연은 서로 다른 형식을 추구했다. 하나는 이야기를 들려주며, 다른 하나는 다채로운 시각적 슬라이드 자료를 곁들인 엄청난 양의 정보를 전달한다. 하지만 양쪽 모두 청중을 사로잡았다. 그들의 강연은 재미있고, 영감을 주었다. 그 이유는 그들의 강연이 이 책에서 소개할 아홉 가지 비밀을 공유하기 때문이다. 그들은 설득의 과학과 기술을 알고 있다.

나는 TED 강연을 500편 넘게(150시간 분량 이상) 분석했고 성공적인 TED 강연자들과 직접 대화를 나누었다. 그 결과 가장 인기 있는 TED 강연은 아홉 가지 공통된 요소를 갖고 있다는 사실을 알아냈다. 또한 나는 유수의 신경과학자와 심리학자, 의사소통 전문가들을 만나 이야기를 들었다. 아홉 가지 요소의 기저에 깔린 원리들이 어떻게 작용하는지 더 자세히 알고 싶어서였다. 가장 중요한 점은 일단 그들의 비밀을 배우고 나면 이를 응용해서 다음번에 발표 등의 이야기를 할 때 확 달라질 수 있다는 것이다.

나 역시 이런 기술을 수년간 많은 사람들에게 알려왔다. 내가 발표와 강연을 도운 CEO와 사업가, 리더들 중에는 우리가 알고 있는 일상적인 제품을 발명했거나 그 회사를 운영하는 사람도 많았다. 당신이 실제 TED 무대에 설 일은 십중팔구 없을 것이다. 하지만 비즈니스에서 성공하기를 원한다면 TED 무대에 버금가는 프레젠테이션을 할 필요가 있다. 즉, 대담하고 신선하며 동시대적이면서도 눈을 뗄 수 없는 방식으로 상대의 마음을 사로잡는 프레젠테이션을 해야 한다.

널리 알릴 가치가 있는 생각

TED 강연회는 1984년 리처드 솔 워먼(Richard Saul Wurman)이 시작했다. 처음에는 일회성 행사였지만 6년 후 캘리포니아 몬터레이에서 나흘간의 강연회로 재탄생했다. 참석자들은 475달러를 내고 기술, 교육, 디자인, 줄여서 'TED'의 다양한 주제를 다루는 강연을 들었다. 기술 잡지를 발행하던 크리스 앤더슨(Chris Anderson)이 2001년에 이 강연회에 대한 권리를 사들였고, 2009년에 캘리포니아 롱비치로 장소를 이전했다. 2014년부터는 캐나다 밴쿠버에서 운영하기 시작했다. 자라나는 국제적 관심을 반영한 조치였다.

2005년까지 TED는 1년에 한 번 열리는 행사였다. 나흘간 50명의 강연자가 18분짜리 강연을 했다. 그러다 2005년에 앤더슨이 TED글로벌(TEDGlobal)이라는 자매 강연회를 추가하며 전 세계로 발을 뻗기 시작했고, 2009년에는 제3자인 다양한 공동체가 허가를 얻어 그들 나름의 TEDx 행사를 조직할 수 있도록 했다. 3년도 안 돼 전 세계에서 1만 6,000회가 넘는 TEDx 강연이 이루어졌다. 오늘날에는 130개국 이상에서 매일 다섯 지역꼴로 TEDx 행사가 열린다.

TED 강연회는 사업적으로도 놀라운 성장을 했다. 2006년 6월 TED.com(이하 TED닷컴)이 출범하면서부터는 전 세계의 훨씬 많은 인구가 TED 강연을 접하게 되었다. TED닷컴은 일단 대중의 반응을 보기 위해 여섯 편의 강연 동영상을 올렸다. 여섯 달이 흘렀다. 사이트에 올라온 강연은 40편 정도에 지나지 않았지만 조회수는 300만 건을 넘겼다. 세상 사람들은 호감 가는 방식으로 제시되는 위대한 생각에 굶주려 있었다. 그리고 그건 지금도 마찬가지다.

2012년 11월 13일 TED닷컴의 강연 동영상은 조회수가 10억 건에 이르렀다. 지금도 하루에 약 150만 회씩 재생되며 최대 90개 언어로 번역된다. 그리고 매일 매초마다 17편의 TED 강연이 재생된다. 이에 대해 TED 큐레이터 크리스 앤더슨은 이렇게 말한다. "원래는 1년에 한 번 800명이 모이는 자리였죠. 이제는 하루 100만 명이 온라인으로 TED 강연을 봅니다. 처음에 시범적으로 강연 몇 편을 인터넷에 올렸는데 반응이 정말 뜨거웠어요. 그래서 행사의 개념을 아예 단순한 강연회가 아니라 '널리 알릴 가치가 있는 생각'으로 확장했습니다. 대량 트래픽을 감당할 웹사이트를 만들고요. 하지만 여전히 강연회가 동력입니다. 웹사이트는 확성기죠. 새로운 생각을 세계에 전하는 확성기입니다."[1]

온라인에 처음 게시된 여섯 편의 TED 강연은 누리꾼들 사이에서 '고전'으로 통한다(TED에 애착을 갖고 강연을 챙겨 보는 이들을 '테드스터(TEDster)'라고 한다). 강연자는 앨 고어(Al Gore), 교육학자인 켄 로빈슨 경(Sir Ken Robinson), 자기계발 강사 토니 로빈스(Tony Robbins) 등이었다. 일부는 프레젠테이션 슬라이드를 사용한 전통적 방식의 강연을 했고 일부는 그러지 않았다. 하지만 그들 모두 가슴에 닿는 강연, 새롭고 색다르며 기억에 남는 강연을 했다.

오늘날 TED는 상당히 영향력 있는 무대가 되었다. 유명 배우와 뮤지션들은 전하고픈 생각이 있을 때면 TED로 직행한다. 영화 〈아르고 (Argo)〉를 감독한 벤 애플렉도 아카데미 작품상을 받은 후 며칠 뒤에 롱비치의 TED 무대에 모습을 드러냈다. 그는 콩고에서의 작업에 대해 이야기했다. 앞서 그 주에 U2의 보컬 보노도 전 세계 빈곤 퇴치 운동의 성공에 관한 강연을 했다. 자신이 생각 있는 사람임을 알리고 싶은 유명인은 TED 무대에 오른다. 페이스북의 COO(최고운영책임자)인 셰릴 샌드버그(Sheryl Sandberg)는 직장 여성을 주제로 TED 강연을 했다. 그 동영상이 TED닷컴에서 큰 인기를 끌자《린 인(Lean In)》을 썼고, 이 책은 베스트셀러가 되었다.

TED 강연은 사람들이 세상을 보는 방식을 바꾸었다. 그리고 예술과 디자인, 비즈니스, 교육, 건강, 과학, 기술, 범세계적 문제 등의 분야에서 운동을 시작하는 도약대가 되었다. 다큐멘터리 영화감독 대프니 주니거(Daphne Zuniga)는 2006년 강연회에 참여했다. 그녀는 TED를 가리켜 "정신을 위한 '태양의 서커스' 같은 장소에서 세계 최고의 사업가와 디자이너, 과학자, 예술가들이 새롭고 놀라운 생각을 드러내는 모임"[2]이라고 묘사했다. 그녀는 세상에 이런 자리는 없다고 말한다. "배움과 열정과 영감의 나흘이죠. (…) 지적인 자극을 받습니다. 하지만 머리로 이해한 생각이 마음도 울릴 줄은 정말 몰랐어요." 오프라 윈프리는 더 간결하게 정리했다. "TED는 뛰어난 사람들이 다른 뛰어난 사람들의 생각을 듣기 위해 가는 곳입니다."

스티브 잡스 프레젠테이션의 비밀

나는 TED 강연을 분석하는 특별한 작업을 한다. 베스트셀러《스티브 잡스 프레젠테이션의 비밀(The Presentation Secrets of Steve Jobs)》을 써낸 적도 있다. 유명 CEO들이 그 책에서 밝힌 원리들을 종종 사용하며, 전 세계의 전문직 종사자 수십만 명도 이를 통해 그들의 프레젠테이션을 개선한다. 베스트셀러 작가가 된 나는 우쭐한 기분을 느꼈다. 하지만 그전에 잡스의 기술들이 그의 전매특허가 아님을 독자들이 알았으면 했다. 애플의 공동 설립자이자 대단한 기술적 이상과 전망을 지녔던 잡스는 다만 모든 것을 통합하는 데 매우 능란했을 뿐이다. 그가 보여준 화법은 TED의 그것과 일맥상통한다.

스티브 잡스의 유명한 2005년 스탠퍼드대학교 졸업식 연설에 모든 요점이 담겨 있다. 청중을 휘어잡는 잡스의 능력을 단적으로 보여준 이 졸업 연설은 TED닷컴에서 가장 인기 있는 동영상 중 하나다. 공식 TED 강연은 아니지만 TED 최고의 강연들과 동일한 요소를 담고 있으며 조회수는 1,500만 건이 넘는다.

"여러분의 시간은 한정되어 있습니다. 그러니 다른 누군가의 삶을 사느라 인생을 허비하지 마세요.[3] 독단적인 고정관념의 덫에 걸리지 마세요. 그건 다른 사람의 생각으로 내 인생을 사는 겁니다." 잡스는 졸업생들에게 이야기했다. "타인의 머릿속에서 나오는 잡음에 내 내면의 소리가 묻히게 놔두지 마세요. 가장 중요한 건 본인의 마음과 직관을 따르는 용기입니다. 정답은 여러분의 가슴 깊은 곳에 이미 놓여 있습니다."

TED 강연을 좋아하는 사람에게 잡스의 말은 가슴에 확 와 닿았다. 그들은 뭔가를 구하고 배우는 데 열정적이며 현상 유지에 만족하지 않는다. 그들은 세상을 움직일 영감과 혁신적 발상을 찾는다. 전작에서 스티브 잡스라는 대가의 기술을 배웠다면 다른 대가들은 《어떻게 말할 것인가》에서 만날 수 있다.

21세기를 위한 데일 카네기

《어떻게 말할 것인가》는 현재 서점에 있는 어떤 책보다도 의사 전달의 과학을 깊이 파고든다. 이 책에서 당신은 과학자, 작가, 교육자, 환경운동가, 유명 지도자들이 그들의 삶을 이야기할 준비를 하고 전달하는 과정을 보게 될 것이다. TED 웹사이트에서 무료로 제공되는 1,500개 이상의 강연 모두가 대중 연설에 대한 중요한 핵심을 담고 있다.

TED 강연에서 대중 연설의 비밀을 찾는 책을 쓰기로 마음먹었을 때, 나는 처음에는 '21세기를 위한 데일 카네기(Dale Carnegie for the Twenty-first Century)'라는 제목을 생각했다. 카네기는 1915년에 대중을 대상으로 대중 연설에 대한 자기계발서를 최초로 써냈다. 바로 《데일 카네기의 표현력 강의(The Art of Public Speaking)》다. 카네기의 통찰은 흠잡을 데 없었다. 그는 말하는 시간을 짧게 가져가라고 했다. 그리고 이야기야말로 듣는 이와 정서적으로 이어지는 강력한 방법이라고 주장했으며, 비유나 유추 같은 수사적 장치들을 권했다.

당시는 파워포인트가 개발되기 70~80년 전으로, 카네기는 그때부터 시각적 보조재를 권했던 것이다. 그는 사람들의 마음을 움직이기 위한 열정과 연습, 강력한 전달의 중요성을 알고 있었다. 1915년에 카네기가 추천했던 모든 것은 지금까지도 효과적인 의사 전달의 기초로 남아 있다.

카네기의 통찰은 옳았다. 하지만 그에게는 현대적인 장비가 없었다. 오늘날 과학자들은 fMRI(기능적 자기공명영상)를 사용해서 사람의 두뇌를 촬영한다. 그래서 말을 한다거나 듣는 것 같은 특정한 활동을 할 때 뇌에서 정확히 어떤 위치가 활성화되는지를 관찰한다. 과학자들은 이런 기술을 비롯해 현대 과학이 발명해낸 여러 가지 도구를 가지고 의사소통 분야 연구에서 장족의 발전을 이뤄냈다.

이 책에 실린 비밀들 역시 세계 최고의 석학들이 밝혀낸 최신 과학연구 결과에 바탕을 두고 있다. 한마디로 검증되었다는 이야기다. 열정은 전염되는가? 이야기는 말하는 이의 정신과 듣는 이의 정신을 실제로 '동기화'할 수 있는가? 18분 강연이 60분짜리 강연을 능가하는 이유는 무엇인가? 청중에게 모기를 날려 보낸 빌 게이츠의 동영상에 사람들은 왜 반응했는가? 이 질문들에 대한 답을 이 책에서 찾을 수 있을 것이다.

한편 카네기에게는 대중 연설의 기술에서 가장 유용한 도구인 인터넷이 없었다. 인터넷은 카네기 사후 40년까지도 상용화되지 않았다. 지금은 초고속 인터넷 덕분에 누구나 TED닷컴의 동영상을 시청하고 세계적 인사들이 풀어내는 그들 일생일대의 강연을 들을 수 있다. 하지만 그들의 강연을 시청하기에 앞서 이 책에서 소개하는 아홉 가지 비밀을 먼저 살펴보고, 인기 있는 TED 강연자들의 대담을 읽은 후 그 뒤에 있는 과학적 원리를 이해하는 것이 중요하다. 그런 다음 TED닷컴으로 들어가서 이 기술들이 사용된 강연 동영상들을 확인하면 훨씬 도움이 될 것이다.

우리는 모두 영업 중이다

인기 있는 TED 강연자들은 새로운 생각의 바다에서도 돋보이는 강연을 한다. 대니얼 핑크는 《파는 것이 인간이다》에서 "좋든 싫든 우리는 지금 모두 판매 영업을 하고 있다"[4]고 썼다. 만일 당신이 TED 무대에 서달라는 초청을 받았다면 《어떻게 말할 것인가》는 교과서나 다름없을 것이다. 하지만 TED에 초청받지 않았고, 그럴 생각이 없다고 해도 이 책은 아주 유용하게 쓰일 것이다. 당신 자신과 당신의 생각을 가장 설득력 있게 판매하는 방법을 알려주기 때문이다. 그것도 기대 이상으로 말이다.

이 책은 청중에게 영감을 주었던 모든 강연에 공통된 요소들을 어떻게 체득하는지 알려준다. 그리고 당신을 리더로, 뛰어난 화법의 소유자로 탈바꿈시켜 줄 것이다. 한 가지 기억할 것이 있다. 아무리 위대한 생각을 품었다고 해도 상대방에게 영감을 줄 수 없다면 그것은 무의미하다. 생각은 오직 그 생각이 전달되어 만들어내는 행동만큼만 유의미하다.

《어떻게 말할 것인가》는 세 파트로 나뉘어 있다. 각 파트마다 영감을 주는 강연의 세 가지 요소를 하나씩 다룰 것이다. 사람들의 마음을 끄는 강연은 다음과 같은 특징을 갖는다.

- **가슴에 와 닿는다** 그들은 가슴을 울린다.
- **새롭고 색다르다** 그들은 새로운 뭔가를 가르친다.
- **기억에 남는다** 그들은 절대 잊히지 않을 방식을 통해 내용을 전달한다.

가슴에 와 닿는다

위대한 강연은 머리를 깨고 가슴을 울린다. 하지만 대부분의 사람들은 생각을 전할 때 '가슴' 부분을 잊는다. Chapter 1에서는 '내 안의 대가'를 깨우는 방법을 다룬다. 그러기 위해서는 먼저 자기 열정의 진정한 근원을 파악해야 한다. 일반 언론에 결코 소개된 적 없는 연구 자료들을 통해 왜 열정이 연설의 기술을 익히는 데 중요한 열쇠인지 설명할 것이다.

Chapter 2에서는 스토리텔링 기법을 다룰 것이다. 이야기는 듣는 이의 감정이입을 돕는다. 여기서도 최신의 연구 결과를 통해 이야기가 화자의 정신과 청자의 정신을 어떻게 '동기화'하는지 보여줄 것이다. 당신이 했던 어떤 경험보다도 훨씬 깊고 의미 있게 연결될 수 있는 스토리텔링을 다룬다.

Chapter 3은 TED 강연에서 볼 수 있는 진실되고 자연스런 신체 언어 및 말 전달에 관한 내용을 다룬다. 뛰어난 TED 강연자들은 많은 청중 앞에서도 마치 개인적인 대화를 나누듯 자연스럽게 말한다. 어떤 강연자는 강연 예행연습에 무려 200시간을 할애하기도 한다. 이 장에서는 그들의 연습 방식을 소개하고, 이를 통해 당신의 존재감을 키워주면서 더 편안하고도 강렬한 인상을 남기는 생각을 전달하는 기술을 배울 것이다.

새롭고 색다르다

내가 만난 신경과학자들은 새로움과 색다름이야말로 사람들의 주의를 끄는 가장 효과적인 방법이라고 주장한다. 유튜브의 트렌드 매니저 케빈 앨로카(Kevin Allocca)는 한 TED 강연에서 "요즘은 매분마다 이틀 분량의 동영상이 업로드된다"며 "정말 특별하고 독창적인 것만이 눈에 띈다"고 말했다. 인간의 두뇌는 새롭고 색다른 것을 그냥 지나치지 못한다. 새롭고 색다를 수 있다면 누구도 당신의 말을 흘려듣지 못할 것이다.

Chapter 4에서는 최고 기량의 TED 강연자들이 새로운 정보나 어떤 연구 분야에 대한 특별한 접근 방식을 통해 청중과 하나가 되는 방법을 탐구할 것이다. Chapter 5는 탄성이 나오는 순간에 관한 내용이다. 여기서는 탄성의 순간을 의도적으로 면밀히 계산해 연출하는 강연자들에게 초점을 맞춘다. 청중은 몇 년이 흘러도 그 순간을 잊지 못한다.

Chapter 6은 진솔한 유머에 대해 이야기한다. 이는 까다롭지만 중요한 요소다. 언제 유머를 사용해야 하는가? 어떻게 써야 하는가? 우스갯소리를 입에 담지 않고도 재미있을 수 있는 방법은 무엇인가? 유머는 매번 특별해야 한다. 그리고 화자 개개인의 방식에 녹아들어야만 한다.

기억에 남는다

어느 날 갑자기 기막힌 발상이 떠오를 수 있다. 하지만 그 기막힌 발상을 전해주었다고 해도 사람들이 기억하지 못한다면 아무 소용없는 일이 아닐까? 그래서 Chapter 7에서는 TED의 18분이라는 강의 시간이 왜 요점을 전달하는 가장 이상적인 분량인지를 알아본다. 물론 여기에도 과학적 증거가 뒷받침된다. Chapter 8은 생생하고 다양한 감각 경험이 왜 중요한지를 다룬다. 복합적 감각은 청중이 내용을 더 잘 기억하게 한다.

마지막으로, Chapter 9는 자기 길을 지키는 것의 중요성을 강조한다. 결국 이것이 진실함과 진정성을 갖는 궁극적인 방법이다. 진정성이야말로 상대에게 신뢰감을 주기 때문이다.

이 책의 각 장은 인기 있는 TED 강연자 대다수에게 공통된 기술을 하나씩 다룬다. 더불어 사례와 설명, 그리고 강연자들과 직접 나눈 대화 내용을 실었다. 또한 각 장마다 'TED note'를 넣었는데, 여기에는 당신이 다음번 발표나 상담 때 바로 응용해서 사용할 수 있는 구체적 정보가 담겨 있다. 강연자의 이름이나 강연 제목을 참고해 TED닷컴에서 관련 강연 동영상을 쉽게 찾아볼 수 있다.

각 장마다 해당 내용을 뒷받침하는 과학적 근거를 살펴볼 것이다. 그것이 왜 작동하는지, 어떻게 하면 그 기술로 강연과 발표의 차원을 한 단계 높일 수 있는지 알아본다. 지난 10년간 인간의 마음에 대해 우리가 아는 것보다 훨씬 더 많은 사실이 밝혀졌다. 이 새로운 성과를 통해 당신은 다음번 발표나 상담을 지금과는 전혀 다르게 꾸릴 수 있을 것이다.

대가로부터 배워라

《마스터리의 법칙(Mastery)》에서 로버트 그린(Robert Greene)은 우리 모두가 인간 잠재력의 한계를 밀어붙일 능력을 갖고 있다고 주장한다. 힘과 지력, 창의력은 올바른 사고방식과 기술로 깨워낼 수 있는 힘이다. 예술, 음악, 스포츠, 연설 등 각자 자신의 분야에서 대가인 사람들은 세상을 다른 방식으로 본다. 그린은 '천재(genius)'라는 말의 신비감을 벗겨내야 한다고 믿는다. "과거에는 대가들이 오직 꿈만 꿀 수 있었던 정보와 지식에 대한 접근"[5]이 지금 우리에게는 가능하기 때문이다.

그런 면에서 TED닷컴은 '금광'이다. 의사소통, 설득, 강연과 연설 분야에서 대가가 되고픈 이들에게는 광맥이나 다름없다. 《어떻게 말할 것인가》는 당신에게 도구를 제공하고 사용법을 알려줄 것이다. 이를 통해 당신은 자신만의 목소리를 발견하고, 어쩌면 '노다지'를 캐낼 수 있을지도 모른다.

의사 전달에서 평균 이상을 하는 사람은 보통 다른 이들보다 더 성공한다. 하지만 위대한 소통 능력을 지닌 이들은 새로운 움직임을 시작한다. 제퍼슨, 링컨, 처칠, 케네디, 킹, 레이건 등은 지금까지도 그들의 성(姓)으로 기억되고 존경을 받는다. 반면 비즈니스에서 의사소통을 잘하지 못한다는 것은 실패의 지름길이다. 창업자는 투자를 받지 못하고 상품이 팔리지 않으며, 기획에는 후원이 붙지 않고 경력은 날아오르지 못한다.

하지만 TED 수준의 강연이 가능하다면 불확실성의 세계에서 절망하며 버틸 필요 없이 마음껏 갈채를 즐길 수 있다. 당신은 살아 있으며 삶의 목적이 있다. 당신은 위대해져서 마땅하다. 생각을 잘 전달하지 못한다는 이유로 당신의 잠재력이 평가 절하될 이유는 없다.

TED 2006에서 동기부여 강사 토니 로빈스는 이렇게 말했다. "유능한 지도자는 자신과 다른 이들을 움직여 행동하게 만드는 능력이 있습니다. 그 이유는 그들이 우리를 만든 보이지 않는 힘을 이해하고 있기 때문입니다."[6] 열정적이고 강력한, 상대를 북돋우는 소통은 우리를 만들고 움직이게 하는 힘들 중 하나다. 오래된 문제를 해결하는 새로운 방법, 영감을 주는 이야기들, 정보를 전달하는 흥미진진한 방식, 그리고 기립 박수. 이것이 바로 세상에 알려진 'TED 순간'이다. TED 순간을 창조하라. 청중을 사로잡고 그들에게 영감을 주어라. 그리고 세상을 바꿔라. 여기에 그 방법이 있다.

PART 2 새롭고 색다르다

가슴에 와 닿는다

TED 강연의 핵심은 자신을 거의 다 노출한 채 다른 누군가와 직접적으로 이어진다는 겁니다.
무대에 알몸으로 서는 거죠. 감동, 꿈, 상상력 같은 인간적 느낌이 살아 있는 강연이 가장 잘 먹힙니다.

─크리스 앤더슨, TED 큐레이터

Chapter
ONE

내 안의
대가를 깨워라

열정이야말로 당신의 재능을
가장 잘 표현하도록 도와줍니다.
— 래리 스미스(Larry Smith), 2011년 11월 TEDx

에이미 멀린스(Aimee Mullins)에게는 열두 쌍의 다리가 있다. 대부분의 사람들처럼 그녀도 두 다리를 가지고 태어났지만 의학적 이유로 양쪽 무릎 아래 다리를 절단해야만 했다. 그녀는 첫 생일 이후로 아랫다리 없이 살아왔다.

멀린스는 미국 펜실베이니아 주 앨런타운의 평범한 가정에서 태어났다. 그녀의 주치의는 다리를 빨리 절단해야 그나마 앉은뱅이 신세를 면할 것이라고 했다. 아기였던 멀린스는 의사결정에 참여할 수 없었다. 하지만 그녀는 자라나면서 스스로 장애인이기를 거부했다. 그녀는 의족을 장착했고, 이로써 일반 사람들은 꿈만 꿀 수 있는 '슈퍼파워'를 갖게 되었다고 생각했다.

멀린스는 '장애'의 의미를 재정의한다. 그녀는 코미디언이자 방송

인인 스티븐 콜베어(Stephen Colbert)의 TV 토크쇼에 출연해서, 다른 여배우들의 가슴에는 자기 몸 전체에 있는 것보다 더 많은 보형물이 들어 있을 거라며 이렇게 말했다. "그렇다고 우리가 할리우드 여배우를 장애인이라 하지는 않잖아요?"

멀린스는 자신의 슈퍼 파워, 즉 의족을 잘 활용했다. 조지타운대학교에서 열린 전미대학체전 육상 경기에 참가해 일반 선수들과 함께 트랙을 달렸다. 1996년 장애인올림픽 육상경기에서는 세계 신기록을 세 개나 깼다. 그리고 패션모델과 영화배우가 되어 미국 연예주간지 〈피플(People)〉이 선정한 올해의 가장 아름다운 인물 50명 안에 들기도 했다.

키 165센티미터의 멀린스는 2009년 185센티미터의 키로 TED 무대에 섰다. 그날 강연을 위해 그녀가 스스로 선택한 키였다. 멀린스는 매번 상황에 맞춰 적합한 다리를 고른다. 맨해튼 거리를 걸을 때는 기능성 좋은 의족을 끼고, 파티나 행사에 참석할 때는 스타일에 신경 쓴 의족을 사용한다.

"TED 강연을 발판 삼아 다음 10년의 인생 계획을 세웠습니다."[1]라고 멀린스는 말한다. 그녀는 TED 강연을 통해 장애를 지닌 사람을 바라보는 사회적 인식을 근본적으로 바꾸는 대화를 시작했다고 믿는다. 이에 영감을 받은 혁신가와 디자이너, 예술가들은 창의적이면서도 마치 살아 있는 듯한 의족을 제작해냈다. 원래 의료용 인공 보조물과는 전혀 상관없는 삶을 살던 이들이었다. "모자람을 극복한다는 이야기가 아닙니다. 잠재력을 이야기하는 겁니다. 이제 의수족은 결함을 채운다는 의미가 아니에요. (…) 사회에서 장애인으로 여겨졌던 분들이 이제는 자신의 정체성을 스스로 만들어가는 건축가가 될 수 있습니다. 스스로 선택하여 육체를 개선함으로써 자신의 정체성을 계속 바꿔가는 것입니다. (…) 이것이 우리의 인간성입니다. 모든 잠재력이 그 안에 있고, 그것이 우리를 아름답게 합니다."

멀린스의 결단은 그녀를 세계적인 육상선수로 만들었다. 그리고 그녀의 열정은 TED 청중의 가슴을 울렸다.

▎첫 번째 비밀: 내 안의 대가를 깨워라

첫 번째 비밀은 말하려는 주제와 연결된, 내 안의 특별하고 의미 있는 것을 확인하기 위해 깊이 고민하라는 것이다. 열정은 내 안의 대가를 깨운다. 열정이 담기지 않은 말은 아무것도 아니다. 하지만 나를 불태우는 열정의 정체가 명확하지 않을 수 있다는 점도 기억해야 한다. 에이미 멀린스의 열정은 의족에 있지 않았다. 인간의 잠재력을 깨워내는 데 있었다.

작동 원리 과학적 연구에 따르면 열정은 전염된다. 말 그대로다. 스스로 영감을 받지 않으면 타인에게 영감을 줄 수도 없다. 당신이 말하려는 주제와 연결된 내면의 열의와 열정, 의미를 전한다면 사람들은 더 쉽게 설득되고 영감을 받는다.

2012년 10월 캐머런 러셀(Cameron Russell)은 한 TEDx 무대에서 이렇게 말했다. "외모가 전부는 아닙니다."[2] 뻔한 얘기처럼 들린다. 이 말이 다른 누군가의 입에서 나왔다면 확실히 그럴 것이다. 하지만 러셀은 일류 패션모델이다. 그녀는 강연을 시작한 지 30초도 안 돼서 옷을 바꿔 입었다. 노출이 심하고 몸에 붙는 검은색 드레스 위로 치마를 두르더니, 굽이 20센티미터 되는 하이힐을 벗고 단화를 신은 다음 터틀넥 스웨터를 껴입었다.

"제가 왜 옷을 바꿔 입었을까요?" 그녀는 청중에게 물었다. "외모가 주는 인상은 강력하지만 동시에 표면적이기도 하죠. 방금 저는 30초 만에 저에 대한 여러분의 생각을 완전히 바꿨습니다."

러셀은 자신을 유명 속옷 모델로 소개했다. 그녀는 빅토리아시크릿(Victoria's Secret)의 런웨이를 걷고 패션 잡지 표지에 등장한다. 그리고 모델 일이 좋다는 것을 인정한다. 이 일을 하면서 그녀는 대학 등록금도 벌었다. 하지만 자신이 "유전적 로또에 맞았다"는 사실 역시 직시한다.

러셀은 청중에게 모델이 되기 전과 후를 비교한 여러 장의 사진을 보여줬다. 비슷한 시기에 찍은 두 장의 사진이었다. 모델의 되기 전 사진에는 일상적이고 자연스런 모습들이 담겨 있었고 모델이 된 후의 사진들은 상업적으로 쓰일 최종 이미지였다. 물론 두 사진을 보면 정말로 같은 사람을 찍은 건가 싶을 정도다.

한 사진에는 러셀이 젊은 남자 모델과 유혹적인 자세를 취하고 있었다. 남자의 손은 그녀 청바지 뒷주머니에 꽂혀 있었다. 당시 러셀은 열여섯 살이었고 남자 친구를 사귄 경험조차 없었다고 한다. "여러분이 보는 사진들은 진짜 제 모습이 아닙니다. 이 사실을 아시면 좋겠습니다. 이건 가공된 이미지로, 여러 전문가들이 협업해 만든 것입니다. 미용 전문가, 메이크업 전문가, 의상 전문가, 사진작가 분들이 조수들과 함께 사전, 사후 작업을 해서 내놓은 결과물이죠. 그분들의 작품입니다. 이건 제가 아니에요."

러셀은 모델 분야에서 대가라 할 수 있었다. 하지만 그녀의 열정은 모델 일에 있지 않았다. 그보다는 어린 소녀들에게 자긍심을 불어넣는 일에 열심이었다. 이것이 그녀가 청중과 연결된 이유다. 열정은 전염되기 때문이다. "진짜로 어떻게 모델이 됐냐고요? 유전적 로또를 맞았거든요. 조상님 덕을 봤고요. 무슨 뜻이냐고요? 생물학적으로 따지면 인간의 아름다움이란 건강과 젊음, 조화로움으로 판가름이 납니다. 하지만 지난 수 세기 동안 인류는 훤칠하고 날씬한 몸매, 여성스러움, 하얀 피부도 아름다움의 잣대로 여겨왔습니다. 이것이 제가 받은 유산입니다. 덕분에 돈도 적잖이 벌었고요."

러셀은 타고난 외모로 모델이 되었다. 하지만 그녀를 성공적인 강연자로 만든 건 열정이었다.

러셀과 앞서 에이미 멀린스에게는 무대가 주어졌다. 둘 다 자기 분야의 대가이기 때문이다. 하지만 그들이 청중과 연결된 이유는 각자의 주제에 대한 열정이 있었기 때문이다. 강연자의 직업 활동이 늘 그들의 열정에 불을 지피는 것은 아니다. 러셀은 카메라 앞에서 자세를 취하는 것에 관해 이야기하지 않았다. 멀린스도 육상 경기장의 경쟁에 관해 말하지 않았다. 그들은 자신의 '삶'에 대해 이야기했다.

어느 분야에서든 소통을 잘하는 이들에게는 공통점이 있다. 인기 있는 TED 강연자들에게도 있는 그 공통점은 바로 열정이다. 이는 자신의 생각을 반드시 타인과 나누고픈 강박이라고도 할 수 있다. 인기 있는 TED 강연자들은 '직업'을 갖지 않는다. 그들에게는 열정과 집념,

소명이 있을 뿐 직업은 없다. 하지만 그들은 무대에 올라 그들의 생각을 나눠달라는 요청을 받는다.

스스로 영감을 받지 않으면 다른 사람에게도 영감을 줄 수 없다. 《마스터리의 법칙》에서 로버트 그린은 "우리 문화는 생각과 지적인 능력을 성공 및 성취와 동일시하는 경향이 있다. 하지만 어느 한 분야의 대가를 단순히 그 일을 하는 다수와 구분 짓는 것은 여러모로 감성적인 자질이다"[3]라고 말한다. "우리의 욕망과 인내, 고집과 자신감의 정도가 결국 순수한 이성적 힘보다 성공에 훨씬 더 지대한 역할을 한다. 동기부여가 되고 활기에 넘치는 사람은 거의 모든 것을 극복할 수 있다. 하지만 지루하고 불안한 기분일 때 우리의 마음은 스위치를 내린다. 그러면 점점 수동적이 된다." 동기부여가 되고 활기에 넘치는 사람의 말은 지루해하고 수동적인 사람의 말보다 언제나 더 흥미롭고 흡입력이 있다.

나는 CEO들과 자주 일한다. 신상품 출시나 중요한 계획을 앞둔 그들이 자신의 브랜드를 더 효과적이고 설득력 있게 말하도록 돕는 것이다. 인텔, 코카콜라, 셰브런, 화이자 등 전 세계 다양한 분야의 기업 CEO들을 상대하는데, 어느 대륙의 어느 나라에서 어떤 언어로 말하든 간에 이들은 영감을 주는 지도자로서 열정과 열의를 진솔하게 표현한다. 그리고 소비자들은 그들의 손을 들어준다.

여러 해 동안 CEO들과 일하면서 나는 항상 같은 질문으로 시작했다. '당신은 무엇에 열정이 있습니까?' 이야기를 만드는 초기 단계에서 주목하는 것은 상품 자체가 아니다. 이야기를 풀어낼 당사자가 어떤 상품이나 서비스에 왜 그토록 고무되어 있는지에 집중한다. 스타벅스 창업자인 하워드 슐츠(Howard Schultz)는 커피보다 "집과 일터 사이에 제3의 장소를 만드는 일"에 더 열정을 쏟는다고 말한다. "존중받는 직원들이 고객에게 특별한 서비스를 제공하는 장소"라는 것이다. 커피가 상품이지만 스타벅스는 고객 서비스 사업을 한다.

온라인 신발 쇼핑몰 자포스(Zappos)의 설립자인 토니 셰이(Tony Hsieh)의 열정도 신발에 있지 않다. 그 역시 행복을 전하는 데 열정이 있다. 그가 스스로에게 던지는 질문은 이렇다. '어떻게 하면 직원들이 행복할까? 어떻게 하면 쇼핑몰 이용자들이 행복할까?' 어떤 질문을 하느냐에 따라 결과는 아주 달라질 수 있다. '무엇이 내 상품인가?'라고 묻는 것보다 '나는 정말로 어떤 사업을 하고 있는가? 무엇에 진짜 열정이 있는가?'라고 묻는 편이 더 효과적이다. 토니 셰이는 고객 서비스와 직원 참여에 많은 열정을 쏟는다. 그리고 그는 인기 연사다. 전 세계의 다양한 행사와 콘퍼런스에서 그를 부른다(밀려드는 요청에 수락보다 거절을 훨씬 많이 해야만 한다).

수많은 연설과 강연, 발표들이 무미건조한 이유는 주제에 대한 열정과 애착이 없기 때문이다. 열정이 담긴 말은 사막에서 얼음물을 마실 때만큼이나 시원하다는 사실을 기억하라.

무엇이 가슴을 뛰게 하는가

최근에 나는 CEO들, 내게 더 나은 소통법을 물어온 경영자들에게 던지는 첫 질문을 바꾸었다. 스티브 잡스는 그의 마지막 공개 프레젠테이션에서 이렇게 말했다. "과학기술과 교양 학문의 교차로에서 우리는 가슴이 뜁니다." 나도 요즘은 '당신은 무엇에 열정이 있습니까?'라는 질문 대신에 '무엇이 당신의 가슴을 뛰게 합니까?'라고 질문한다. 이 질문에 대한 답이 먼저의 질문보다 더 깊이가 있고 가슴을 설레게 하기 때문이다.

한번은 캘리포니아 농산업계의 한 고객과 일한 적이 있었다. 캘리포니아의 주요 작물 중 하나인 딸기를 기르는 재배자들의 협회장이었다. 그는 내 질문에 이렇게 답했다.

- **질문 1 '무엇을 하십니까?'**

"캘리포니아딸기위원회의 CEO입니다."

- **질문 2 '무엇에 열정이 있습니까?'**

"캘리포니아 딸기를 판촉하는 일에 열정이 있습니다."

- **질문 3 '딸기 산업의 무엇이 당신의 가슴을 뛰게 합니까?'**

"아메리칸 드림이죠. 이민자인 부모님은 밭에서 일했어요. 그러다 마침내 조그만 땅뙈기를 살 수 있게 되었습니다. 그곳에서 딸기를 길렀죠. 딸기 농사는 꼭 넓은 땅이 아니어도 되니까요. 꼭 땅주인일 필요도 없고요. 도지로 얻어서 농사를 지으면 되는 거죠. 아메리칸 드림의 징검다리였어요."

세 번째 질문에 대한 답이 앞의 답들보다 훨씬 더 흥미롭다. 누가보더라도 그렇다. 무엇이 당신의 가슴을 뛰게 하는가? 그것을 밝혀내라. 그리고 다른 사람들과 나누어라.

무엇이 가슴을 뛰게 하는가? 스스로에게 물어보자. '무엇이 내 가슴을 뛰게 하는가?' 당신의 열정은 지나가는 관심사나 취미 같은 게 아니다. 자기 정체성을 강하게 규정하는 핵심적인 무엇이다. 일단 내 열정의 정체를 확인해야 하다. 그리고 물어야 한다. '내 열정이 내 일상 활동에 영향을 주는가? 그 열정이 내 직업적 일에 녹아드는가?' 진짜 열정이 당신이 말하는 주제가 되어야 한다. 그것이 듣는 이에게 진정한 영감을 준다.

당신도 행복한 사람이 될 수 있다

마티외 리카르(Matthieu Ricard)는 세상에서 가장 행복한 사람이다. 그는 이 사실이 썩 마음에 들지 않는다. 2004년 리카르는 TED 무대에서 행복의 습관을 전하기 위해 네팔 카트만두의 셰첸(Shechen) 수도원에서 캘리포니아 몬터레이로 왔다.

리카르에 따르면 행복은 "깊은 수준의 평온함과 충만감"이다. 그의 마음 상태가 그렇다. 그는 단지 삶이 만족스러운 게 아니다. 정말, 정말로 행복하다. 이것은 과학적으로 측정할 수 있는 수치를 넘어선 행복이다.

리카르는 위스콘신대학교 매디슨 캠퍼스의 한 연구에 자원했다. 연구진은 리카르의 뇌파를 측정하기 위해 그의 두피에 256개의 작은 전극을 붙였다. 같은 실험이 다른 수백 명의 명상가들에게도 행해졌고, 그들의 행복은 수치화되어 점수로 매겨졌다. 그 결과 리카르가 받은 점수는 그냥 평균 이상 정도가 아니었다. 연구진은 기존의 신경과학 자료 어디에서도 비슷한 사례조차 찾을 수 없었다. 리카르의 두뇌 분석 결과는 다음과 같았다. "두뇌의 좌측 전전두엽이 우측에 비해 과도한 활동을 해서 행복 수용력을 비정상적으로 확대하며 부정적 성향을 줄인다."[4]

리카르는 세상에서 가장 행복한 사람이라는 꼬리표가 마음에 들지 않는 눈치다. "실은 누구나 행복할 수 있습니다. 행복은 올바른 곳에서 찾아야 합니다. 지혜와 연민과 이타적 마음을 오래도록 길러내야 진정한 행복이 올 수 있습니다. 또, 증오와 탐욕과 무지 같은 정신적 독소를 완벽히 제거해야 합니다."[5]

'행복의 습관(The Habits of Happiness)'이라는 제목을 단 리카르의 강연 영상은 TED닷컴에서 200만 번 넘게 조회되었다. 사람들이 리카르의 강연에 열광한 이유는 무엇일까? 나는 자신의 생각을 진심으로 나누고픈 그가 기쁨을 발했기 때문이라고 믿는다. 실제로 리카르는 이렇게 말했다. "이런 생각이 제게 소중한 이유는 단지 개인적으로 많은 충만감을 얻기 때문만이 아니라 사회에 좋은 영향을 끼칠 것이라고 확신하기 때문입니다. 특히 저는 연민과 이타적 마음이 사치가 아니라 현대 사회가 직면한 문제들을 해결하기 위해 꼭 필요한 것임을 보여주고 싶은 열정이 있습니다. 그래서 강연이나 연설을 요청받으면 제 생각을 전할 좋은 기회다 싶어 기꺼이 수락합니다."[6]

성공적인 연사들은 자신의 생각을 빨리 나누고 싶어 한다. 그들에게는 카리스마가 있다. 이런 권위는 자신이 하고픈 말에 큰 열정이 있을 때 생겨난다. 카리스마 있는 연사는 기쁨과 열정을 발한다. 경험을 나누는 기쁨, 자신의 생각과 상품 혹은 서비스가 상대에게 큰 도움이 될 것이라는 열정이다. 리카르는 이렇게 말한다. "소통의 가장 좋은 방법은 우선 내가 가진 동기의 질(質)을 살피는 겁니다. 동기가 이기적인지 이타적인지, 겨냥하는 대상이 소수인지 다수인지, 단기적으로 좋은지 장기적으로 좋은지를 따져봅니다. 일단 동기가 분명하면 소통은 쉽게 풀립니다."

당신이 말하려는 동기가 청중과 열정을 나누는 데 있을 때, 놀랍게도 많은 사람들 앞에서 덜 떨리는 자신을 발견할 것이다. 회사에서 아주 중요한 발표를 할 때도 마찬가지다. 나는 리카르에게 어떻게 청중 앞에서 그렇게 차분하고 편안한 태도를 유지할 수 있느냐고 물었다. 그는 누구나 마음먹기에 따라 기쁨과 축복, 행복의 기분을 느낄 수 있다고 믿는다. 모든 답은 동기에 있다. 만일 목표가 상품 판매나 본인의 위상을 높이는 데만 있다면 결코 듣는 이와 이어질 수 없다(그리고 스스로 엄청난 압박감을 느낀다). 하지만 듣는 이가 더 나은 삶을 사는 데 도움이 되는 정보를 제공한다는 이타적인 목표라면, 그들과 더 깊게 교감할 수 있고 말하는 자신도 더 편해진다.

리카르는 이렇게 말한다. "제 생각을 나눌 수 있어서 아주 기쁩니다. 하지만 한 개인으로서 저는 잃을 것도 얻을 것도 없어요. 제 겉모습은 어떻든지 상관없습니다. 뚫어야 할 사업적 거래도 없어요. 깊은 인상을 주려고 노력해야 할 사람도 없습니다. 그저 몇 마디 할 수 있어 한없이 기쁠 뿐입니다. 마음을 바꾸는 힘을 우리가 대체로 과소평가하고 있다는 사실을 전하는 것 말이죠."

내 열정의 대상을 확인하라

자신의 일에서 행복과 열정을 느끼지 못한다면 멋진 경력은 물 건너갔다고 봐야 한다. 그리고 멋진 경력으로 멋진 삶을 살지 못한다면 자신의 생각을 말하기도 더 힘들어진다. 경력과 행복, 그리고 상대에게 영감을 주는 능력이 결국 하나로 이어지는 이유도 이 때문이다.

캐나다 워털루대학교의 경제학 교수 래리 스미스도 성공적 경력이라는 주제를 파고든다. 그는 요즘 대학생들이 실망스럽다. 종종 화가 나기도 한다. 대부분의 대학생들이 돈과 지위 같은 잘못된 이유로 경력을 쫓기 때문이다. 스미스는 그들이 결코 멋진 경력을 갖지 못할 것이라고 본다. 멋진 경력을 갖는 유일한 방법은 자신이 사랑하는 일을 하는 것이기 때문이다.

스미스는 이런 실망감을 마음에 담고 TEDx 무대에 올랐다. 하지만 강연은 영감과 열정과 유머가 있었다. 강연 제목은 '멋진 경력을 갖지 못하는 이유(Why You Will Fail to Have a Great Career)'였다.

나는 스미스를 만나 그의 TED 강연이 무척 인기가 많다고 말했다. 동영상 조회수 200만 건을 넘어섰을 때였다. 실로 놀라운 반응이었다. 스미스는 제자들의 요청으로 무대에 섰다고 했다. 그의 수업은 보통 세 시간 정도였는데, 이를 18분의 강연으로 압축하는 것은 쉽지 않은 일이었다. 하지만 스미스는 30년간 억눌러왔던 마음을 무대에서 성공적으로 풀어냈다. 이는 거의 끓는점에 도달해 있어서, 청중은 강연자가 북받쳐 쏟아내는 열정과 절박한 마음에 이끌려 눈을 뗄 수 없었다. 바로 이것이 인기의 이유였다. "재능 낭비는 참을 수 없는 낭비입니다."**7** 스미스는 말했다. "제 학생들은 기술을 개발하고 싶어 합니다. 저는 그들이 정말로 끝내주는 기술을 개발했으면 좋겠습니다. 학생들이 자기 일에 열정적이었으면 좋겠어요."

스미스의 전제는 간단하다. 나쁜 일자리는 많다. "스트레스 많고, 피를 빨리고, 영혼이 망가지는" 그런 일자리 말이다. 물론 좋은 일자리도 많다. 하지만 그 중간은 사실상 없다. 스미스는 대부분의 사람들이 멋진 직업을 갖거나 멋진 경력을 즐기지 못하는 이유는 자신의 열정을 따르길 두려워하기 때문이라고 말한다. "멋진 경력을 원한다면 열정과 꿈을 좇으라고 얼마나 많은 사람이 말하든 간에, (…) 그들은 그러지 않기로 결정할 겁니다." 핑계와 변명이 뒷덜미를 잡는다는 것이다. 그의 조언은 이렇다. "당신의 열정을 찾아서 사용하십시오. 그러면 멋진 경력을 가질 겁니다. 열정이 없으면 결코 멋진 경력을 갖지 못할 겁니다."

스미스는 내가 만나본 TED 강연자들 중에서도 특히 영감이 흘러넘쳤다. 이런 평가가 약간은 편파적임을 인정한다. 나도 원래는 법대를 가기로 했던 사람이다. 그러던 것을 언론계에 몸담기로 계획을 바꿨고 그 후로 쭉 스미스와 똑같은 얘기를 설파해왔다. 언론계 새내기 시절의 수입은 법률가들의 그것에 비할 바가 아니었다. 내가 선택한 길이 과연 옳은지 이따금 고개를 갸웃한 적도 있었다. 그러나 열정을 따르려면 용기가 필요하다. 결과가 기대만큼 빨리 나타나지 않는다면 더욱 그렇다.

지금의 내 삶은 과거 새내기 시절과는 아주 다르다. 그리고 전 세계의 청중과 생각을 나누는 일을 즐긴다. 가장 좋은 것은 실제로 일을 하면서도 일을 한다는 생각이 들지 않는다는 점이다. 글을 쓰고 강연을 보고 그 바탕이 되는 과학을 공부하고, 유명 강연자들과 만나 대화를 나누고 그들의 생각을 전하는 일은 내게는 즐거운 경험이다. 무엇보다 나는 자신의 일을 즐기는 사람이 대중 강연에서도 최고인 경우가 많다는 사실을 배웠다.

> "열정을 따르세요. 내 사랑의 대상을 꼭 확인하세요. 여러분이 정말로 누구인지를요. 그럴 수 있는 용기를 가지세요. 자신의 꿈을 좇는 용기가 누구에게나 필요하다고 믿어요."
>
> – 오프라 윈프리

스미스는 TEDx 강연에서 스티브 잡스의 유명한 2005년 스탠퍼드대학교 졸업식 연설을 언급했다. 잡스는 졸업생들에게 자신이 정말로 좋아하는 길을 따르라고 격려했다. "여러분의 인생에서 이제 일은 커다란 부분을 차지할 겁니다. 여기서 진정한 만족을 얻는 유일한 방법은 스스로 훌륭한 일이라고 믿는 일을 하는 거죠. 아직 그걸 찾지 못했다면 계속 눈여겨보십시오. 안주하지 말고요. 찾으면 마음이 알려줄 거예요. 그리고 시간이 지나면서 점점 확신이 들 겁니다. 훌륭한 인간관계가 그런 것처럼 말이죠. 그러니 보일 때까지 찾아보세요. 안주하지 말고요."

잡스의 말에 스미스도 고개를 끄덕인다. 하지만 이런 조언을 한 귀로 듣고 한 귀로 흘리는 사람이 많다고 생각한다. "잡스의 스탠퍼드 졸업식 연설 동영상을 얼마나 많은 사람이 봤습니까? 하지만 여전히 행동하지는 않죠." 스미스는 TED 무대에서 말했다. "사람들은 열정을 좇기를 두려워합니다. 바보처럼 보이기 싫은 거죠. 도전을 두려워합니다. 실패할까봐 그런 겁니다."

나는 언론과 저술, 강연, 의사소통 분야에서 25년을 보냈다. 그래서 망설임 없이 말할 수 있다. 가장 많은 영감을 주는 강연은 래리 스미스와 에이미 멀린스 같은 열정적인 이들의 강연이다. 앞으로 살펴볼 강연자들도 대부분 비슷하다. 그들은 경험과 열정적 헌신의 깊은 우물을 나눈다. 생각을 나누어 다른 이들의 성공을 돕기 위해서다.

TED note

행복을 선택해 받아들여라. 최근에 당신이 직면한 도전은 무엇인가? 여기에 답했다면 그것이 기회인 이유를 세 가지 꼽아보자. 행복은 선택이다. 행복한 태도는 전염된다. 당신의 마음 상태는 듣는 이가 당신을 받아들이는 방식에 긍정적인 영향을 끼친다. 마티외 리카르는 이렇게 말했다. "자연 상태에서 사람의 마음은 완벽합니다. 부정적인 생각이 이를 왜곡하는 거죠. 희망과 자신감을 불어넣을 필요가 있습니다. 사람에게 가장 필요한 희망과 자신감이 현대인에게는 가장 부족하기 때문입니다."

열정과 설득의 새로운 과학

열정과 연설은 밀접한 연관이 있다. 18세기 프랑스 철학자 드니 디드로(Denis Diderot)는 "오직 열정만이, 위대한 열정만이 영혼을 위대하게 고양한다"고 했다. 역사적으로 성공한 지도자들은 위대한 열정이 영혼을 고양한다는 사실을 알고 있었다. 현대 과학자들은 그들이 옳았음을 증명한다. 신경과학자들은 TED 강연자나 위대한 지도자 같은 이들이 왜 다른 사람들에게 영감과 활력을 주고 영향력을 미치는지 그 이유를 발견했고, 이를 수치화할 수 있게 되었다.

열정적인 강연과 발표를 하려면 일단 열정의 정체와 그 작동 원리를 이해할 필요가 있다. 뉴욕 페이스대학교의 경영학 교수인 멀리사 카든(Melissa Cardon)은 10년 동안 열정에 대한 연구에 열정을 바쳤다. 그녀는 유명 대학의 동료 연구자 네 명과 공동으로 〈사업적 열정의 본성과 경험(The Nature and Experience of Entrepreneurial Passion)〉이라는 획기적인 연구 결과를 발표했다. 그 내용은 열정이 사업가에게 대단히 중대한 역할을 한다는 것이다. 하나만 살펴보자. 열정은 사람을 정력적으로 만들며, 목표에 더 헌신하게 만든다. 하지만 열정은 훨씬 더 많은 일을 한다. 카든에 따르면 "사업적 열정은 무르익은 정서적 경험에 촉매작용을 한다. 이것은 목표 인식 같은 두뇌 반응과 사업가적 행동 같은 육체 반응을 거쳐 결과로 나타난다."[8]

카든은 '사업적 열정'을 정의하는 것으로 연구를 시작한다. 열정의 일반적 정의는 그야말로 학술적 연구나 계측에 적합하지 않기 때문이다. 일반적 의미의 열정은 '강렬한 육욕적 느낌'이나 '성적 욕망' 등으로 정의된다. 카든이 흥미를 느끼는 학술적 연구의 대상은 그런 열정이 아니다. 그렇지만 열정은 성공의 중차대한 요소 중 하나로서 회자되며, 내가 얘기하고 싶은 것은 열정이 영감을 주는 강연이나 발표를 하는 데 중차대한 요소라는 점이다.

뭔가에 열정을 갖는다는 것이 정확히 무슨 의미일까? 또, 열정을 가진 이들은 어떻게 인생과 일에서 성공하고 더 나은 강연자와 발표자가 되는 것일까? 카든은 열정이 무슨 의미인지 정의하고 이것이 하는 일을 밝히며 계측할 방법을 찾기 위해 도전했다. 학술적으로, 대상을 계측할 수 있어야만 그것이 실제로 하는 일도 수치화할 수 있다. 열정이라는 주제를 활발한 학술적 연구가 이뤄지는 분야로 만들기 위해 카든은 대부분의 학자들이 동의할 만한 정의부터 내려야 했다. 그렇게 내려진 '사업적 열정'에 대한 카든의 정의는 오늘날 학술 문건에서 일반적으로 받아들여진다. "한 개인으로서 당신에게 깊은 의미가 있는 뭔가를 위해 경험하는 긍정적이고 강렬한 느낌"이다.

카든은 열정이 한 사람의 자기 정체성에서 핵심이 되는 무엇이라고 말한다. 열정은 그 사람을 규정한다. 그가 좇는 것을 보면 그가 누구인지 알 수 있다. 열정은 존재의 핵심이다. "어떤 사업가가 열정적인 이유는 그들이 열정적으로 태어나서가 아니다. 그보다는 자기 정체성에서 의미 있고 두드러진 부분과 관련된 내용에 열중하기 때문이다."

카든의 분석을 보면 왜 인기 있는 TED 강연자들이 청중과 쉽게 교감하는지 알 수 있다. 그들은 자기가 누구인지를 두드러지게 드러내는 주제를 이야기한다. 도시환경 전문가 마조라 카터(Majora Carter)의 이야기를 들어보자. 그녀의 큰오빠는 베트남전쟁에 참전했다. 하지만 전쟁터가 아닌 뉴욕 빈민가인 사우스브롱크스의 자기 집 근처에서 총에 맞아 죽었다. 카터는 어릴 적 가난과 좌절, 인종차별을 경험했고 이 경험들이 지금의 그녀를 만들었다. 현재 그녀는 도시 정비의 열렬한 옹호자다. 그녀의 경험이 그녀를 명확히 했고 이것이 그녀의 일을 명확하게 해주었다. TED닷컴에 따르면 "카터의 자신감 넘치고 정력적이며 감정에 강하게 호소하는 전달 방식은 청중으로 하여금 무대에서 눈을 뗄 수 없게 만든다." 마조라 카터의 정체성의 핵심은 희망을 잃은 이들의 희망을 높이는 일에 있다.

리처드 브랜슨 경(Sir Richard Branson)의 정체성의 핵심은 사업가 기질이다. 2007년 브랜슨은 TED 무대에서 이렇게 말했다. "회사를 경영한다는 게 결국은 올바른 인재를 찾아서 그들을 북돋아주고 최선을 다할 수 있게끔 해주는 거라고 생각합니다. 저는 그냥 배우는 게 너무 좋고, 호기심이 말도 안 되게 많습니다. 그리고 현상 유지 같은 뻔한 상황을 뒤집는 걸 좋아합니다."[9]

브랜슨은 항공회사 버진애틀랜틱(Virgin Atlantic)처럼 뻔한 상황에 도전하는 회사를 만들었다. 이것이 그가 누구인지를 보여주는 핵심이다. 나는 2013년 4월 22일에 브랜슨과 하루를 보냈다. 버진아메리카(Virgin America) 항공의 새 항로 취항 비행에 그와 동석하도록 초대받은 것이다. 로스앤젤레스와 라스베이거스를 잇는 노선이었다. 브랜슨은 여행 내내 웃으면서 차별화된 고객 서비스로 어떻게 브랜드 성공을 이끌었는지 이야기해주었다.

브랜슨과 카터가 하고 있는 일들은 그들의 역할 정체성과 깊고 의미 있는 방식으로 관련된 것이다. 멀리사 카든에 따르면 그들이 경력과 소통 능력에서 성공을 거두는 데 중요한 역할을 하는 것은 바로 열정이다. "말하는 주제에 진실한 열정을 품은 사람이 더 나은 강연과 발표를 합니다. 그들은 상대에게 영감을 줍니다. 열정과 활력이 없는 사람은 그럴 수 없습니다"라고 카든은 말했다. "뭔가에 열정이 있다면 그것에 대한 생각과 행동을 멈출 수 없죠. 다른 사람에게 말하지 않고는 못 배겨요." 그녀는 투자자와 소비자, 관계자들을 '똑똑한 소비자'라고 표현했다. 이들은 진실한 열정을 보여주는 사람과 그러는 척하는 사람을 가려낸다. 따라서 말하는 내용에 대해 강하고 의미 있는 교감이 없이는 열광된 반응을 이끌어내기가 어렵다. 아니, 거의 불가능하다.

다시, 사랑하는 일을 하라

카든의 다음 연구는 열정이 왜 문제가 되는지 확인하는 것이었다. 그녀는 열정이 중요한 행동과 결과로 이어진다는 사실을 발견했다. 열정적인 경영자는 대개 더 창조적이다. 그들은 늘 한결같으며 목표를 높이 정하고 성과도 더 잘 낸다. 해당 분야의 다른 과학자 수십 명도 같은 결론을 도출했다. 카든과 동료들은 투자 유치를 하는 벤처 기업가의 '인지된 열정'과, 그들의 설명을 들은 투자자들이 지갑을 열 가능성 사이에 직접적인 상관관계가 있음을 발견했다.

카든은 노스이스턴대학의 셰릴 미트니스(Cheryl Mitteness)와 채프먼대학의 리처드 수덱(Richard Sudek) 교수와 함께 주목할 만한 실험을 했다. 〈벤처 사업 저널(Journal of Business Venturing)〉 2012년 9월호에 발표된 연구 결과는 열정이 투자자의 결정에 중요한 역할을 한다는 사실을 보여준다.

사업 설명은 아주 중요한 프레젠테이션에 속한다. 신생 기업이 투자를 받지 못하면 십중팔구 땅에서 발을 떼지 못한다. 구글과 애플 같은 회사도 마찬가지다. 만일 그들에게 카리스마와 열정을 가진 리더가 없었다면, 그래서 투자자들이 주목하지 않았다면 그들은 절대로 우리의 삶을 바꾸지 못했을 것이다. 물론 애플과 구글의 투자자들이 열정만 보고서 주머니를 연 것은 아니었다. 하지만 스티브 잡스, 스티브 워즈니악, 세르게이 브린, 래리 페이지 같은 설립자들의 인지된 열정이 최종 투자 결정에 중요한 역할을 했는지 묻는다면 확실히 그렇다고 답할 수 있다.

미국 최대의 벤처 투자자 조직인 테크 코스트 앤젤스(Tech Coast Angels)가 카든의 연구에 일조했다.[10] 캘리포니아 오렌지카운티에 기반을 둔 이 개인투자자 그룹은 1997년부터 약 170개 기업에 1억 달러 이상을 투자해왔다. 그룹 투자를 하지 않고 독립적으로 투자를 결정한 투자자들도 연구 표본에 포함됐다.

2006년 8월부터 2010년 7월까지 테크 코스트 앤젤스의 벤처 투자자 64명은 241개 기업의 사업성을 검토했다. 사업 설명은 파워포인트 발표 15분과 질의응답 시간 15분으로 구성됐다(뒤에서 15~20분이 왜 사업 설명에 이상적인 시간인지 설명할 것이다).

그 결과 17퍼센트에 해당하는 기업 41곳이 최종적으로 투자를 받았다. 소프트웨어, 소비자 제품, 의료 기기, 비즈니스 서비스 등 16개 분야의 신생 기업이었다. 연구진은 투자자들에게 발표자의 열정과 열의를 5점 만점으로 채점해달라고 요청했다. 투자자들은 'CEO가 회사에 대한 열정이 있는가', 'CEO가 열의 있는가'라는 두 가지 기준을 고려해 점수를 매겼다. 연구진은 또한 시장 기회와 상대적 위험, 매출 잠재력 같은 요소도 목록에 포함시켜서 열정을 투자 결정의 한 항목으로 분리했고, 이를 통해 열정이 수행하는 역할을 수치화했다. 그 결과 사업 설명이 최종적으로 성공하는 데 열정이 아주 중요한 역할을 한다는 사실을 발견했다.

투자자들은 13개 항목으로 사업가의 잠재력을 판단했고 최종 결정에 영향을 미친 중요도에 따라 각 항목의 순위를 매겼다. '기회'와 '사업가' 항목이 각각 1위와 2위로 가장 중요한 강점으로 꼽혔다. '인지된 열정'은 3위였다. 사업가의 학벌과 경영 방식, 창업 경험, 나이 같은 항목보다 훨씬 위에 있었다.

연구진이 내린 결론은 다음과 같았다. "이는 투자자가 새로운 벤처 기업의 투자 잠재력을 평가할 때 인지된 열정이 격차를 벌린다는 증거다. (…) 인지된 열정은 열의와 흥분을 수반한다. 한 사업가가 사업 준비를 얼마나 잘했느냐, 혹은 얼마나 헌신적이냐와는 완전히 다른 문제다. (…) 지분 투자자들은 인지된 열정을 고려하는 것으로 확실히 나타난다."

카든의 연구는 TED 강연이 인터넷에서 돌풍을 일으키는 이유를 설명한다. 더 중요한 점은 이것이 강연과 발표를 잘할 수 있는 잠재력을 풀어내는 데 아주 중요한 실마리라는 점이다.

"카민 씨, 대학생들이 귀에 못이 박히게 듣고도 한 귀로 흘리는 말 아시죠? 자신이 사랑하는 일을 하라고요. 그 말은 사실입니다"라고 카든은 내게 말했다. "어떤 상품이나 산업이든 그것에 관한 그 무엇도 즐기지 않는 분야에서 창업을 한다면 부자가 될지는 몰라도 큰 실수를 하는 겁니다." 카든은 자신이 정말 좋아하지 않는 것, 즉 자신의 정체성의 핵심이 아닌 다른 이야기를 하면서 남에게 영향과 영감을 줄 수 있다고 생각한다면 그 또한 실수라고 믿는다.

뼛속까지 진실한 이야기의 힘

TED 강연자들 중 신경해부학자 질 볼트 테일러(Jill Bolte Taylor)만큼 자기 화제에 깊이 감정을 몰입할 수 있는 사람도 없을 것이다. 하버드 뇌세포정보센터(Harvard Brain Tissue Resource Center)의 대변인인 그녀의 TED 무대가 명강연으로 손꼽히는 이유가 여기에 있다.

어느 날 아침 질 박사는 왼쪽 눈 뒤에서 쿵쾅거리는 아픔을 느꼈다. 아이스크림을 급히 먹으면 생기는 두통과 비슷하게 찌르는 듯한 통증이었다. 아이스크림을 급히 먹었을 때처럼 별일이 아니었다면 좋았겠지만 불행히도 두통은 점점 심해졌다. 질 박사는 균형을 잃고 쓰러졌다. 곧 그녀는 오른팔이 완전히 마비되었다는 사실을 깨달았다. 머릿속 혈관이 찢어진 것이다. 뇌졸중이었다. 좌뇌의 혈관이 말 그대로 터져버렸다.

그러나 질 박사는 뇌졸중에 걸린 것을 일종의 행운으로 생각했다. 앞서 말했듯이 그녀는 신경해부학자다. 중증의 정신적 병력과 관련된 인간 두뇌의 검시에 전문가였다. "뇌졸중이란 걸 알았죠. '이런 젠장, 뇌졸중이라니! 내가 뇌졸중이라니!' 그런데 그다음에 든 생각이 뭐였는지 아세요? '와! 이거 끝내주는데! 뇌과학자 중에서 자기 뇌를 직접 연구할 기회를 가져본 사람이 몇이나 되겠어?'"11 2008년 3월 TED 강연에서 그녀가 한 말이다.

뇌졸중에 걸린 질 박사는 육체적, 정신적으로 크게 달라졌다. 뇌졸중은 심각했다. 말을 할 수도 움직일 수도 없었다. 수년의 재활을 거쳐 부분적으로 회복됐고 8년이 지나서야 TED 무대에 설 수 있었다.

질 박사는 심원한 영적 각성을 경험했다. 그녀는 좌뇌가 정상인 사람은 절대로 느낄 수 없는 방식으로 세계 및 타인과 이어졌다. 전에 그녀는 자신을 더 넓은 우주와 분리된 존재로 보았다. 그러나 이제 좌뇌의 재잘거림이 사라졌다. 육체가 시작되고 끝나는 곳을 알 수 없게 되자 "정신이 자유롭게 날아올랐다." 그녀는 자신을 광대한 우주의 일부로 느꼈다. 열반에 도달한 것이다. "광대한 나 자신을 다시 이 조그만 육체에 꾸겨 넣을 방법이 없다고 생각했었죠."

뇌졸중은 질 박사의 삶을 바꾸었다. TED 강연도 그중 하나였다. '긍정의 뇌(My Stroke of Insight)'라는 제목의 강연은 2008년 출간된 동명의 책에 기초했다. 강연 동영상 조회수는 1,000만 건을 넘겼고 질 박사는 2008년 〈타임〉이 선정한 가장 영향력 있는 인물 100명에 올랐다. 강연의 직접적인 결과였다. 그녀는 2013년 1월 인터넷 언론 허핑턴포스트의 블로그에서 자신의 인생이 얼마나 크게 바뀌었는지 설명했다. "2008년에 강연을 하고 나서 몇 주 만에 삶이 송두리째 달라졌다. 아직도 현재진행형이다. 《긍정의 뇌》는 30개 언어로 번역되었고 〈타임〉과 오프라 윈프리의 웹캐스트인 '오프라의 마음 여행(Oprah's Soul Series)'에서도 제의가 들어왔다. 유럽과 아시아, 남아메리카, 캐나다를 여행했다. 미국은 안 다닌 데가 없을 정도다. 2012년

2월에는 앨 고어 전 부통령과 남극을 여행했다. 20명의 과학자와 기후 문제를 많이 걱정하는 125명의 세계 지도자들이 함께했다."[12]

질 박사는 멋진 경력을 이루어냈다. 래리 스미스의 말처럼 자기 삶의 부름을 발견하고 이를 좇았기 때문이다. 그 끔찍한 일을 겪기 한참 전부터 말이다. 아니, 오히려 그 일로 그녀는 영감을 주는 강연자가 되었다.

질 박사가 과학자가 된 이유는 오빠가 정신분열증을 앓고 있어서였다. "여동생으로서, 나중에는 과학자로서 이해하고 싶었어요. 저는 미래를 꿈꾸고, 그 꿈을 현실과 잇고, 그리고 현실로 만들 수 있잖아요? 하지만 정신분열증이 있는 오빠의 머릿속은 어떻게 다른지 궁금했어요. 오빠는 꿈을 사람들의 일반적 현실과 이을 수 없는 건지, 그래서 꿈이 현실 대신 망상이 되는 건지 궁금했죠."

나는 질 박사에게 강연 방식에 관해 물었다. 어떻게 이야기를 만들어 연습하고 전달하는지 궁금해서였다. 교육과 소통 현장의 전문가들을 위한 질 박사의 조언은 이랬다. 이야기를 하고 열정을 표현하라는 것이다. "하버드에서 저는 상을 많이 받는 사람이었어요. 제 연구 성과가 대단했기 때문은 아니에요. 단지 이야기를 흥미롭고 설득력 있게 했다는 게 이유죠. 또 그건 세세한 부분까지 제 이야기였고요."

질 박사가 말하는 주제는 자신의 내면과 깊이 이어져 있다. 그렇기 때문에 열정으로 청중을 끌어당기며 소통할 수 있다. 이것은 궁극적으로 듣는 이가 세상을 보는 방식을 바꾼다. 당신도 자신이 말하고자 하는 주제가 흥미롭고 멋지게 느껴진다면 아마 듣는 이도 십중팔구 그렇게 생각할 것이다.

말을 할수록 똑똑해지는 두뇌

과학자들은 신경가소성(neuroplasticity, 사람이 연습을 통해 특정 능력을 향상시키려 할 때 그 능력에 더 많은 뇌 피질을 할당하는 뇌의 작용. 축구 연습을 많이 할수록 실력이 느는 것도 신경가소성 덕분이다 – 옮긴이)에 대한 연구를 통해 두뇌가 실제로 계속 성장하고 변한다는 사실을 밝혀내고 있다. 어떤 일을 집중력 있게 반복해서 하면 두뇌에 새롭고 더 강력한 신경 경로들이 실제로 생겨난다. 다시 말해 음악, 운동, 연설 등 어느 한 분야의 전문가가 되면 두뇌에서 해당 기술과 관련된 영역들이 실제로 커진다는 것이다.

"누구나 반복해서 하면 그 일을 더 잘하게 됩니다."[13] 미국 세인트루이스에 소재한 워싱턴대학의 부교수 패스케일 미셸런(Pascale Michelon) 박사의 말이다. 미셸런은 택시 운전기사에서 음악가에 이르기까지 다양한 직종의 사람들을 대상으로 연구했다. 런던의 택시 기사들은 버스 기사들에 비해 두뇌 후부(後部)의 해마가 더 크다. 해마는 우리 뇌에서 길 찾기에 사용되는 기술을 향상시키는 역할을 한다. 반대로, 버스 기사들의 해마가 활발하게 작용하지 않는 이유는 그들이 매일 같은 길을 운전하기 때문이다.

또, 과학자들은 두뇌에서 음악 연주와 상관된 회백질 부분(운동 관련 영역들 및 전상두정(anterior superior parietal)과 하측두(inferior temporal) 영역들)이 하루 한 시간 연습을 하는 전문 음악인에게서 가장 두드러지고, 이에 비해 아마추어 음악인들은 중간 수준이며 음악을 하지 않는 일반인은 가장 미약하다는 사실을 발견했다. 즉, 새로운 기술을 배

우고 그 기술을 반복하다 보면 머릿속에서 새로운 경로들이 생긴다
는 말이다.

미셸런은 열정이 있는 주제를 반복해서 말하는 사람에게서도 같은
결과가 나온다고 믿는다. "언어와 관련된 두뇌 영역이 있습니다. 생각
을 조리 있게 말하고 설명하도록 돕는 영역이죠. 그곳도 쓰면 쓸수록
더 활성화되고 능률적으로 바뀝니다. 강연이나 발표를 많이 하면 실
제 뇌 구조가 변한다는 말입니다. 사람들 앞에서 말을 많이 할수록 두
뇌의 언어 영역은 더 좋아집니다."

온라인에서 많은 인기를 누리는 TED 강연자들 같은 소통의 달인
들은 자기가 말하는 주제에서 대가의 위치에 오른 이들이다. 목표를
좇으며 많은 시간과 노력을 투자하고 헌신했기 때문이다. 열정은 그
길을 가게 해주는 '연료'다.

행복 바이러스의 비밀

심리학자 하워드 프리드먼(Howard Friedman)은 매우 애매한 대상
을 연구한다. 그것은 바로 카리스마다. 카리스마는 열정과 밀접하게
묶이는 개념이다. 프리드먼은 《나는 몇 살까지 살까?(The Longevity
Project)》에서 카리스마와 관련해 깜짝 놀랄 만한 연구 결과를 들려
준다.

프리드먼은 카리스마가 있는 사람과 그렇지 않은 사람을 나눌 수
있는 질문지를 고안했다. 질문들은 다음과 같았다. '좋은 음악을 들으

면 몸이 자동으로 반응하는가?'**14** '파티에 가면 보통 관심을 받는가?'
'직업 활동에 열정적인가?' 응답자들은 '아주 그렇다'부터 '아주 그렇
지 않다'에 이르는 선택지 중에서 하나를 골랐다. 평균 점수는 71점
이었다(최고 득점자들은 117점 정도를 맞았다). 프리드먼은 인기가 많은
사람과 들러리 서는 사람을 구분했다. 그리고 자신의 느낌을 남에게
얼마나 잘 전달할 수 있는지 측정하는 이 실험을 '정서적 의사소통 시
험(Affective Communications Test, ACT)'이라고 이름 붙였다.

프리드먼은 시험에서 아주 높은 점수를 받은 사람과 매우 낮은 점
수를 받은 사람 수십 명을 골랐다. 그런 다음 그들에게 질문지를 주고
그 순간의 느낌을 물었다. 고득점자와 저득점자는 당시 한 방에 있었
다. 대화는 못 하게 하고 같은 공간에 2분간 놔두었다. 2분이 지난 뒤
그들은 기분을 묻는 또 다른 질문지를 받았다. 놀랍게도 카리스마 넘
치는 고득점자들은 말 한마디 없이도 카리스마가 적은 이들의 기분
에 영향을 미쳤다. 카리스마가 많은 사람들이 행복하면 카리스마가
적은 사람들 역시 행복하다고 답했다. 하지만 그 반대의 일은 일어나
지 않았다. 그리고 카리스마가 넘치는 이들은 더 많이 웃었다. 신체
언어 같은 비언어적 의사 전달 방식에도 더 적극적이었으며 기쁨과
열정을 발산했다.

프리드먼의 연구는 열정이 타인을 물들인다는 사실을 보여준다.
정서적으로 소통하지 않는(뻣뻣하게 앉아 눈도 잘 안 마주치고 손짓도 없
는) 사람들은 카리스마가 많은 이들만큼 타인에게 영향을 주거나 설
득하는 능력을 갖고 있지 않았다.

열정은 정말로 전염된다

미국의 사상가 랠프 왈도 에머슨(Ralph Waldo Emerson)은 이렇게 말했다. "위대한 일이 열의 없이 이루어진 적은 없다." 미네소타대학교의 조이스 보노(Joyce Bono) 교수와 미시간 주립대학교의 리머스 아일리스(Remus Ilies) 교수는 에머슨이 옳다는 사실을 증명했다. 이 경영대학 교수들은 카리스마와 긍정적 감정, 그리고 '기분 전염(mood contagion)'을 측정하기 위해 수백 명을 대상으로 네 건의 개별 연구를 수행했다.

이들은 "카리스마에서 높은 점수를 받은 개인들이 글과 말로 하는 소통에서 더 긍정적인 감정을 표현하는 경향이 있다"는 사실을 발견했다.[15] 긍정적 감정이란 열정, 열의, 흥분, 낙천성 등이다. 또한 이들은 긍정적 감정이 전염성이 있다는 사실도 발견했다. 실험에 참가한 사람들의 감정이 고양되었던 것이다. 긍정적인 지도자를 직접 혹은 영상을 통해 접한 사람들은 덜 긍정적으로 평가된 지도자를 접한 이들보다 더 긍정적인 기분을 경험했다. 나아가 긍정적 지도자들은 더 효과적으로 받아들여졌고, 따라서 그들이 원하는 바를 하도록 추종자들을 설득할 가능성이 더 컸다.

"연구 결과는 지도자의 감정 표현이 지도자의 능력과 그에 대한 호감 및 추종자의 기분에 대한 인식 형성에 중요한 역할을 한다는 사실을 명확히 드러낸다. 또한 카리스마 있는 리더십은 조직의 성공과 관련이 있음을 암시한다. 카리스마 있는 지도자는 추종자가 긍정적 감정을 느끼게 할 수 있기 때문이다. 더 중요한 점은 지도자의 행동이 추종자들의 감정에 영향을 미쳐 그들이 더 행복하고 참된 삶을 살 수 있도록 이끈다는 것이다."

성공이 반드시 행복으로 이어지는 것은 아니다. 그러나 행복은 성공을 만들어낸다. 인기 있는 TED 강연자들을 보면 그 말이 옳다는 것을 알 수 있다. 어떤 생각을 갖느냐가 존재감 있는 소통 능력에 직접적인 영향을 미친다. 그래서 전문가로서 자기 분야에 대한 자신감, 주제에 대한 열정 등은 소통에서 매우 중요한 요소다. 생각은 두뇌의 화학 작용을 바꾼다. 이는 당신이 무엇을 말할지, 어떻게 말할지를 결정한다.

말하는 주제에 열정이 있을 때, 집요한 열정을 가질 때 당신이 보여주는 활력과 열의는 듣는 이에게 번진다. 자신을 표현하는 것을 두려워 말라. 진실한 자신 말이다. 질 박사처럼 영감을 받았다면 영감을 나눠라. 래리 스미스처럼 좌절감을 느꼈다면 좌절감을 말하라. 마티외 리카르처럼 행복하다면 행복을 표현하라.

> "어떤 위대한 목적, 어떤 특별한 목표에 영감을 받으면 모든 생각은 속박을 벗어난다. 정신은 한계를 초월하며 의식은 모든 방향으로 확장된다. 그리고 새롭고 위대한, 멋진 세상에 있는 자신을 발견한다. 잠자던 힘과 능력과 재능이 살아난다. 더 위대한 사람으로 거듭나 그때까지는 꿈만 꾸던 수준에 도달한 자신을 발견한다."
>
> – 파탄잘리(Patanjali), 요가의 아버지로 불리는 인도의 스승

열정적인 사람들을 당신의 인생에 초대하라. 스타벅스 설립자 하워드 슐츠는 이렇게 말했다. "공통된 목적을 가지고 열정을 함께 나누는 사람들에게 둘러싸여 있다면 세상에 못할 일이 없죠." 열정을 확인하는 게 가장 먼저다. 그리고 동료와 고객, 당신 인생의 여러 사람들과 그 열정을 나누고 표현해야 한다. 당신에게 동기를 부여한 것에 대해 이야기하라. 가장 중요한 건 당신과 열정을 나눌 다른 이들과 관계를 맺는 것이다. 지도자는 사람을 뽑을 때 열정을 중요하게 본다. 리처드 브랜슨은 '버진' 마인드를 지닌 사람들, 즉 많이 웃고 긍정적이며 열의가 있는 사람을 고용한다. 그렇기 때문에 그들은 소통도 잘한다. 당신 자신이 열정적인 것만으로는 부족하다. 당신의 주변을 열정적인 직원들로, 자기 분야에서 열정적인 이들로 채워야 한다. 사람들을 이끌고 그들과 소통할 당신의 궁극적 성공은 여기에 달려 있다.

테드스터 500명의 성공 비결

리처드 세인트존(Richard St. John)은 비행기를 타고 TED 강연회에 가고 있었다. 옆자리에 앉은 학생이 성공 컨설턴트라는 그의 직업에 궁금한 점이 많았던지 이렇게 물었다. "성공하려면 정말로 어떻게 해야 하나요?" 좋은 대답이 떠오르지 않았다. 하지만 곧 정말로 좋은 생각이 머리를 스쳤다. TED 강연회에서 객석에 앉거나 무대에 올라간 성공한 리더들에게 그 대답을 구해보자는 것이었다. 그 후 10년간 세인트존은 500명의 테드스터들을 인터뷰하며 그들의 성공 비밀을 밝혀냈다. 그리고 그 결과를 2005년 TED 몬터레이에서 30분짜리 강연을 통해 밝혔다.

'여덟 가지 성공 비결'이라는 제목의 강연 동영상은 400만 번 넘게 재생됐다. 세인트존이 말한 첫 번째 비밀은 무엇이었을까? 그렇다. 당신도 알고 있는 것이다. 바로 열정이다. "테드스터들은 좋아서 일을 합니다. 돈 때문에 일하지 않습니다."[16] 세인트존의 말이다.

같은 제목의 책에서 그는 에이미 멀린스를 언급한다. "멀린스는 달리기에 꼭 필요한 두 다리를 잃었지만 오직 열정으로 육상에서 기록을 써냈다. (…) '에이미(Aimee)'라는 이름은 '사랑'이라는 뜻의 프랑스어에서 유래했다. 안성맞춤의 작명이다. 사랑, 즉 열정은 그녀가 운동장에서, 그리고 인생에서 성공을 거둔 중요한 이유다. '열정이 있으면 성공하기 싫어도 성공할 것'이라는 그녀의 말은 차라리 당연하다."

누군가를 돕고 싶다면 '닥치고 들어라'

에르네스토 시롤리(Ernesto Sirolli) 박사는 시롤리연구소의 설립자이자 세계적으로 유명한 경제개발 전문가다. 그는 갖은 고생 끝에 '나'보다 '우리'가 더 강력한 단어라는 사실을 배웠다. 1970년대 초 그는 아프리카에서 구호 활동을 하며 지속 가능한 개발 분야에서 첫발을 내디뎠다. 그리고 2012년에는 TEDx 강연을 통해 많은 전문가들이 지속 가능한 개발에 대해 주장하는 내용이 잘못된 것으로 드러났다고 말했다.

스물한 살에 그는 이탈리아 NGO에서 일했다. 하지만 "아프리카에서 추진한 사업은 하나도 남김없이 다 실패했다."[17] 시롤리의 첫 과업은 잠비아 남부의 마을에서 토마토 재배를 가르치는 것이었다. "아프리카에서는 모든 작물이 쑥쑥 잘 자랐습니다. 주먹만 한 토마토가 열렸습니다. (…) '농사가 이렇게 쉬워요'라고 원주민들에게 말하고 다녔습니다. 그런데 토마토가 빨갛게 익어가던 어느 날 밤, 200마리 정도 되는 하마 떼가 강에서 올라와서 전부 먹어치웠습니다. [웃음] 어처구니가 없었죠. '세상에, 하마 떼가!' 원주민들의 대답이 걸작이었죠. '그래서 우리가 농사 안 짓는 거라니까요.' [웃음] '그걸 왜 말 안 해줬어요?' '안 물어봤잖아요.'"

'누군가를 돕고 싶다면 말하기보다는 들어야 한다.' 젊은 시롤리가 지속 가능한 농업 분야에서 일하며 배운 교훈이었다. "어떤 생각을 미리 가지고 오면 안 됩니다." 대신 그는 공동체 구성원의 열정과 활력, 상상력을 붙잡으라고 말한다.

말했다시피 열정은 성공의 초석이다. 사업이든 경력이든 연설이든 다 마찬가지다. 시롤리의 경우에도 열정은 성공의 핵심 재료였다. "좋은 생각을 말해줬지만 상대방이 원치 않으면요? 그러면 어쩌죠? 자신의 성장을 위한 열정이 가장 중요합니다. 스스로 성장하고픈 열정 말입니다. 그러면 우리는 그들이 지식을 배울 수 있도록 돕습니다. 세상에 나 홀로 성공할 수 있는 사람은 없으니까요. 생각은 있는데 지식이 없을 수도 있습니다. 하지만 지식은 배우면 되는 거예요."

당신도 자신의 성장에 대한 열정이 있기에 지금 이 글을 읽고 있을 것이다. 그리고 당신은 당신이 말하려는 주제에서 대가일 것이다(적어도 대가가 되기 위해 노력하고 있을 것이다). 흥분을 나누길 두려워 말라. 듣는 이도 같은 흥분으로 물들 것이다.

> "지금까지 경험으로 보면 최고의 경영자들은 자신의 일에 최고의 열정을 지닌 사람들이었다."
>
> – 론 배런(Ron Baron), 억만장자 투자자

▌첫 번째 비밀: 내 안의 대가를 깨워라

이야기를 풀어내는 방법은 배울 수 있다. 파워포인트 슬라이드 작성법도 배울 수 있으며, 목소리와 신체를 효과적으로 쓰는 기술도 얼마든지 배울 수 있다. 효과적인 이야기와 슬라이드, 신체 언어는 설득력 있는 강연과 발표를 위한 중요한 요소다. 하지만 자신이 말하는 주제에 대한 열정이 없다면 다 소용없는 짓이다. 듣는 이의 정신을 북돋우기 위해서는 먼저 스스로를 북돋아야 한다.

앞서 살펴보았듯이 진정한 열정의 대상을 확인하는 가장 간단한 방법은 '무엇이 내 가슴을 뛰게 하는지' 묻는 것이다. 일단 가슴을 뛰게 하는 것의 정체를 알고 나면 당신이 들려주는 이야기와 보여주는 슬라이드, 전달하는 내용 모두가 생생하게 살아난다. 지금까지 경험해보지 못한 수준으로 사람들과 깊게 교감할 수 있을 것이다. 진정한 대가로서 당신이 배운 바를 나누는 일에도 자신감이 붙는다. 그렇게 되면 이제 당신의 삶의 이야기를 할 준비가 된 것이다.

스토리텔링의 기술

이야기란 다름 아닌
영혼이 담긴 데이터 자료입니다.
— 브레네 브라운(Brené Brown), 2010년 휴스턴 TEDx

브라이언 스티븐슨의 할머니는 언제나 가족의 말다툼을 끝내곤 했다. 한편 그녀는 수많은 말다툼의 시작이기도 했다! 무엇보다도 할머니는 스티븐슨에게 정체성의 힘을 알려주었다. 인권변호사인 스티븐슨은 형사사법제도에서 공정한 취급을 받지 못하는 가난한 피고인들을 변론해주는 비영리단체 '사법평등을 위한 변호사 모임'을 이끈다. 그는 기념비적인 대법원 판결에서 승소했다. 중죄를 지은 미성년자를 법에 따라 가석방 없는 종신형에 처하는 것을 금한다는 내용이었다. 재판관들은 5 대 4로 이런 선고가 헌법에 부합하지 않는다고 판결했다. 잔혹하고 비정상적인 형벌을 과하지 못한다는 미국 수정헌법 제8조에 위배된다는 것이다.

2011년 9월 루스벨트협회(Roosevelt Institute)는 스티븐슨에게 사회정의 분야의 공로를 인정하여 자유훈장(Freedom Medal)을 수여했다. 수상 소감을 말하는 그를 보고 TED 강연회 관계자가 2012년 3월 롱비치에서 열리는 행사에서 강연을 해줄 것을 부탁했다. 당시 스티븐슨은 TED가 뭔지도 잘 몰랐다고 했다. 3월 말 대법원에서 한바탕 크게 다툴 소송이 두 건이나 걸려 있던 터라 초청을 거절할 생각이었다. 그런데 그의 부하직원이 답답해서 미치겠다며 TED 무대에 꼭 서야만 한다고 말했다. 스티븐슨으로서는 천만다행이었다. 그의 강연에 감동한 TED 청중이 그의 비영리단체에 도합 100만 달러를 기부한 것이다.

　18분의 강연 내내 스티븐슨은 청중의 마음을 빼앗았다. 그는 할머니를 비롯해 미국의 인권운동가인 로자 파크스(Rosa Parks), 법원의 잡역부 아저씨 등 자신의 인생에 영향을 미친 사람들의 이야기를 들려주었다. 먼저 그는 할머니의 부모님 이야기를 꺼냈다. 그들은 노예로 태어났고 할머니도 노예 상태를 경험했다. 이것은 할머니의 세계관 형성에 많은 영향을 미쳤다. 할머니는 열 남매를 두었다. 스티븐슨은 할머니를 좋아했지만 손주들이 너무 많았기 때문에 많은 시간을 함께 보내지는 못했다. 스티븐슨이 여덟 살인가 아홉 살 때였다. 어느 날 할머니가 방을 가로질러 오시더니 그의 손을 잡고 말했다. "브라이언, 얘기 좀 하자꾸나."[1] 그렇게 이어진 대화를 스티븐슨은 나이가 들어서도 결코 잊지 못했다.

　　할머니가 저를 앉히더니 이렇게 말씀하셨죠. "내가 항상 지켜보고 있다는 거 아니? 넌 특별한 아이란다. 너라면 뭐든 원하는

걸 할 수 있을 것 같구나." 이 말씀을 절대 못 잊을 거예요. 그러
곤 또 말씀하셨어요. "나와 세 가지만 약속하자꾸나." "네, 할머
니." "가장 먼저 약속할 건 항상 네 어미를 사랑하라는 거다. 네
게는 어미지만 내게는 아이란다. 항상 어머니를 돌보겠다고 약
속해라." 저도 어머니를 사랑했으니까 뭐 문제없었죠. "네, 할머
니. 그럴게요." 할머니는 다시 말씀하셨어요. "두 번째로 약속할

2012년 TED 무대에 선 브라이언 스티븐슨
Courtesy of James Duncan Davidson/TED(http://duncandavison.com)

것은 어렵더라도 항상 옳은 일을 해야 한다는 거다." 저는 잠시 생각하고 이번에도 "네, 할머니. 그럴게요"라고 했어요. 할머니는 마지막 말씀은 이거였습니다. "세 번째로 약속할 것은 술을 입에도 대지 않겠다는 거다." 전 그때 아홉 살이었으니까 흔쾌히 답했어요. "네, 할머니. 약속해요." [웃음]

그리고 몇 년이 흘렀다. 스티븐슨은 형과 여동생과 함께 집 근처 숲에 있었다. 형은 동생에게 맥주를 먹이려고 했다. 스티븐슨은 맥주를 밀어내며 그러면 안 될 것 같다고 했다. "형이 절 유심히 보더니 왜 그러냐며 그냥 마시라고 하더군요. 그러다가 절 뚫어지게 바라보더니 '아, 할머니가 한 말 때문에 그래?'라고 묻더라고요. 저는 시치미를 뚝 뗐죠. 모르는 척. 그때 형이 말했어요. '할머니는 손주들에게 다 너는 특별하다고 그래.' [웃음] 전 망연자실했죠. [더 큰 웃음]"

그러더니 스티븐슨은 목소리를 낮추고는 이렇게 말했다. "나중에 후회할지도 모르는 얘기를 하나 할까요? 사방팔방 소문이 날지도 모르겠네요. 제 나이가 쉰둘입니다. 그런데 지금까지 술을 한 방울도 마셔본 적이 없습니다. 뭐, 독야청청하려고 그러는 건 아닙니다. 제가 그럴 수 있는 건 정체성에는 힘이 있기 때문이죠. 올바른 정체성을 세우면 주변 사람들이 말이 안 된다고 여기는 것도 말이 되게 할 수 있어요. 할 수 없다고 여기는 일들을 해내는 게 가능해지죠."

스티븐슨의 할머니 이야기에 웃음을 터뜨렸던 청중이 갑자기 싹 조용해졌다. 그는 청중의 마음에 도달했다. 먼저 가슴을 울린 다음에만 가능한 일이었다.

듣는 이의 가슴과 정신에 닿는 이야기를 하라.

작동 원리 브라이언 스티븐슨은 TED 역사상 가장 긴 기립 박수를 받았다. 그는 강연의 65퍼센트를 이야기로 채웠다. 두뇌 분석 결과에 따르면 이야기는 인간의 두뇌를 자극하고 사용한다. 말하는 이와 듣는 이를 잇고, 청중이 강연자의 생각에 고개를 훨씬 많이 끄덕이게끔 돕는다.

이야기는 벽을 허문다

스티븐슨은 먼저 5분간 다른 이야기를 한 후에 통계를 제시했다. 얼마나 많은 미국인이 교도소에 수감 중인지, 그중 가난하거나 흑인이거나 아니면 둘 다인 경우가 몇 퍼센트나 되는지에 관한 내용이었다. 자료가 그의 주장을 입증했다. 하지만 이야기 하나가 강연 첫 3분의 1을 채웠다. 물론 하나 마나 한 이야기는 아니었다. 스티븐슨은 의도적으로 청중이 자신과 정서적으로 쉽게 이어질 만한 이야기를 골랐다.

"먼저 상대방의 신뢰를 얻어야만 합니다."[2] 스티븐슨은 내게 말했다. "일반인의 삶에서 너무 동떨어졌거나 단절된 뭔가로 시작하면 공감을 얻기 힘들겠죠. 그래서 가족 얘기를 먼저 꺼내곤 합니다. 다들 가족은 있으니까요. 또, 보통은 가족과 관계를 맺고 살죠. 저는 약점을 극복하거나 삶을 이겨내려 애쓰는 아이나 어른에 관해 이야기합니다. 그건 물론 제가 말하려는 내용에 대한 이해를 돕는 용도로 선택한 겁니다."

스티븐슨은 직업상 그의 말을 듣기도 전에 이미 반감을 가진 상대의 마음을 돌려놓아야 할 때가 많다. 이때 이야기 서술, 즉 스토리텔링 기법은 벽을 허무는 도구가 된다. 스티븐슨은 입장과 견해가 맞서는 일이 많은 판사와 배심원, 그리고 결정에 관여하는 다른 많은 이들의 공감을 얻기 위해 이야기를 들려준다. 그는 경험을 통해 저항을 깨는 가장 강력한 방법이 이야기임을 발견했다.

그의 TED 강연은 스토리텔링 기법의 아주 좋은 실제 사례다. 각각의 이야기가 '정체성'이라는 중심 주제와 이어지기 때문이다. 강연의 마지막 이야기에는 법원에서 잠시 만난 잡역부가 등장한다. 법정에서 스티븐슨은 판사와 열띤 갑론을박을 주고받고 있었다.

잡역부 아저씨가 왔다 갔다 하시는 모습이 곁눈으로 보이더군요. 계속 왔다 갔다 하시더라고요. 그러더니 얼굴에 수심이 가득한 그 나이 든 흑인 아저씨가 마침내 법정으로 들어와 저를 향해 오더니 뒤에 앉았어요. 변호인석 바로 뒤였어요. 10분 후 재판장이 잠시 휴정을 선언했습니다. 법정에는 질서 유지를 위한 경위가 있었는데, 그는 잡역부가 법정으로 들어온 게 못마땅한 눈치였어요. 휴정 중에 그는 잡역부 아저씨에게 다가가서 이렇게 말했습니다. "지미 아저씨, 법정에서 뭐 하세요?" 그러자 그 흑인 아저씨는 일어나서 경위를 보고 또 나를 보고 말했죠. "젊은 변호사 선생에게 이 말을 해주려고 왔지. 목표에서 눈을 떼지 말고 버티라고."

스티븐슨은 인간으로서의 권리와 기본적 존엄에 눈을 감는다면 결코 문명인이라 할 수 없다는 말로 강연을 끝맺었다. "기술과 디자인, 오락, 창의성 등에 대한 비전은 인간애, 연민, 정의 등에 대한 비전과 하나가 되어야만 합니다. 무엇보다도 이런 생각에 공감하고 계신 여러분께 간단히 이 말씀만 드리고 싶습니다. 목표에서 눈을 떼지 말고 버티십시오." 이 말이 끝나자 청중은 기립했다. 스티븐슨의 이야기에 공감했기 때문이다. 그는 듣는 이의 영혼을 건드렸다.

영화감독 벤 애플렉의 수첩

영화배우이자 감독인 벤 애플렉은 여러 TED 강연들 중에서도 스티븐슨의 무대를 손꼽는다. 애플렉은 사회정의에 관한 많은 발표와 강의, 설명을 들었지만 스티븐슨의 이야기 같은 것은 없었다고 한다. 스티븐슨의 강연은 정식 발표라기보다는 대화에 더 가까웠다. 애플렉은 잊지 못할 감동을 받았다. "인권변호사 브라이언 스티븐슨은 미국의 사법제도에 대해 말하기 힘든 진실을 말한다. (…) 미국 역사이지만 성찰되지 않은 상태로 덮인 문제들을 이 정도의 솔직함과 통찰력, 설득력을 가지고 이야기한 사람은 없었던 걸로 기억한다."[3]

스티븐슨을 인터뷰하다가 나는 이렇게 물었다. "민감한 주제를 다루고 계시죠. 논란도 많고, 또 복잡하기도 하고요. 이야기를 통한 효과적 소통 능력이 스티븐슨 씨의 성공에 얼마나 기여했을까요?"

"엄청난 기여를 했죠. 제가 변호를 맡은 피고인에게 불리한 유죄 추정이 넘쳐납니다. 제멋대로 확산된 나쁜 소문과 상상을 극복하는 게 제 일입니다. 우리가 노력하는 일의 성공 여부는 십중팔구 효과적인 소통에 달려 있습니다. 법정에서 이기려면 자료와 사실, 분석이 필요합니다. 하지만 사람들의 마음을 녹일 이야기도 꼭 있어야 합니다. 그래야 그들이 마음을 열고 우리 얘기에 귀를 기울이기라도 할 테니까요. 듣는 이가 당신과 함께 기꺼이 여행을 떠나볼 마음이 들어야 뭘 해도 하는 겁니다."

인터뷰에서 스티븐슨은 내 소통 이론의 핵심 개념을 입증했다. 스토리텔링이 설득의 최종병기라는 것이다. 예를 들어 이야기가 있는 브랜드를 가진 회사는 경쟁사에 비해 훨씬 깊고 의미 있게 소비자와 이어질 수 있다. 그리고 이는 가슴에 닿는 진실한 이야기일 때 가능하다. 개인적 차원에서 말하는 이와 듣는 이의 관계도 다르지 않다. 진실한 이야기는 당신과 청중을 깊고 의미 있게 이어준다.

스티븐슨의 이야기는 당신에게도 자신감을 안겨줄 것이다. 많은 비즈니스맨이 파워포인트 발표에서 개인적 이야기를 꺼내지 않는 것을 불문율로 여긴다. 자료와 차트, 그래프가 많은 발표라면 두말할 것도 없다. 하지만 스티븐슨은 오히려 이야기의 힘을 통해 대법원 판사들 앞에서 성공적인 논변을 펼친다. 당신도 여기서 힌트를 얻어야 하지 않을까?

파토스의 힘

스티븐슨에게는 '파토스(pathos)'가 있다. 그리스 철학자 아리스토텔레스는 일찍이 소통 이론을 연구했다. 그는 상대를 설득하기 위해서는 세 가지 요소, 즉 에토스(ethos), 로고스(logos), 파토스를 제시해야 한다고 보았다. 에토스는 신뢰성이다. 인정할 만한 성과를 냈거나 멋진 직함 또는 경력을 지닌 사람의 말은 신빙성이 있어 보인다. 로고스는 논리와 자료, 통계를 통한 설득을 의미한다. 파토스는 감정에 호소하는 행위다.

브라이언 스티븐슨의 2012년 TED 강연 분석
Created by Empowered Presentations @empoweredpres

브라이언 스티븐슨의 강연은 모두 4,057개 단어로 구성되었다. 나는 이것을 분석해서 내용을 성격에 따라 세 개 항목으로 분류했다. 교도소에서 스티븐슨이 한 일에 관한 얘기가 나오면 해당 문장이나 문단을 에토스로 분류했다. 통계 수치를 언급한 문장은 로고스 항목으로 분류하고 이야기 서술은 파토스 항목에 넣었다. 결과는 왼쪽 그래프와 같다.

에토스는 스티븐슨 강연의 10퍼센트에 불과했다. 로고스도 25퍼센트였다. 파토스가 내용의 65퍼센트를 채웠다. 그런데도 놀랍게도 스티븐슨의 강연은 TED닷컴에서 가장 설득력 있는 강연 중 하나로 뽑혔다. '설득한다'는 것은 이성에 호소함으로써 누군가가 행동을 하도록 영향을 준다는 뜻이다. 감정은 이런 정의에 부합하지 않는다. 하지만 스티븐슨의 강연이 청중의 감정을 파고들지 못했다면 지금만큼 영향을 주지도 못했을 것이다.

간단히 정리하면 '논리 하나만 가지고는 설득을 할 수 없다.' 이는 세상에서 가장 논리적인 사람들이 한 말이었다.

TED note

아리스토텔레스가 말한 설득의 세 요소를 어떻게 응용할 수 있을까? 당신이 최근에 한 발표 중 하나를 골라 그 내용을 앞에서처럼 세 가지 항목으로 분류해보자. 에토스(신뢰성), 로고스(증거 및 자료), 파토스(감정적 호소)로 분류했을 때 당신의 파토스 비율은 얼마나 되는지 살펴보자. 만일 감정적 호소 부분이 미약하다면 엇비슷한 발표를 다시 하기에 앞서 이야기와 일화, 개인적 통찰을 더 집어넣는 방향으로 재구성하라.

이야기와 소통의 기술

데일 카네기는 청중에게 영감을 주는 이야기의 힘을 믿었다. "세상의 위대한 진실은 흔히 멋진 이야기에 담겨 온다." 또, 카네기는 이런 말도 했다. "내가 내세우는 바는 사실 내 생각이 아니다. 소크라테스에게서 빌려온 것이고, 체스터필드 경에게서 얻어온 것이며, 예수님에게서 훔쳐온 것이다. 그걸 책으로 썼다. 그들의 생각이 마음에 들지 않는다면 대체 누구의 생각이 마음에 들까."

이 책에 등장하는 많은 생각들도 내 것이 아니다. TED의 것도 아니며, 청중의 기립 박수를 받은 강연자의 것도 아니다. 세상에 소통의 기술이 다양하게 존재하는 까닭은 그 소통 기술이 인간 사고의 작동 방식, 즉 우리의 생각이 정보를 처리하고 불러내는 방식과 그 정보가 뇌에 각인되는 방식을 따르기 때문이다.

카네기의 조언은 과학이 아닌 직감에 근거한 것이었다. 하지만 현대의 두뇌 분석은 그가 옳았음을 증명했다. 과학자들은 fMRI를 통해 혈류 변화를 추적하는 방식으로 두뇌 활동을 연구해왔다. 지난 10년간 인간 두뇌에 관해 밝혀진 사실이 그전까지 인류 역사 전체를 통틀어 알아낸 것보다도 더 많다. 그리고 이 연구 결과들은 대중 연설과 의사소통 분야에서 두드러지기 위해 애쓰는 이들에게 직접적으로 유용하다. 그러면 이제 실험과 연구를 통해 밝혀진, 이야기가 소통에 미치는 영향에 대해 살펴보자.

두뇌, 두뇌와 연결되다

프린스턴대학교의 어두운 회의실에서 누군가 찰리 채플린 영화를 보고 있다. 두뇌가 정보를 처리하는 방식을 더 자세히 밝히기 위해 영화를 보고 있는 그는 유리 해슨(Uri Hasson)으로, 프린스턴대학교의 심리학과 조교수다. 심리학자인 해슨은 프린스턴 신경과학연구소(Princeton Neuroscience Institute)에서 실험을 한다.

해슨은 실험의 일환으로 영화를 보거나 이야기를 듣는 것 같은 활동을 한다. 그의 연구 주제는 fMRI 기계로 뇌파를 연구하는 일과 관련되어 있다. 뇌가 어떻게 복잡한 정보를 처리하는지 궁금했던 해슨과 동료들은 개인적인 이야기가 말하는 이와 듣는 이 모두의 두뇌를 적극적으로 동기화한다는 사실을 밝혀냈다. '동기화(sync up)'라는 용어는 내가 만들어낸 표현이다. 해슨은 '두뇌 대 두뇌 연결(brain-to-brain coupling)'이라고 했다.

해슨과 동료들은 즉흥으로 이야기를 하는 화자의 두뇌 활동을 기록했다. 그런 다음에는 해당 청자의 두뇌 활동을 측정하고 그들의 이해도를 측정하는 자세한 질문지를 주고 답하게 했다. 신경과학 분야에서 이런 종류의 연구 결과는 굉장히 신선했다. 말하는 이와 듣는 이의 두뇌가 "일시적 연결이 있는 접속된 응답 형태를 보여주었기" 때문이다.[4] 간단히 말하면 "듣는 이의 두뇌 반응이 말하는 이의 두뇌 반응과 똑같았다." 실제로 화자의 정신과 청자의 정신 사이에 혼합이 발생한 것이다.

해슨은 로라 실버트(Laura Silbert)라는 대학원생을 화자로 골랐다.

그녀는 고등학교 졸업 무도회에 얽힌 개인적인 이야기를 들려주었다. 연구자들은 그녀의 두뇌를 분석하며 그 이야기를 들은 학생 11명의 두뇌도 함께 분석했다. 모두의 뇌에서 같은 부분이 활성화되었다. 말하는 이와 듣는 이 사이에 깊은 수준의 교감이 있다는 의미였다. 이 말은 곧 방 안의 모두가, 즉 모든 청자가 비슷한 반응을 경험하고 있다는 뜻이기도 했다! 듣는 이가 모르는 언어인 러시아어로 이야기를 들었을 때는 '연결'이 일어나지 않았다.

"자원봉사자들은 해당 여성이 영어로 말하는 이야기를 이해했고, 그들의 두뇌는 동조했다. 화자의 뇌에서 감정과 관련된 부분인 섬엽(insula)이 활동을 보일 때 청자의 섬엽도 활동을 보였다. 화자의 전두엽(frontal cortex)이 활동을 보일 때 청자의 전두엽도 활동을 보였다. 간단히 정리하면 화자는 생각과 사고 및 감정을 청자의 두뇌에 주입할 수 있었다."[5] 해슨의 결론이다.

연구자들은 우리의 두뇌가 다른 어떤 자료보다 이야기를 들을 때 더 활동적이라는 사실을 발견했다. 글자와 땡땡이 강조 표시가 많은 파워포인트 슬라이드는 두뇌의 언어 처리 중추를 활성화한다. 그곳에서 단어는 의미로 바뀐다. 반면 이야기는 두뇌 전체를 사용하며 훨씬 많은 일을 한다. 이야기는 두뇌의 언어, 지각, 시각, 그리고 운동 영역까지 활성화한다.

행동에 영향을 줄 의도로 설명을 준비하는 사람은 해슨의 연구 결과에 주목할 필요가 있다. 이야기가 두뇌 대 두뇌 '연결'의 방아쇠를 당긴다면, 많은 이야기를 들려주는 것이 상대가 내 생각에 고개를 끄덕이게 하는 방법일 수 있다.

영혼이 담긴 데이터

2010년 6월 브레네 브라운은 TEDx 휴스턴에서 '취약성의 힘(The Power of Vulnerability)'이라는 제목의 강연을 했다. 휴스턴대학의 연구교수인 그녀는 취약성과 용기, 진정성, 수치심 등을 연구한다. 18분에 몽땅 담기에는 너무 큰 주제 영역이다. 그렇지만 브라운은 아주 잘 해냈고, 강연 동영상은 700만 번 넘게 재생되었다. 강연은 짤막한 일화로 시작한다.

> 2~3년 전이었어요. 제가 하기로 예정된 강연회의 담당자가 전화를 걸어왔어요. "안내 전단에 선생님 소개를 어떻게 써야 할지 몰라서요"라는 거예요. 저는 생각했죠. '대체 뭐가 문제란 거야?' 그녀의 설명은 이랬어요. "선생님 강연을 본 적이 있어요. 선생님 직함은 연구교수가 맞는데, 정말 그렇게 쓰면 사람들이 모이지 않겠죠. 교수님들의 강연은 지루한 데다 뜬구름 잡는 소리만 한다는 선입견이 있어서요." "아!" 납득이 갔죠. "그런데 전에 강연에서 보니까 선생님, 이야기꾼이시더라고요. 그러니까 그냥 이야기꾼이라고 하면 어떨까요?"[6]

브라운은 진지한 학자였다. 그래서 그때만 해도 '어떤 불안감' 때문에 이야기꾼이라는 명찰을 받는 걸 주저했다. 하지만 점점 이야기꾼이라는 게 좋아졌다. "제 생각엔 뭐랄까, 전 이야기꾼이죠. 전 질적 연구(qualitative research, 현상을 수치화(양적 연구)하기 이전 상태로 환원해서 가능한 한 있는 그대로에 접근하는 연구 방법 – 옮긴이)를 하는 사람입니다. 이야기를 모으죠. 그게 제가 하는 일이에요. 아마도 이야기란 단지 영혼이 담긴 연구 데이터인지도 모르겠어요. 전 그냥 이야기꾼이고요."

브라운의 말처럼 우리는 모두 이야기꾼일지 모른다. 당신도 매일 이야기를 하고 있다. 직장에서 발표를 할 때도 판촉 활동이나 회사 혹은 상품에 대한 이야기를 하고, 마케팅 프레젠테이션을 하면서 자신의 생각을 이야기로 풀어낸다. 그렇다. 우리는 모두 이야기꾼이다. 매일매일 생활 전선에서 이야기를 하고 있다.

노스웨스턴대학교의 메딜 언론대학에 다니던 나는 언젠가 교수로부터 심한 질책을 받았던 적이 있다. 결코 잊지 못할 기억이다. 나는 취재를 맡아 나갔다가 빈손으로 돌아왔다. "이야기가 없었어요." 교수는 몹시 화를 냈는데, 얼마나 심하게 화를 내던지 앞머리 혈관이 터지는 게 아닐까 걱정될 정도였다. "이야기는 항상 있어!" 교수가 고함쳤다. 지금도 누가 "내게는 이야깃거리가 없다"고 말하는 걸 들으면 항상 그때가 떠오른다. 없을 리가 없다. 이야기는 언제나 있다. 찾아보면 있다. 당신이 머리가 좋은 편이라면 분명히 좋은 이야기 하나는 건질 것이다.

"사람은 누구나 이야기를 좋아합니다. 이는 일종의 천성입니다. 이야기는 우리가 누구인지 확인시켜 줍니다. 모두들 삶의 의미를 확인하고 싶어 합니다. 이야기를 통해 교감할 때 가장 확실한 확인을 받을 수 있습니다. 이야기는 과거와 현재, 미래의 장벽을 넘나듭니다. 사람들 간의 동질성을 확인하게 해주죠. 타인을 간접 경험하고, 현실과 상상을 간접 체험하며 서로 닮았다는 걸 확인합니다."[7]

– 앤드루 스탠턴(Andrew Stanton),

영화 〈토이 스토리〉의 작가, 2012년 2월 TED

영감을 주는 세 가지 이야기

영감을 주는 소통 전문가 혹은 최고의 TED 강연자는 세 가지 유형의 이야기 중 하나를 고수한다. 첫째는 말하는 주제와 직접 연관된 개인적 이야기다. 둘째는 청중이 공감할 수 있는 교훈을 얻은 다른 사람의 이야기이고, 셋째는 상품이나 브랜드의 성공 혹은 실패담이다.

개인적 이야기

우리가 누구인지는 이야기를 통해서 잘 드러난다. 인기 있는 TED 강연자들은 대개 개인적 이야기로 강연을 시작한다. 브라이언 스티븐슨의 감동적인 이야기를 떠올려보자. 그는 어린 시절 할머니와 "목표에서 눈을 떼지 말고 버텨라"라는 조언을 해준 법원 잡역부에 대해 이야기했다.

개인적 이야기를 말하는 능력은 진정성 있는 리더십의 중요한 특성이다. 사람들을 북돋아 비범한 성과를 이뤄낼 수 있다. 그렇다. 개인적 이야기를 해보자. 사랑하는 사람과 관련된 아끼는 추억이 있지 않은가? 그 사람에 대해 할 만한 이야기도 아마 있을 것이다. 내 딸아이들은 할아버지(이탈리아어로 '논노(nonno)')에 대한 이야기를 좋아한다. 제2차 세계대전 때 포로로 잡혔다가 탈출해서 할머니를 만나 마침내 주머니에 20달러를 넣고 미국으로 이민 온 이야기다. 이런 가족사는 우리 가족 정체성의 핵심이다. 당신의 경우도 다르지 않을 것이라고 믿는다.

개인적 이야기를 한다면 듣는 사람도 이를 개인적으로 느끼게 해야 한다. 그들을 여행에 참여시켜라. 충실한 묘사를 통해 머릿속에 그림이 그려지게 하라. 이야기되는 그때 그곳에 듣는 이가 당신과 함께 있도록 말이다.

화상 환자의 한 질문에서 시작된 연구

댄 애리얼리(Dan Ariely)는 미국 듀크대학교의 심리학 교수이자 행동경제학자이며 베스트셀러 작가이기도 하다. 그는 사람들이 왜 뻔한 비합리적 결정을 내리는지 보여주는 독창적 연구를 한다. 그가 이 주제에 관심을 갖게 된 이유는 다름 아닌 화상(火傷) 때문이었다. 애리얼리는 2009년 TED 강연을 화상에 대한 개인적 이야기로 시작했다. "심한 화상을 입었어요. 병원에서 많은 시간을 보내다 보면 많은 유형의 비합리성을 보게 되죠. 화상외과에서 특히 힘들었던 건 간호사들이 제 몸의 붕대를 떼어내는 과정이었어요."[8]

그는 붕대를 어떻게 빠르게 떼거나 천천히 뗄 수 있는지 생생한 묘사로 설명했다. 그러면 사람들은 십중팔구 붕대를 빨리 확 잡아떼는 편이 그나마 고통을 줄이는 방법이라고 생각한다. 애리얼리의 간호사들도 마찬가지였다. 그런 방법으로 붕대를 다 제거하는 데는 한 시간이 걸렸다. 죽을 것 같은 고통에 애리얼리는 한 시간 대신 두 시간이 걸려도 좋으니까 붕대를 천천히 떼서 고통의 강도를 좀 줄여달라고 애원했다. 하지만 간호사들은 빠르게 떼야 가장 좋다며 고통을 참으라고만 했다.

3년 후 퇴원한 애리얼리는(온몸의 70퍼센트가 화상 부위였다) 이스라엘 텔아비브대학에 들어갔다. 그곳에서 그는 화상 환자의 붕대를 어떻게 떼어내는 게 최선인지 연구했다. "간호사들이 틀렸다는 사실을 알게 되었어요. 물론 저를 힘들게 하려던 건 아니었겠죠. 경험도 많은 분들이었고요. 그럼에도 불구하고 일을 잘못하고 있었던 겁니다. 결론을 말씀드리죠. 우리의 몸은 통증의 강도를 부호화할 때와 다른 방식으로 통증의 지속을 부호화합니다. 즉, 지속 시간이 더 길더라도 강도가 낮았더라면 덜 아팠을 거라는 얘깁니다."

또한 애리얼리는 '의외성'이라는 아주 효과적인 스토리텔링 기법을 사용한다. 《스틱!(Made to Stick)》에서 칩 히스와 댄 히스는 '착 달라붙는' 생각, 즉 사람들이 잘 기억하는 아이디어의 여러 가지 특성을 알려준다. 그들의 말에 따르면 "사람들의 관심을 끄는 가장 기본적인 방법은 바로 '일정한 양식을 파괴하는 것'이다."[9] 호기심과 불가해는 사람의 관심을 끄는 강력한 방법이다. 그들은 그 증거로 카네기멜론대학의 행동경제학자 조지 로웬스타인(George Loewenstein)의 연구를 예로 든다. "로웬스타인은 이렇게 말했다. 호기심은 지식의 공백을 느낄 때 발생한다. (…) 공백은 고통을 야기한다. 뭔가에 대해 알고 싶지만 알지 못할 때의 느낌은 몸 어딘가가 근질거려 긁고 싶을 때와 비슷하다. 그런 고통을 제거하기 위해서는 지식의 공백을 메워야만 한다. 우리는 고통스러울 정도로 끔찍한 영화도 참고 앉아서 본다. 결말을 모르는 게 그보다 더한 고통일 수 있기 때문이다."[10]

애리얼리의 개인적 이야기는 뜻밖의 결과로 이어져서 더욱 큰 효과를 가져왔다. 이처럼 개인적인 이야기를 할 때는 신중히 골라야 한다. 뜻밖의 결과로 이어지는 개인적 경험은 곧잘 강렬한 이야기로 탈바꿈한다.

간호사 어머니의 재정 절벽

강연과 발표, 소셜 미디어, 텔레비전 인터뷰 등 거의 모든 소통 형식에서 개인적 이야기는 주목을 이끌어낸다. 나는 1989년부터 언론인으로 경력을 쌓기 시작했다. 레이건 대통령의 임기 마지막 해였다. 레이건은 '소통의 달인'으로 불렸다. 전달하려는 메시지를 이야기로 잘 포장했기 때문이다. 커뮤니케이션 자문 사업을 시작하기 위해 언론사를 그만둔 나는 레이건에게 카리스마를 부여했던 그 재능을 기억했다. 바로 이야기를 말하는 능력이었다.

오늘날 나는 CEO와 정치인들에게 똑같은 조언을 한다. 당신의 말이 인용되고 싶다면 이야기를 말하라고 말이다. 개인적인 이야기일수록 더 좋다. 실패 확률이 거의 없는 방법이다. 한 예로, 2012년 12월에 미국 언론은 온통 '재정 절벽' 얘기뿐이었다. 효력이 자동 발생하는 경비 삭감과 세금 인상이 한꺼번에 닥쳐서 의회가 예산안 합의에 실패하는 사태다. 한 초선 하원의원이 텔레비전 인터뷰를 한 시간쯤 앞두고 나를 불렀다. 그는 언론에 메시지를 잘 전달할 수 있도록 도움을 받고 싶다고 했다.

그 하원의원은 '논란거리'라는 말만 반복했다. 그래서 나는 정중하게 그 단어 대신 이야기를 하면 어떻겠냐고 했다. 우리는 간호사인 그의 어머니에 관한 이야기를 하기로 결정했다. 재정 절벽이 어머니에게 어떤 영향을 미칠지에 대한 이야기였다. 실제로 인터뷰에서 그 하원의원은 어머니 이야기를 했고, 기자들은 이것을 덥석 물어 열심히 보도했다. 이후 그는 인터뷰 때마다 빠짐없이 간호사 어머니 이야기를 했다. 다른 경우에는 논란거리를 던지는 데 성공하기도 하고 실패하기도 했다. 하지만 어머니는 결코 그를 실망시키지 않았다.

사람들은 이야기를 좋아한다. 비즈니스맨이 개인적 이야기를 하는 일은 드물다. 하지만 바로 그렇기 때문에 개인적 이야기를 했을 때 더 큰 효과를 볼 수 있다. 오늘날 나는 언론 인터뷰나 중요한 발표를 앞둔 CEO들에게 항상 개인적인 이야기를 엮어 넣으라고 종용한다. 그러면 기자와 블로거들은 거의 예외 없이 현장에서 들은 그 이야기를 전한다. 어떤 화술도 100퍼센트 성공을 보장하지는 않는다. 하지만 개인적 이야기는 십중팔구 성공을 약속한다.

다른 사람의 이야기

켄 로빈슨 경은 교육학 박사로서, 교육과 비즈니스 분야에서 창의와 혁신을 이끄는 사상가다. 그는 학교가 창의성을 죽인다고 말한다. 수많은 사람이 여기에 맞장구쳤고, 아주 도발적인 주장에 호기심이 당긴 이들은 그의 2006년 TED 강연을 찾아보았다. 이것이 입소문을 탔다. 그의 TED 강연은 역대 최고의 인기를 자랑하며, 이 글을 쓴 시점에는 조회수가 1,400만 건이었다(현재는 2,800만 건이다 – 옮긴이). 나도 그의 강연에 매혹되었다. 그는 파워포인트를 쓰지 않았다. 시각 자료도 무대 소품도 전혀 쓰지 않았다. 그럼에도 불구하고 그의 강연은 청중과 잘 교감한다. 그는 분석과 자료, 유머, 이야기를 능숙하게 사용해서 멋진 강연을 만들어냈다.

창의력을 죽이는 학교, 창의력을 키우는 학교

로빈슨의 가장 흥미롭고 귀를 끄는 이야기에는 본인이 등장하지 않는다. 그가 연구를 위해 만난 어떤 사람이 주인공이다. 그녀의 이름은 질리언 린(Gillian Lynne)으로, 청중 중에는 그녀의 이름을 들어본 사람이 거의 없었다. 하지만 모두들 그녀가 한 일은 알고 있다. 린은 뮤지컬 〈캣츠〉와 〈오페라의 유령〉 안무가였다.

로빈슨은 린에게서 무용수가 된 연유를 들었다. 그녀의 이야기는 1930년대의 학창 시절로 거슬러 올라간다. 학교에서 린은 학습 장애가 있는 아이로 여겨졌다. 집중력이 부족하고 언제나 안절부절못했기 때문이다. "요즘 같으면 ADHD(주의력결핍 과잉행동장애)라고 했겠죠. 그런데 1930년대였어요. ADHD라는 질환이 정의되지 않은 시점이었죠. ADHD 진단을 받고 싶어도 받을 수 없었어요. 그런 게 있지도 않았으니까요."[11] 청중은 웃었지만 로빈슨은 무던히 말을 이어갔다.

린의 엄마는 그녀를 전문가에게 데려갔다. 의사는 린과 엄마의 얘기를 20분 정도 듣더니 린에게 엄마와 잠시 단 둘이 얘기하고 싶다고 했다. "의사는 엄마와 함께 방을 나가면서 책상 위 라디오를 켰습니다. 방에서 나간 의사는 엄마에게 '잠깐 서서 따님을 좀 보시죠'라고 했습니다. 그들이 방을 나가던 순간에 아이가 음악에 맞춰 일어났던 거죠. 그들은 그렇게 서서 몇 분을 지켜봤어요. 마침내 의사가 말했죠. '린 부인, 따님에게 문제가 있는 게 아니라 따님은 춤꾼입니다. 무용 학교에 보내세요.'" 그래서 린은 무용 학교에 갔다. 왕립 발레단에 입단했고, 〈캣츠〉와 〈오페라의 유령〉의 작곡가 앤드루 로이드 웨버 경을 만났다. 그리고 극장 역사에 길이 남을 명작 뮤지컬 몇 편의 안무를 맡았다.

로빈슨은 강연의 결론을 위한 배경으로, 그리고 말하려는 주제를 보강하기 위해 질리언 린의 이야기를 사용했다. "TED는 상상력이라는 인간의 재능을 소중히 여깁니다. 이 재능을 현명하게 사용하고, 앞서 거론한 몇몇 안 좋은 상황을 피하기 위해 지금 우리는 신경 써야 합니다. 유일한 해답은 풍부한 창의력을 고양하고 아이들에게서 희망을 찾는 겁니다. 아이들이 미래에 맞설 수 있도록 전인교육을 하는 것이 우리의 과제입니다."

만일 질리언 린의 이야기가 없었다면 청중은 로빈슨의 '전인교육' 요구를 오롯이 이해하기 힘들었을 것이다. 대부분의 사람들은 추상적 사고를 어려워한다. 이야기는 추상적 개념을 뚜렷하게 해주며 정서적이고 기억에 남는 생각으로 바꿔준다.

'예스'가 당신의 미래인 이유

레이크우드 교회(Lakewood Church)의 목사 조엘 오스틴(Joel Osteen)은 TED 강연을 한 적이 없다. 하지만 그는 매주 4만 명의 신도 앞에서 TED 강연에 맞먹는 설교를 한다. 그리고 이 설교를 다시 700만 명이 텔레비전을 통해 시청한다.

오스틴 목사는 언제나 하나의 주제로 설교를 시작한다(이는 TED 강연과 흡사하다). 그의 설교 하나를 따라가 보자. "오늘은 '예스'가 여러분의 미래인 이유를 말씀드리겠습니다."[12] 오스틴 목사는 한 친구에 관한 짤막한 일화를 들려준다. 그 친구는 몇 년 동안 열심히 일해왔다. 하루는 중간관리자가 퇴직하자 그를 비롯한 여러 명이 그 자리에 지원했다. 그는 회사에서 고참이었고 직장에 충성을 다해왔다. 그러나 나이도 어리고 경력도 상대적으로 짧은 다른 직원에게 밀려 승진에서 탈락했다. 그는 배신감을 느꼈다. 하지만 "불평불만 없이 여전히 최선을 다해 일했다."

2년이 흘렀다. 이번에는 부사장이 퇴임했다. 오스틴의 친구는 드디어 그에게 마땅한 자리로 승진을 했다. 부사장이 된 것이다. "부사장 직책은 예전에 노렸던 중간관리자 자리보다 훨씬 높습니다. 그렇습니다. 지금 당장 '노'라고 해서 실망할 필요는 없습니다. 은총이 오고 있습니다. 치유가 오고 있습니다. 승진이 오고 있습니다. 이렇게 외치세요. 나는 '노'에 실망하지 않는다! '예스'가 온다!"

오스틴 목사는 이렇게 신도들의 가슴에 파토스를 심은 다음 로고스로 넘어간다. 그는 통계 수치를 보여준다. 첫 번째 창업은 90퍼센트가 망하지만 두 번째 창업은 90퍼센트가 성공한다는 자료다. 그렇지만 80퍼센트의 사업주는 결코 재도전을 하지 않는다. "그들은 성공에서 몇 번의 '노'만큼 떨어져 있다는 사실을 깨닫지 못합니다."

오스틴은 이 통계에 더 많은 이야기로 살을 붙였다. 성경 속 인물들이 나왔고, 레이크우드 교회에 예배를 보러 온 사람들, 역사적 인물들('앨버트 아인슈타인은 2,000번 실패했다')이 등장했다. 예배당의 가장 앞줄에 앉아 있던 오스틴의 모친 이야기도 나왔다. 그리고 오스틴은 작은 사업을 벌여서 꽤 성공을 거둔 한 친구의 이야기를 꺼냈다. 사업 확장을 원한 그는 주거래 은행을 찾았다. 여러 해 동안 거래 실적이 쌓인 곳이었다. 그는 사업계획서와 함께 지금까지의 좋은 결과를 제시했다. 하지만 대출은 거절당했다. 다른 은행을 찾아갔지만 그곳에서도 대출을 거절했다.

"열 번째 은행, 열두 번째 은행……. 이쯤 되면 그만둘 만도 하죠. 그는 서른 곳에서 거절을 당했어요. 그래도 다시 또 찾아갔죠. 서른한 번째 은행도 손사래를 쳤어요. 그리고 마침내 서른두 번째 은행에서 이런 말을 들었습니다. '사업 구상이 마음에 드네요. 기회를 드리죠.' 여러분 가슴에 꿈을 심은 건 하나님입니다. 성공이 당연하지 않겠어요? '노'라는 말을 듣는다면 그것은 '예스'에 한 걸음 더 가까이 왔음을 의미합니다."

강연에서 개인적 이야기를 하라는 것은 본인의 이야기를 하라는 말이다. 하지만 청중이 공감하는 타인의 이야기도 가능하다. 오스틴 목사는 인기 있는 TED 강연자들과 같은 재능을 갖고 있다. 공감은 타인이 경험한 감정을 알고 느끼는 능력이다. 우리의 발을 다른 이의 신발에 넣는 것이다. 앞서 우리는 이야기가 어떻게 다른 누군가의 감정을 경험하도록 돕는지 살펴보았다. 일부 저명한 신경과학자들은 인간에게 공감이라는 행동 양식이 내재되어 있다고 믿는다. 이것이 사회를 하나로 만드는 '사회적 풀'이라는 것이다. 강연이나 발표에서 자신이나 다른 사람에 대한 이야기를 하라. 그러면 청중의 공감을 얻어 낼 것이다.

"누구의 삶이든 진실한 내면의 이야기는 가장 재미있는 법이다. 잘난 척해서 상대에게 불쾌감을 주지 않고 점잖게 말한다면 그것만큼 확실한 대화의 기술도 없다."

– 데일 카네기

브랜드 성공에 관한 이야기

기조강연을 할 때 나는 개인적 이야기, 내가 개인적으로 알거나 인터뷰했던 사람들의 이야기, 어디서 읽은 사람들의 이야기, 그리고 내가 말하려는 비즈니스 전략을 성공적으로 보여준 브랜드에 관한 이야기를 들려준다.

나는 항상 칼럼이나 강연에 쓸 이야깃거리를 찾는다. 이야기는 어디에나 있다. 한번은 버진아메리카 항공사 비행기에 탑승했을 때 조종사와 얘기를 나눈 적이 있는데, 나는 이 회사가 버진아메리카 브랜드에 관한 트위터피드를 계속 확인하고 있다는 것을 알고 놀랐다. 이는 나중에 소셜 미디어를 사용해 고객과 소통하는 브랜드에 관한 이야기로 이어졌다.

리츠칼튼 호텔에 투숙했을 때는 무료 애피타이저를 준 웨이터에게 물었다. 시킨 적이 없는데 공짜로 줘도 되느냐고 말이다. 그의 대답은 이랬다. "우리 호텔은 손님이 좋은 시간을 보낼 수 있도록 현장에 재량권을 줍니다." 이 경험은 직원 참여와 고객 서비스에 관한 몇 개의 이야기로 이어졌다.

애플스토어에 갔을 때는 그곳 직원들이 고객을 다섯 단계로 돕는 교육을 받았다는 사실을 발견했다. 이것은 직접 판매로 이어지거나 방문 고객의 브랜드 충성도를 높였다. 이때의 경험은 단지 하나의 이야기에서 그치지 않았다. 나는 결국 여기에 대한 책 한 권을 썼다. 이처럼 브랜드에 관한 이야기는 어디에나 있다.

인기 블로거이자 TED 강연자인 세스 고딘(Seth Godin)도 브랜드 이야기를 한다. 그는 그 일을 아주 멋지게 해낸다. 2003년 2월 고딘은 TED 강연을 통해 사람들에게 생각을 전파하는 방법을 알려주었다. 강연 동영상은 큰 인기를 끌었고 조회수 150만 이상을 기록했다. 록 밴드 U2의 보컬 보노는 여러 TED 강연 중에서도 이것을 가장 좋아한다며 이렇게 말했다. "미디어 혁명을 가장 비혁명적인 용어로 설명합니다. 찬사만으로는 부족한 정말 좋은 강연입니다. 고딘은 영리하고 재미있는 친구입니다."[13]

소비자의 눈에 띄는 브랜드는 무엇인가

고딘은 강연의 주제를 뒷받침하는 세 가지 이야기를 들려준다. 영리한 마케터는 차별화된 판촉을 한다. 평범함은 곧 지루함이기 때문이다. 고딘은 '안전하게' 혹은 남들 하는 만큼 하는 게 가장 위험하다는 주장을 설득력 있게 펼친다. 그 과정에서 짧고 간단한 이야기들이 나오는데, 미국의 식빵 상표 원더브레드(Wonder Bread)에 관한 이야기를 들어보자.

오토 로웨더(Otto Rohwedder)라는 사람이 식빵을 잘라 봉지에 넣어 파는 슬라이스 식빵을 고안했죠. 여느 발명가들처럼 그도 특허 취득과 제품 생산에 집중했습니다. 여기서 주목할 점은 슬라이스 식빵이 시장에 소개된 후 15년 동안 그걸 구입한 사람이 사실상 없었다는 겁니다. 다들 그런 제품이 있는지도 몰랐어요. 완전히 망한 거죠. 왜일까요. 원더브레드라는 상표가 등장해서 슬라이스 식빵이라는 제품을 널리 알릴 방법을 찾아내기 전까지는 아무도 그걸 원하지 않았던 겁니다. 슬라이스 식빵의 사례에서 보듯이 성공이 꼭 어떤 특허나 공장의 문제만은 아닙니다. 그동안 TED 강연에서 거론된 대다수의 성공담도 마찬가지입니다. 그것은 생각을 퍼뜨릴 수 있느냐 없느냐의 문제입니다.

또 다른 이야기에서 고딘은 유명 건축가 프랭크 게리가 설계한 건물의 사진(스페인 빌바오에 있는 구겐하임 미술관 – 옮긴이)을 보여주었다. "프랭크 게리는 단지 미술관 하나를 바꾼 게 아닙니다. 그는 전 세계에서 사람들이 보러 오는 건물 하나를 설계함으로써 도시 경제 전체를 바꾸었습니다. 이제 수많은 회의에서, 이를테면 포틀랜드 시의회에서, 아니면 그곳을 아는 사람들에게서는 이런 말이 나옵니다. 우리 도시에도 저런 건물을 짓자고요. 그리고 프랭크 게리에게 설계를 맡기자고요. 왜일까요. 그는 시골 변두리 도시를 유명 도시로 만들었기 때문입니다."

마침내 고딘은 두유 상표인 실크(Silk) 이야기를 꺼냈다. "실크 두유죠. 꼭 냉장 코너에 있을 필요가 없는 제품인데 냉장 코너의 우유 옆에 두었습니다. 그랬더니 매출이 세 배로 뛰었습니다. 왜일까요. 우유, 우유, 우유, 우유, 우유, 두유. 냉장고 앞에서 쇼핑을 하던 손님들 눈에 번쩍 띈 겁니다. 세 배 매출은 광고로 만든 게 아닙니다. 소비자의 눈에 돋보인 결과입니다."[14]

고딘의 이야기는 모두 눈에 번쩍 뜨이는 브랜드에 관한 것이다. 다음에 슈퍼마켓에서 실크나 원더브레드 제품을 만나면 전과는 다르게 보일 것이다. 당신이 시장에서 돋보이기 위해 사용하는 방법도 다시 생각하게 될 것이다.

> 얼굴 없는 복합기업에 이야기가 사람의 얼굴을 씌운다는 것을 대기업들이 알아차리고 있다. 토스티토스(Tostitos, 과자), 타코벨, 도미노 피자, 카시(Kashi, 시리얼), 맥도날드, 스타벅스는 자사 제품의 원료를 기르는 농부들을 부각한 광고를 내보낸다. 소비자는 제품의 출처를 알거나 그 제품을 만든 사람들에 관해 알게 될 때 해당 상품에 더 친근감을 느낀다. 러시(Lush) 비누는 각 제품에 실제 직원들의 얼굴을 그린 스티커를 붙였다. 그 제품을 실제로 만든 이의 얼굴이다. 러시는 각 제품마다 이야기가 있다고 믿는다. 성공을 거둔 많은 브랜드가 진짜 얼굴, 진짜 사람, 진짜 이야기를 담은 광고에 엄청난 돈을 쓰는 데는 이유가 있다. 먹히기 때문이다.

'바르는 샤워'의 탄생 비화

모든 상품에는 이야기가 있다. 그리고 그 상품을 위해 창업한 햇병아리 사업가에게도 이야기가 있다. 남아프리카공화국 케이프타운에 사는 21세 청년 루드윅 마리샨(Ludwick Marishane)은 2011년 그해의 세계적 학생 사업가로 이름을 알렸다. 사실 이는 그가 목욕을 싫어한 덕분이었다. 마리샨은 '바르는 샤워(DryBath)'를 발명했다. 세계 최초의 물이 필요 없는 샤워 로션이다.

만일 마리샨이 자신의 발명품을 제품화해서 시장에 내놓기 위해 단시간 내 투자 설명을 해야만 했다면 아마도 이런 식이 아니었을까. "바르는 샤워는 세계 최초의 유일한 샤워 대용 젤입니다. 젤을 짜서 피부에 발라 문지르면 샤워 끝입니다." 하지만 여기에는 '왜'와 '무엇'이 빠져 있다. 왜 바르는 샤워를 발명했는지, 그래서 좋은 점이 무엇인지 말이다. 이야기는 이 빈칸을 채운다.

2012년 5월 TED 요하네스버그에서 마리샨은 이 '왜'와 '무엇'을 이야기했다. "전 림포포(Limpopo)에서 자랐습니다. 모테테마(Motetema)라는 작은 마을이었죠. 수도와 전기 공급이 날씨만큼 제멋대로였어요. 열악한 환경에서 자랐습니다. 열일곱 살 때였어요. 친구 두 명과 겨울에 일광욕을 하며 쉬고 있었습니다(남반구라 겨울이 여름이다 – 옮긴이). 림포포의 겨울 햇빛은 정말 강렬합니다. 일광욕을 하는데 옆에 있는 친구가 이렇게 말하는 거예요. '야, 피부에 바르면 목욕하지 않아도 되는 게 있으면 좋겠다.' 저는 앉은 채로 이렇게 말했습니다. '그런 게 있으면 나도 사겠다!'"[15]

마리샨은 집에 와서 자료를 검색했다. 그리고 충격적인 통계를 찾아냈다. 전 세계 25억 명이 넘는 인구가 위생적인 생활을 하지 못하며 그중 500만 명이 남아프리카에 산다는 사실이었다. 이런 환경에서는 끔찍한 질병이 창궐한다. 예를 들어 트라코마(trachoma, 클라미디아로 일어나는 결막의 접촉 감염병 – 옮긴이)는 매년 800만 명의 눈을 멀게 한다. "가장 충격적인 대목은 트라코마 감염을 예방하려면 그냥 세수만 하면 된다는 겁니다."

그는 휴대폰 한 대와 매우 제한적인 인터넷 접속만으로 자료 조사를 해서 40쪽에 달하는 사업계획서를 작성했다. 4년 후 그는 특허를 따냈고 '바르는 샤워'가 탄생했다. 이것의 가치 포지셔닝은 "부자에게는 편리하고 빈자에게는 목숨과 직결된 제품"이다. 모든 브랜드와 상품에는 이야기가 있다. 찾아내서 말하기 나름이다.

이야기란 무엇인가? 조나 삭스(Jonah Sachs)는 《스토리 전쟁(Winning the Story War)》에서 이야기를 이렇게 정의한다. "이야기란 화자가 자신의 세계관을 대중에게 이해시키기 위해 만들어낸 인간 커뮤니케이션의 한 유형이다. 화자는 실존 또는 허구의 인물을 무대에 올리고, 시간이 흐르면서 이 인물에게 무슨 일이 일어나는지 보여주는 방법으로 이 목적을 달성한다. 각 등장인물은 자신의 가치에 부합하는 목표를 찾아 나선다. 그 과정에서 온갖 어려움을 맞닥뜨리며 화자의 세계관에 따라 성공하거나 실패한다."[16] 삭스는 생각의 전장을 누비는 마케터에게는 비밀 무기, 즉 잘 구성된 이야기가 있어야 한다고 본다. 그는 쏟아지는 마케팅 메시지에 파묻힌 오늘날의 대중은 역사상 그 어느 때보다도 더 메시지를 믿지 않고 반발한다고 말한다. 하지만 "메시지가 마음에 들 경우 이를 기꺼이 전파할 능력이 있으므로 일단 그들의 사랑을 얻기만 하면 엄청난 파급효과를 얻을 수 있다"고 한다.

소비자의 입맛은 똑같지 않다

2004년 2월 《티핑 포인트(The Tipping Point)》의 저자 말콤 글래드웰(Malcolm Gladwell)이 몬터레이 TED 무대에 올랐다. 그는 스파게티소스를 재창조해서 유명해진 하워드 모스코위츠(Howard Moskowitz)에 관한 간단한 이야기를 했다. 강연 제목은 '스파게티소스에 관하여(Choice, Happiness, and Spaghetti Sauce)'였다.

이야기는 이랬다. 1970년대와 1980년대 미국 스파게티소스 시장은 라구(Ragu) 상표가 점령하고 있었다. 여기에 맞설 스파게티소스를 개발하고자 했던 수프회사 캠벨(Campbell's)은 모스코위츠에게 도움을 청했다(캠벨은 프레고(Prego) 상표를 만들었다). 프레고는 품질 좋은 제품이었지만 시장 반응은 그저 그랬다. 캠벨과 모스코위츠는 45종의 스파게티소스를 내놓았고, 이것을 거리로 가지고 나가 소비자들이 하나씩 맛보게 했다.

스파게티소스 시식 행사를 통해 얻은 자료를 꼼꼼히 분석한 결과, 미국 소비자들이 세 부류로 나뉜다는 사실을 알게 되었습니다. 평범하고 일반적인 맛을 좋아하는 사람들, 강한 양념 맛을 좋아하는 사람들, 건더기가 많은 소스를 좋아하는 사람들이었습니다. 그중 세 번째 부류에 주목할 필요가 있었습니다. 왜냐하면 1980년대 초 슈퍼마켓에는 건더기가 많은 스파게티소스가 없었거든요. 하워드와 프레고 개발팀은 이렇게 생각했죠. "미국 인구의 3분의 1이 건더기 많은 스파게티소스를 원하는데 아직 그런 제품이 없다고?" 머릿속에서 번개가 번쩍했습니다. 그렇게 해서 프레고 소스는 완전히 새로 태어났습니다. 건더기가 많이 든 일련의 제품군을 빠르게 시장에 출시했고, 미국의 스파게티소스 시장을 완전히 평정했습니다. 그 후 10년간 회사는 건더기가 많은 소스 제품들로 6억 달러를 벌어들였습니다.[17]

식품업계 전체가 모스코위츠의 분석에 주목했다. 글래드웰에 따르면 슈퍼마켓 선반에 "14종의 양겨자와 71종의 올리브유"가 있는 이유가 이 때문이다. 라구는 심지어 모스코위츠를 스카우트했다. 오늘날 라구 스파게티소스는 36종에 달한다. 글래드웰은 모스코위츠의 이야기를 10분간 말했다. 그리고 이야기의 교훈을 전달하는 데 나머지 7분을 썼다. 그 교훈이란 대중은 자신이 원하는 게 뭔지 모른다는 것이다. 설령 알더라도 자신이 진정 원하는 것을 확실히 표현하지 못하는 경우가 많다.

그동안 식품업계는 소비자가 먹고 싶은 걸 알려면, 그러니까 소비자를 행복하게 만드는 게 무엇인지 알려면 소비자에게 직접 물어보는 게 상책이라고 믿어 의심치 않았습니다. 라구와 프레고도 여러 해 동안 제품평가단을 앉혀놓고 이렇게 물었습니다. "어떤 스파게티소스를 원하나요?" 그렇게 20년, 30년간 제품평가단에게 물어왔지만 건더기가 많으면 좋겠다는 대답은 단 한 번도 나오지 않았습니다. 소비자 세 명 중 적어도 한 명이 건더기를 간절히 원했는데도 말이죠.

글래드웰은 강연을 끝맺으면서, 그의 표현을 빌리면 "가장 아름다운 교훈"을 전달했다. "진정한 행복으로 가는 확실한 길은 인류의 다양성을 포용하는 것에서 찾을 수 있습니다."

글래드웰의 강연이 성공한 이유는 어떤 개인의 '영웅적' 이야기(이 장 후반부에서 자세히 다룰 것이다)에 성공적인 브랜드의 이야기를 엮었기 때문이다. 청중은 응원할 대상을 원한다. 그들을 통해 영감을 얻기를 원한다. 영웅을 등장시켜라. 당신 자신이나 다른 사람, 혹은 성공적인 브랜드에 관한 이야기로 상상력을 잡아라.

TED note

당신이 들려줄 수 있는 이야기는 무엇인가? 중요한 의사 전달이나 다음 프레젠테이션 때 쓸 이야기(자신의 이야기나 다른 누군가 혹은 브랜드와 관련된 이야기)를 마련해두자. 이미 준비한 게 있다면 TED 수준의 소통을 할 날에 한 발짝 다가선 셈이다. 비즈니스 발표에서 이야기를 들려주는 것은 상대가 내용을 더 깊이 있게 경험하도록 돕는다는 측면에서 마치 그들과 현장 실사를 가는 것과 같은 효과를 준다.

성공하는 사람은 스토리로 말한다

이야기 능력이 탁월한 경영자는 오늘날 경쟁이 심한 시장에서 상당한 우위를 점한다. 그들은 이야기의 강력한 힘을 빌려 고객과 직원, 투자자, 관계자들을 설득한다. 회사 혹은 자사의 상품이나 아이디어가 그들이 욕망하는 성공을 도울 수 있다고 말이다.

사람은 원래 이야기꾼으로 태어난다. 하지만 비즈니스맨이 되고 나면 어쩐 일인지 이 부분을 잊고 산다. 이야기를 통한 정서적 교감만큼 정보를 효과적으로 전달하는 방법도 없다는 걸 잊은 채 이른바 '회사 프레젠테이션'을 한다.

이야기는 개념과 생각을 생생하고 또렷하게 만든다. 만달레이 엔터테인먼트(Mandalay Entertainment)의 회장 피터 구버(Peter Guber)는 "비즈니스계는 너무 오랫동안 구전의 힘을 무시하고 폄하해왔다. 구전은 영혼 없는 파워포인트 슬라이드와 사실관계, 그래프, 자료로 대체되었다"[18]고 말한다. 〈배트맨〉, 〈컬러 퍼플〉 같은 영화를 제작한 구버는 《성공하는 사람은 스토리로 말한다(Tell to Win)》라는 스토리텔링의 힘에 관한 책을 썼다. 그는 다음과 같이 덧붙였다. "하지만 쓸데없는 얘기들이 소음 공해 수준으로 넘쳐나는 현대 사회에서, 진정성 있게 들리는 목적 있는 이야기를 말하는 능력에 대한 수요는 점점 늘어나고 있다."

설득을 하려면 '이야기'를 하라

나는 프레젠테이션에서 이야기가 갖는 힘에 관해 구버와 이야기를 나눴다. 구버는 자신의 성공적인 연예 사업 경력을 돌아보면서 성공의 상당 부분이 고객과 직원, 주주, 언론, 동업자들을 설득하는 능력에 있었음을 새삼 깨달았다고 했다. 그전에 그는 잠재적 투자자들을 정서적으로 동참시키지 않고 자료와 통계, 전망만을 제시해 커다란 사업 거래를 놓쳤다.

"성공하기 위해서는 자신의 비전과 꿈, 동기를 다른 이가 뒷받침하도록 설득해야만 한다. 경영자로서 임원들의 동기를 부여하거나, 주주들을 내 편으로 끌어들이거나, 언론을 동원하거나, 고객의 동참을 바라거나, 투자자의 마음을 사고 싶다면 듣는 이가 주목하는 분명한 메시지를 전달해야 한다. 직장을 구할 때도 마찬가지다. 감정이입을 통해 당신의 목표를 상대의 목표로 만들고 당신이 바라는 행동을 그들이 하게 하려면, 그들의 머리뿐만 아니라 가슴에도 닿아야 한다. 이야기가 그 일을 해낸다."[19]

1990년대 초에 구버는 사무실에서 벌어진 한 사건을 통해 이야기의 힘을 깨달았다. 산전수전 다 겪은 냉철한 사업가였던 그가 설득력 있는 이야기 하나에 넘어갔던 것이다. 당시 구버는 소니픽처스(Sony Pictures)의 CEO였다. 어느 날 사업 동료인 켄 롬바드와 함께 농구 선수 매직 존슨이 방문했다. 롬바드는 구버에게 이렇게 말했다. "눈을 감아보세요. 외국의 어떤 나라 이야기를 해줄게요."[20]

구버는 이것이 '비즈니스 대화답지 않다'고 생각했지만 하라는 대로 눈을 감고 다음 말을 기다렸다. 롬바드는 말을 이었다. "잠재 고객이 엄청나게 많은 땅이 있습니다. 입지도 기가 막히고 썩 괜찮은 투자자들도 있지요. 구버 씨는 언어와 문화가 다르고 현지의 고유한 문제가 있는 외국에 투자해 성공하셨죠. 당신은 그런 나라에서 동업자를 찾았습니다. 그들의 언어를 하고 그곳의 문화를 알고, 지역적 문제를 해결할 수 있는 상대와 손을 잡은 거죠. 그렇죠?" 구버는 눈을 감을 채 고개를 끄덕였다. "그런데 영어를 쓰고 영화를 몹시도 보고 싶어하는 사람들이 있는 약속의 땅이 있습니다. 계약 가능한 부동산도 충분해요. 뭐라고 말씀하시겠습니까? 경쟁도 없고요. 약속의 땅은 여기서 엎어지면 코 닿을 데 있습니다."

롬바드와 존슨은 구버에게 영화관이 없는 도시 변두리 지역에 영화관을 짓자는 내용의 사업 설명을 하고 있었다. 롬바드와 존슨은 그들 자신을 이야기 속 영웅으로 만들었다. 구버를 도와 그가 약속의 땅으로 물길을 내도록 하는 역할이었다. 이렇게 해서 탄생한 매직 존슨 영화관 1호점의 개점 첫 4주간 총매출액은 소니 영화관 중에서 5위 안에 들었다.

상대방을 설득해서 당신의 계획에 동참시키려는 논의라면 반드시 이야기가 들어가야 한다. 공식 프레젠테이션이든, 편안한 대화든 말이다. 구버와의 대화를 통해 나도 이 사실을 새삼 되새겼다. 구버는 40년 업계 경력을 돌아본 결과 자신의 최고 경쟁력은 바로 이야기를 통해 고객과 직원, 주주와 동업자들을 설득하는 능력이었다고 말했다.

단어의 힘

흔한 유행어와 상투적 단어를 피하라. 마케터들은 '선도적', '해결책', '생태계' 같은 단어를 좋아한다. 하지만 이런 단어는 공허하며 의미가 없다. 너무 많이 쓰여서 한때 있었던 '한 방'을 잃었다. 흔한 비유 역시 지루할 수 있다. 〈뉴욕 타임스〉는 한 기사에서 "두뇌가 비유를 처리하는 방법에 대한 추가 연구도 이루어졌다"며 "'힘든 날'과 같은 형태의 화법은 너무나 익숙한 나머지 그냥 아무 의미 없는 말로 다뤄진다"는 과학자들의 주장을 전했다.[21]

두뇌 분석 연구는 "연상을 유도하는 비유나 인물들 간의 감정 교환" 같은 상세한 묘사가 두뇌의 다양한 영역을 자극한다는 사실을 밝혀내고 있다. 단순히 '라벤더 향기'라는 말만 들으면 두뇌의 냄새 관련 부분만 활성화된다. 하지만 "피험자가 촉감과 관련된 비유를 읽으면 피부 감촉을 통해 촉감을 인지하는 감각 피질이 활성화된다. (…) '가수의 목소리가 비단결 같았다'거나 '그의 손은 흡사 가죽 같았다'는 비유는 감각 피질을 깨웠다." 이야기를 할 때 비유와 유추, 생생한 언어를 사용하는 것은 기본적으로는 맞다. 하지만 상투적 단어나 흔한 유행어, 전문 용어는 피해야 한다. 사람들은 그들이 지겹게 들어온 문구에는 신경을 끄기 마련이다.

아무리 혁신적인 제품이라도 이야기가 있어야 먹힌다

도시바 의료기기(Toshiba Medical Systems)는 혁명적인 신형 CT 기계를 개발했다. 나 역시 이 제품의 세계 시장 출시를 위한 스토리텔링 작업에 참여했다. 기계가 보여주는 심장과 두뇌의 3차원 영상은 꽤나 대단했다. 하지만 설명을 듣는 이가 자료의 바다에 빠져 지루해 죽지 않게 하면서도 대단한 인상을 전달할 수 있는 방법은 무엇일까? 이야기가 답이었다.

언론 공개 행사에서 우리는 데이비드와 수전을 소개했다. 제품 출시를 위해 만들어낸 가상의 인물이었다. 무대 설명에서 우리는 의사가 어떻게 이 의료 장비를 통해 정확한 진단을 내리는 시간을 획기적으로 줄일 수 있는지, 그래서 어떻게 데이비드와 수전의 목숨을 살릴 수 있는지 보여주었다. 우리는 데이비드와 수전에게 이름과 얼굴은 물론, 그들의 인생에 있을 만한 세세한 정보들까지 만들어냈다. 사람들이 그들을 보고 자기 자신이나 사랑하는 사람을 떠올리길 바라서였다. 행사에 참석한 의사들은 나중에 데이비드와 수전 이야기가 마음에 와 닿았다고 입을 모았다. 정보를 전달한 동시에 정서적 교감을 이끌어낸 것이다. 이것이 이야기의 힘이다.

아이폰 같은 혁신적 상품이나 200만 달러짜리 의료 장비를 출시했을 때만 이야기가 힘을 발휘하는 것은 아니다. 팀장으로서 팀을 잘 이끌었던 이야기, 어려운 프로젝트를 성공시킨 이야기도 구직 면접을 볼 때 큰 역할을 한다. 영업 현장에서는 해당 상품이 불황에도 잘 팔려나간 이야기를 전할 수 있고, 신제품 출시 때는 상품을 개발하게 된 뒷이야기를 들려줄 수 있다. 그 이야기를 얼마나 많이들 기억하고 있는지 알면 아마 놀랄 것이다.

2,700퍼센트 수익률을 올린 이야기

시그니피컨트오브젝츠닷컴(significantobjects.com)은 이야기의 힘에 바쳐진 웹사이트다. 시그니피컨트 오브젝츠는 롭 워커(Rob Walker)와 조슈아 글렌(Joshua Glenn)이 고안한 사회적, 인류학적 경험이었다. 그들은 다음과 같은 전제로 시작했다. '어떤 물건에 대해 어떤 작가가 이야기를 지어냄으로써 해당 물체에 주관적 의미를 부여해 그 객관적 가치를 높인다'는 것이다. 그들은 아름다운가게와 주말 벼룩시장에서 물건을 사왔다. 비싸봐야 개당 1~2달러 정도의 물건들이었다.

그리고 한 작가가 실험의 두 번째 단계로 그 물건에 대한 짧은 허구의 이야기를 창조했다. 실험의 세 번째 단계는 이것을 이베이에서 경매에 붙이는 것이다.

그들은 총 128달러 74센트어치의 물건을 구매했다. 중고로 사온 이 '잡동사니'들은 총 3,612달러 51센트에 팔렸다. 이야기 서술이 평범한 물건에 특별한 가치를 부여한 것이다. 이야기 하나가 상품의 가격을 평균 2,700퍼센트나 높였다. 예를 들어 25센트짜리 가짜 바나나는 이야기가 덧붙은 다음에 이베이에서 76달러에 팔렸다. 작은 칠면조 요리 모형은 공짜로 가져왔다(주인이 선반에서 치워주길 바랐다). 그런데 어린이책 작가 제니 오필(Jenny Offill)이 여기에 대한 이야기를 쓰고 나서 30달러에 팔렸다. 시그니피컨트오브젝츠닷컴은 "이야기의 강력한 추동력은 정서적 가치를 높인다"며 "이것이 어떤 물건의 주관적 가치에 미친 영향은 실제로 객관적 측정이 가능하다"[22]고 설명한다.

응원할 수 있는 인물을 등장시켜라

20세기 미국 작가 커트 보니것(Kurt Vonnegut)은 이야기의 고수다. 인터넷에서 찾은 한 동영상에서 그는 대중이 좋아하는 이야기를 구성하는 방법을 설명한다. 대다수 사람들의 마음에 닿는 성공적인 이야기의 모양새는 단순하다. 명확한 설명을 위해 보니것은 X축과 Y축이 있는 그래프를 칠판에 그린다. Y축에서 아래쪽은 불행이고 위쪽은 행운이다. X축은 시간의 흐름에 따른 시작과 결말을 나타낸다.

첫 번째 이야기 형식은 '구멍에 빠진 남자'다. "누군가 곤란에 빠집니다. 그리고 다시 빠져나옵니다. 사람들은 이런 이야기를 좋아합니다. 질려하지 않아요!"[23] 두 번째 이야기 형식은 '소년이 소녀를 얻다'이다. 이 이야기는 평범한 사람의 평범한 날로 시작한다. 그에게 뭔가 엄청 좋은 일이 일어난다. 물론 그 행운을 잃을 뻔하지만 다시 되찾는다. 그리고 행복한 결론. "사람들은 이것도 사랑해요." 보니것은 마지막 이야기 형식으로 말을 이어간다. 이는 서양 문명에서 특히 인기 있는 이야기 꼴이라는 것이다. "이런 이야기가 다시 얘기될 때마다 누군가는 또 돈벼락을 맞습니다. 여러분도 해보세요." 보니것은 웃으며 말한다.

사람을 솔깃하게 만드는 이 이야기는 행운과 불행을 나타내는 Y축의 밑바닥에서 시작한다. 지독한 불운으로 출발하는 것이다. "한 소녀이야기를 해봅시다. 엄마는 돌아가셨어요. 아빠는 악독한 새엄마와 재혼을 했지요. 성품 고약한 이복 언니도 둘이나 있어요. 다 아시죠?" 보니것이 신데렐라 이야기의 전개 곡선을 그리는 걸 보며 청중은 큰 웃음을 터뜨린다. "그날 밤 왕궁에서 파티가 있지만 소녀는 가지 못합니다." 요정 대모가 나타나 꽃단장을 해주고, 소녀는 왕자를 만난다. 하지만 주인공은 다시 발부리가 걸려 넘어진다. Y축을 따라 추락하며 다시 불운에 빠지지만 완전히 바닥을 찍지는 않는다. 이야기가 이어진다. 신발이 발에 꼭 맞고, 왕자와 결혼한다. 그리고 "무한대의 행복을 손에 넣는다."

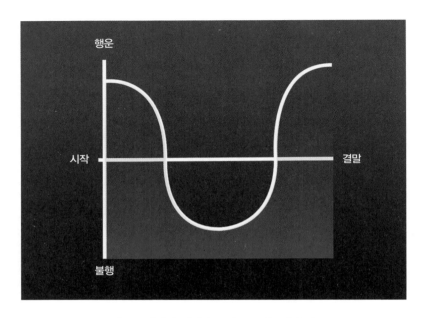

커트 보니것의 이야기 그래프를 재구성한 것
Created by Empowered Presentations @empoweredpres

작가 보니것의 조언은 "독자가 응원할 수 있는 등장인물을 적어도 한 명은 만들라"는 것이다.

나는 미국의 대형 은행 체이스(Chase)의 한 임원을 도우면서 보니것의 이야기 그래프를 염두에 두었다. 그는 자선단체인 유나이티드웨이(United Way)로부터 기조연설을 요청받았다. 개인적으로는 그 자신이 유나이티드웨이 기금의 수혜자였다. 하지만 그가 하려던 이야기는 체이스 은행이 유나이티드웨이에 얼마나 공헌을 했고, 은행 직원들이 얼마나 많은 기여를 했는지 같은 사실적인 얘기였다. 애초에 준비한 슬라이드도 차트와 도표로 빼곡했다. 좋은 정보지만 마음을 울리긴 힘들어 보였다.

"이것들은 잠시 잊고요. 유나이티드웨이와 관련된 개인적 이야기를 제게 들려주시겠어요?"

그가 해준 이야기는 깜짝 놀랄 만한 것이었다.

"아버지는 제가 두 살 때 가족을 버렸습니다. 어머니가 재혼한 건 네 살 때였습니다. 그때부터 '학대'라는 단어의 뜻을 온몸으로 겪었죠. 생생하게 떠오르는 첫 기억이 있어요. 부서진 유리 더미에 엄마가 누워 있고 의붓아버지가 그 위에 서서 엄마에게 하라는 대로 하지 않으면 목을 그어버리겠다고 협박했던 장면입니다. 그때 진짜 아빠는 어딜 갔는지, 왜 이 남자가 우리에게 이런 짓을 하도록 내버려두는지 생각했던 걸 기억합니다."

그는 분노에 가득 찬 청년이 되었다. 그리고 스물다섯 살이 되어 유나이티드웨이에 도움을 요청했다. 유나이티드웨이는 그가 통제력을 기르고 올바른 길로 갈 수 있도록 갱생 프로그램의 비용을 지불했다. 덕분에 그는 훌륭한 아버지도 될 수 있었다. "지금과 같은 사람이 되었다는 게 자랑스러워요. 그때 유나이티드웨이가 도움을 주었기 때문이죠."

나는 소름이 돋았다. 잠시 진정하고 그에게 제안을 했다. 기존의 파워포인트 슬라이드는 던져버리고 이야기와 사진으로 시작하자고 말이다. 그렇게 해서 새 기조연설이 탄생했다. 그는 청중에게 친부가 그와 형제를 안고 있는 흑백사진, 엄마 사진을 보여주고 이어서 현재의 가족사진을 보여주었다. "이렇게 되었습니다." 청중은 기립 박수로 화답했다. 눈물을 흘린 이도 많았다. 회사에서도 직원들을 대상으로 같은 연설을 반복했는데, 모든 부서에 걸쳐 대단한 참여를 이끌어냈다고 한다.

유나이티드웨이 연설의 경우는 다소 극단적인 사례다. 숨겨진 가족사를 다 드러내자는 얘기가 아니다. 하지만 당신과 당신이 말하고 픈 주제에 의미가 있는 개인사라면 부디 껴안아 소화해서 다른 이들과 나누길 바란다.

TED는 연례 강연회 무대에 설 강연자를 초청할 때 TED 십계명이 쓰인 석판(石板)을 함께 보낸다. 제4계명은 '반드시 이야기를 하라'다. 열정에 관한 이야기를 쓰는 소설가 이사벨 아옌데(Isabele Allende)에게는 이 계명이 식은 죽 먹기였다. 그녀는 2007년 TED 강연에서 멋진 등장인물을 만드는 비결을 공개했다. "상식적이고 친절한 사람은 흥미로운 등장인물이 될 수 없습니다. 이혼한 전처나 전남편 정도로 쓸 수 있겠네요."[24] 웃음이 터진 청중을 상대로 아옌데는 말했다. "이곳에 열정이 있네요. 가슴은 우리를 움직이고 운명을 결정합니다. 이야기를 쓸 때도 열정적인 가슴이 있는 등장인물이 필요합니다. 자유로운 영혼, 반대자, 모험가, 아웃사이더, 반역자와 같이 질문을 던지고 규칙을 바꾸며 위험을 감수하는 사람이 필요합니다. 이곳에 모인 여러분과 같이 말이죠."

▌ 두 번째 비밀: **스토리텔링의 기술**

훌륭한 화자는 자유로운 영혼이자 모험가이며, 규칙을 바꾸는 반역자다. 그들은 위험을 감수하며 이야기를 함으로써 말하는 주제에 대한 열정을 드러내고 듣는 이와 교감한다. 새로운 생각이 21세기의 화폐라면, 이야기는 이 화폐의 교환을 용이하게 한다. 이야기는 대상을 맑고 밝게 비추며 영감을 준다.

TED note

영웅과 악당을 등장시켜라. 멋진 이야기에는 으레 영웅과 악당이 나온다. 영화든 소설이든 마찬가지다. 멋진 비즈니스 발표에도 그런 등장인물을 포함시킬 수 있다. 예를 들어 당신은 회사나 업계를 위협하는 악당(문제)을 내세울 수 있다. 여기에 주인공(브랜드 영웅)이 맞서기 위해 나선다. 그리고 마침내 마을 사람들(소비자)은 악당에게서 해방된다. 고생이 끝나고 모두가 행복하게 산다. 악당이 실존 인물이거나 경쟁사일 때도 있다. 이런 경우는 발을 조심스레 디뎌야 한다. 다른 무엇보다도 영웅, 즉 당신의 상품과 브랜드 혹은 아이디어가 풍비박산 난 상황을 구한다는 사실을 확실히 하라.

Chapter
THREE

대화를 합시다

**그렇게 할 수 있을 때까지 그런 척 말고,
실제로 그런 사람이 될 때까지 그런 척하세요.**
— 에이미 커디(Amy Cuddy), 하버드 경영대학원 교수

말을 할 때 자연스럽게 보이려면 연습이 필요하다. 2013년 TED에서 인기를 독차지한 펑크록 가수 어맨다 파머(Amanda Palmer)에게 물어보자. 그녀의 강연 '부탁의 기술(The Art of Asking)'은 TED닷컴에 동영상이 올라오자 순식간에 조회수 100만 건을 넘어섰다. 강연 다음 주에 파머는 긴 글 하나를 자신의 블로그에 올렸다. 그녀가 일생일대의 강연을 할 수 있도록 구성부터 연습과 실제 전달까지 전 과정에 걸쳐 도움을 준 많은 이들에게 감사하는 내용이었다. 이 글만 봐도 그녀의 TED 강연 하나를 위해 말 그대로 온 마을이 힘을 보탠 것 같다는 생각이 든다. 또한 그녀는 마음에 제대로 닿는 강연을 하는 게 무척 힘든 노동이라는 사실도 확인해주었다.

┃ 세 번째 비밀: 대화를 합시다

말하려는 내용을 완전히 소화하라. 치열하게 연습하라. 그래야 친한 친구 사이의 대화 같은 편안한 전달이 가능하다.

작동 원리 듣는 이와 정서적 유대를 쌓고 그들의 신뢰를 얻은 다음에야 진정한 설득이 가능하다. 말할 때의 목소리와 몸짓, 신체 언어가 어색하면 사람들은 들은 내용을 불신한다. 마치 페라리 자동차(굉장한 이야기)가 있는데 운전(전달)을 할 줄 모르는 것과 같다.

진정성은 노력에서 나온다

어맨다 파머는 2013년 TED에서 가장 많이 회자된 강연을 했다. 그녀가 하는 독특한 분위기의 언더그라운드 펑크록 음악은 호불호가 심하게 갈리지만, 그 음악을 좋아하든 싫어하든 간에 우리는 모두 그녀가 강연을 하는 방법에서 뭔가를 배울 수 있다.

파머는 공연예술가이자 뮤지션이다. 그러니 짧은 강연쯤은 누워서 떡 먹기일 거라고 생각하기 쉽다. 그런데 오히려 그녀는 공연을 하는 사람이기 때문에 이를 제대로 하기 위해 넉 달 동안 엄청나게 많은 시간을 쏟아부었다. "강연을 가지고 오랜 시간을 둥겠다. 쓰고 다시 쓰고 고치고 다듬고, 또다시 다듬고 비틀었다. 넣어야 할 정보를 12분이라는 짧은 시간에 다 넣으려고 노력했다."[1]

파머는 블로그에 TED 강연의 준비 과정을 담은 포스트를 30개나

올렸다. 그리고 도움을 준 105명에게 감사를 전했다. 강연의 성공이 그들 덕분이었다고 했다. 파머가 가장 먼저 도움을 구한 사람은 '과학' 음악가 토머스 돌비(Thomas Dolby)로, 이미 TED 무대를 경험한 바 있었다. "진정성이 전부예요." 그의 조언이었다.

진정성은 그냥 생겨나지 않는다. 정말이다. 진정성은 그냥 생기지 않는다니, 이게 말이 되는가? 당신이 진심이고, 그래서 가슴에서 우러나오는 말을 한다면 연습 없이도 진정성 있게 말할 수 있지 않을까? 꼭 그렇진 않다. 진정성 있는 강연이나 발표를 하려면 많은 노력이 필요하다. 지금까지보다 더 깊게 영혼에 파고들어 말하려는 주제의 느낌을 가장 잘 드러내는 적확한 단어를 고르고, 그 말을 가장 영향력 있게 전달할 방법을 찾아야 한다. 그리고 그것이 몸짓과 표정 같은 신체 언어를 통한 비언어적 의사 전달 방식과 올바른 합을 이루는지 확인해야 한다.

할 말을 연습해두지 않으면 사람들 앞에서 이야기에만 집중할 수 없다. 듣는 이와 정서적으로 이어지지 못하고 오만 가지 잡생각에 정신이 팔릴 것이다. '이번 슬라이드에 애니메이션 효과를 넣었던가? 다음 슬라이드는? 왜 리모컨이 잘 안 먹지? 지금 무슨 얘기를 할 차례더라?' 입에서 나오는 말과 신체 언어가 모두 불확실한 마음 상태를 반영한다. 춤을 배울 때와 비슷하다. 처음에는 하나 둘 셋 하고 스텝을 생각한다. 속으로 혼잣말을 하기도 한다. 여러 시간 연습한 후에야 비로소 편안한 동작이 나온다. 발표나 강연도 마찬가지다. 파머도 여러 달 동안 힘들게 연습한 다음에야 편안한 강연을 할 수 있었다.

파머는 돌비를 만난 다음에도 멋진 강연을 위한 여정을 이어갔다.

그녀가 일생일대의 강연을 구성하고 연습해서 전달한 과정을 세 단계로 나눠 살펴보면 다음과 같다.

1단계: 구성에 도움을 받는다

여러 해 동안 인기 있는 블로그를 운영해왔던 파머는 강연 주제를 무엇으로 할지 블로그 독자들에게 물어봤다. 말 그대로 '크라우드 소싱(crowd-sourcing)'을 한 것이다. 당신을 가장 잘 아는 이들에게 도움을 청하라. 블로그나 트위터를 통해서, 혹은 가족과 친구, 동료에게서 의견을 구하라. 혼자 생각하면 나무에 신경 쓰느라 전체 숲을 그리지 못하는 경우가 많다. 큰 그림을 먼저 보여줘야 할 때 세부 사항에 매몰될 수 있다. 단순하고 쉬운 설명이 필요한 상황에서 당신의 말을 상대방이 다 이해했다고 착각하기 쉽다. 이런 고민을 진지하게 할 때 듣는 이와의 교감이 가능하다.

2단계: 미리 반응을 본다

강연 초고를 작성한 파머는 이것을 사람들 앞에서 크게 소리 내어 읽었다. 지루하다는 게 첫 반응이었다. 아무도 귀를 기울이지 않았다. 옛날에 함께 일한 극장 감독과 고등학생 시절 멘토는 "잔인한 피드백"을 주었다. 파머는 TED 무대에 서본 경험이 있는 블로거 세스 고딘에게 연락을 취했고 그에게서 "비판에 귀를 활짝 열어라"라는 조언을 들었다.

이처럼 초기 반응을 수집한 것은 단지 시작에 불과했다. 수십 명의 친구와 전문가, 블로거, 강연자들이 강연 원고를 읽고 의견을 주었고,

브레인스토밍을 통해 어떻게 강연 주제에 숨을 불어넣을지 아이디어를 건네주었다. 심지어 파머는 카페에 홀로 있던 모르는 소녀에게도 다가가 이렇게 물었다고 한다. "이야기 하나 해줄까?"

홀륭한 비즈니스 발표도 상품이나 회사와 관련된 이야기와 줄거리를 구성하기 위해 수백 시간의 준비 작업을 필요로 한다. 내가 경험한 바로는 그렇다. 애플은 20분짜리 제품 출시 프레젠테이션 하나에 총 250시간을 썼다. 여기에 무대 기획자와 제품 기술자, 마케팅 전문가, 그리고 물론 최종적으로 발표에 나설 경영자가 참여했다.

TED note

사람들 앞에서 연습을 하고 그 모습을 동영상으로 찍어서 다시 보자. 친구와 동료에게도 솔직한 의견을 달라고 한다. 필요하면 녹화 장비를 사용한다. 스마트폰을 삼각대에 올려놓거나 전용 캠코더를 구입한다. 어떤 방법을 쓰든지 자신의 모습을 기록하는 것이 중요하다. 방송용 고화질 녹화를 할 필요는 없다. 영상을 보면 아마도 생각과 많이 다른 모습에 놀랄 것이다. "음", "어" 같은 무의미한 음성, 코를 긁는다거나 머리를 넘기는 것 같은 불필요한 동작, 흐트러진 시선 등 자기도 모르는 모습을 발견할 것이다. 말하는 속도에도 많은 주의를 기울인다. 너무 빠른지 느린지 다른 사람들로부터 의견을 구하라. 동영상 녹화는 연설 능력을 키우는 가장 홀륭한 도구임을 기억하라.

3단계: 연습, 연습, 또 연습한다

파머는 블로그에 사진 두 장을 올렸다(http://amandapalmer.net/blog/20130307/). 지인들 20~30명이 각자 준비해온 음식을 나눠 먹는 파티 장면과, 그들이 거실에서 둘러앉아 그녀의 TED 강연을 듣는 모습이었다. 그녀가 초대한 사람들은 친구와 음악가, 기술자, 요가 강사, 벤처 투자자, 사진작가, 심리학 교수 등 다양했다. 멋진 생각이었다. 다양한 관점이 모일 때 창의력이 샘솟는 법이다.

파머는 사람들 앞에서 연습할 기회만 있으면 무조건 달려갔다. 파티가 끝나고 며칠 뒤에는 보스턴 미술관학교 수강생들 앞에서 같은 강연을 했다. 원래는 TED와 관련이 없는 주제를 강연해달라고 파머를 초청한 것이었지만 그녀는 TED 강연을 하면 안 되겠냐고 부탁했고, 흔쾌히 허락을 받았다. 파머는 수강생들에게 카메라를 꺼달라고 부탁한 다음 "아직 2퍼센트 부족한" 강연을 했다. 그리고 그 반응을 토대로 다시 강연을 다듬었다. 그녀는 연줄이 닿는 어떤 모임이든 무조건 달려가 TED 강연 연습을 계속했다.

TED 무대에 서기 사흘 전에는 긴 두루마리 종이에 강연의 전 과정을 만화처럼 그림으로 그려서 마룻바닥에 쭉 펼쳐놓고 외웠다. 강연 전체의 흐름을 눈으로 기억하게 해주는 좋은 방법이었다. 캘리포니아로 가는 비행기 안에서도 연습을 이어갔다. 입으로 소리를 내며 말했기 때문에 옆자리 승객에게 자신이 정신분열증 환자가 아니라 강연 연습을 하는 거라고 해명해야만 했다.

이게 끝이 아니었다. 롱비치에 도착한 다음에는 스카이프로 친구에게 강연을 들려주었다. TED 팀을 상대로도 두 번이나 같은 강연을 했다. 스카이프로 한 번, 최종 예행연습 무대에서 다시 한 번이었다.

파머의 강연에는 '부탁의 기술'이라는 제목이 붙었다. '이어짐의 기술'이 될 수도 있었는데, 그 이유는 파머가 계속 자신을 사람들과 이어나갔기 때문이다. 파머가 한 것과 같은 멋진 강연은 수많은 연습 시간과 어마어마한 양의 피드백이 없으면 결코 탄생할 수 없었다. "만일 저 혼자 했더라면 좋은 강연이 나오지 않았겠죠. 모든 분이 함께 멋진 강연을 만들었습니다."

스티브 잡스와 1만 시간의 법칙

'1만 시간의 법칙'은 잘 알려진 이론이다. 피아노 연주, 농구 슛, 테니스 등 어느 한 가지 기술에 정통하려면 1만 시간의 연습과 훈련이 필요하다는 것이다. 연설의 기술도 마찬가지다. 사람들은 스티브 잡스가 한 것 같은 대단한 프레젠테이션을 자신은 절대로 할 수 없다고 말한다. 그 이유는 단지 "남들 앞에서 말하는 데 소질이 없기 때문"이다. 글쎄, 정말일까? 스티브 잡스도 한때는 소질이 영 없었다. 다만 부단한 연습을 했을 뿐이다.

유튜브에는 잡스가 1970년대 첫 텔레비전 인터뷰를 한 과정을 담은 영상이 있다. 화면은 인터뷰 시작 전에 의자에 앉아 있는 그의 모습을 보여준다. 얼핏 봐도 초조한 상태다. 그는 화장실이 어디냐고 묻는다. 토할 것 같았기 때문이다. "농담 아니에요." 그는 단호하게 말했다. 1984년 매킨토시 출시 때 같은 초기 프레젠테이션에서도 잡스는 아주 뻣뻣했다. 단상에 딱 붙어 준비해온 원고를 읽었다. 하지만 그는 매년 더 나아졌다. 사실 10년 단위로 보면 분위기와 언변 모두에서 큰 폭의 개선을 보였다. 잡스는 프레젠테이션 연습을 치열하게 하기로 유명했다. 하루에도 여러 시간, 한 주에도 여러 날을 연습했다. 그리고 결국 세계무대에서도 손꼽히는 카리스마 CEO로 거듭났다. 많은 사람이 깨닫지 못하는 사실이 있다. 잡스의 프레젠테이션은 누워서 떡 먹는 것처럼 참 쉬워 보인다는 건데, 사실은 그만큼 노력했기 때문이다!

발표와 홍보 업무를 하는 사람들은 신체 언어를 비롯해 화술과 말투 같은 의사 전달 기술의 향상을 원한다. 나는 그들을 도우면서 이른바 '3P'의 중요성을 전파하는데, 3P란 열정(Passion), 연습(Practice), 존재감(Presence)을 말한다. 이는 진실한 소통의 열쇠로서, 이것이 충족되면 마치 대화를 나누듯 프레젠테이션을 할 수 있다. 가장 먼저 자신이 무엇에 열정이 있는지, 전달하려는 메시지와 그 열정을 어떻게 연결할지 알아내야 한다. 그다음은 연습, 연습, 또 연습이다. 오로지 이 두 가지가 충족된 다음에야 진정한 존재감이 표면에 떠오른다. 파머는 강연 주제에 열정이 있었다. 그녀 정체성의 핵심이기 때문이다. 그녀는 여러 시간을 연습했고 그 결과 무대를 장악했다.

파워포인트 리모컨을 손에 쥐고 태어난 사람은 없다. 단시간에 이야기의 핵심을 뽑아내서 시각적으로 잘 구성하고, 여기에 생명력을 불어넣어 별다른 연습 없이도 편안하게 전달하는 능력을 타고나는 사람은 별로 없다. "카민 씨, 사람들 앞에서 말하는 게 저는 다른 사람들처럼 자연스럽지 않습니다." 이런 유의 얘기를 얼마나 많이 들었는지 모른다. 사실은 이렇다. 다른 사람들도 원래는 자연스럽지 않았다. 시간을 투자하라. 당신이 전하려는 생각은 그만한 노력을 할 가치가 있다. 사람들의 탄성을 이끌어낼 만한, 기억에 남는 발표나 강연을 전달하는 게 목표라면 반드시 연습을 해야 한다. 연습 과정에서는 어떻게 들리는지(말 전달)와 어떻게 보이는지(신체 언어)에 많은 주의를 기울인다. 성공적인 강연과 발표의 양대 요소인 이 두 가지를 좀 더 자세히 살펴보자.

어떻게 말해야 귀를 기울이는가

말 전달의 네 가지 요소는 다음과 같다. 속도, 크기, 강도, 멈춤이다.

- **속도(rate)** 말의 빠르고 느림
- **크기(volume)** 말소리의 크고 작음
- **강도(pitch)** 어조의 높낮이
- **멈춤(pause)** 주요 단어를 강조하기 위한 짧은 멈춤

인쇄된 글자를 읽을 때는 자연스레 형광펜을 사용해서 중요한 단어나 문장을 강조한다. 구두로 말할 때도 형광펜이 필요하다. 목소리를 높이거나 낮추고, 말을 하는 속도에 변화를 주는 것이다. 주요 단어나 문장을 말하기 전이나 말한 다음에 잠시 멈춰서 따로 가져가는 기술도 다른 방법과 함께, 혹은 단독으로 쓸 수 있다. 위 네 가지 요소는 모두 중요하다. 이번 장에서 하나씩 살펴볼 것이다. 하지만 말하는 속도가 적당하지 않다면 나머지를 아무리 잘해도 소용없다.

말하기의 이상적 속도

연구에 따르면 오디오북의 경우 분당 150~160개 단어를 말하는 게 이상적인 낭독 속도라고 한다. 대다수 사람이 편안하게 들으며 내용에 몰입하고 정보를 기억하는 속도라는 것이다.[2] 내 책을 오디오북으로 녹음하며 직접 읽어본 결과, 가장 적합한 빠르기는 보통의 대화보다 약간 느린 속도였다.

《스티브 잡스 프레젠테이션의 비밀》의 오디오북 녹음을 요청받은 나는 캘리포니아 버클리의 한 녹음실에 나흘간 앉아서 그 책의 모든 문장을 신경 써서 읽었다. 중간중간 따뜻한 차와 꿀로 입을 적셨다. 오디오북 출판사는 내가 책을 잘 읽을 수 있도록 목소리 선생님을 붙여주었다. 그리고 빨리 읽지 말라는 지적을 들었다.

"하지만 평상시 말할 때와 같은 속도로 읽고 있는걸요."

"일상 대화처럼 말하시면 안 됩니다. 오디오북은 약간 느린 속도로 읽어야만 합니다. 왜냐하면 오디오북은 자동차 운전을 하며 듣는 경우가 많거든요. 말하는 사람의 입 모양을 본다거나 얼굴 표정을 읽는 것 같은 추가적인 감각 정보가 없다는 겁니다."

오디오북을 읽을 때는 얼굴을 맞대고 대화할 때보다 속도를 약간 늦춰야 한다는 게 전문 성우와 낭독 전문가들의 조언이다. 이것을 분당 150개 단어라고 한다면, 대면 발표나 강연의 경우는 이보다 약간 빨라야만 한다는 계산이 나온다. 손짓과 눈 맞춤, 얼굴 표정 같은 추가적인 감각 정보가 있기 때문이다.

나는 정말로 그런지 확인하고 싶었다. 그래서 인권변호사 브라이언 스티븐슨이 말하는 속도를 연구했다. 앞서 언급했듯이 그는 미국 대법원 법정에서 성공적인 변론을 했다. 나는 지금까지 TED 강연 수백 건을 검토했고, 언론인과 소통 전문가로 일하면서 수천 건의 강연과 발표와 연설을 보아왔지만 스티븐슨만큼 편안한 속도로 말하는 사람은 없었다. 그는 원고를 읽지 않고 청중과 대화를 한다.

나는 스티븐슨과 이 주제로 이야기를 나누었다. 그는 공개 석상에서 말할 때도 마치 친구와 식당에서 저녁을 먹으며 대화하는 듯한 방식을 선호한다고 했다. 나는 훌륭한 강연이나 발표의 말하는 속도가 오디오북의 이상적 낭독 속도보다 약간 빨라야 한다는 생각이 스티븐슨의 경우에도 부합하는지 확인해보았다. 역시나, 오디오북은 분당 150개 단어를 말하는 반면 스티븐슨은 유명한 TED 강연에서 분당 190개 단어를 말하고 있었다.

여기서 나는 한 걸음 더 나아갔다. 만일 스티븐슨의 경우가 말이 너무 빠르지도 느리지도 않은 중용의 대표적 사례라면, 활력 넘치는 동기부여 강사는 그보다 훨씬 빠르게 말해야만 한다. 그래서 토니 로빈스의 강연 동영상을 확인했다. 그는 2006년 TED 강연을 하면서 분당 240개 단어를 말했다. 빨랐다. 속사포처럼 말을 쏟아내는 경매 중개인이 분당 250개 단어를 말한다. 로빈스에게는 이처럼 빠른 속도가 딱 맞았다. 그는 무대를 휘젓고 다니며 강연한다. 몸동작도 크다. 스스로 들썩이고 청중을 들썩인다. 사람들은 로빈스의 강연에서 에너지 폭발을 기대한다. 비언어적 신체 언어와 말의 빠르기 모두에서 말이다.

그와 반대로, 말하는 방식이 로빈스와 정반대인 사람은 오디오북보다도 훨씬 천천히 말해야만 한다. 이것을 확인하고자 나는 리처드

닉슨 행정부의 국무장관을 지낸 헨리 키신저의 말하는 속도를 분석했다. 키신저는 똑똑했다. 하지만 카리스마 있는 연설가는 아니었다. 심지어 그는 자기 입이 젬병이라는 걸 증명이라도 하듯 "권력은 최고의 최음제(그가 바람둥이라는 소문에 대한 대답으로, 권력자에겐 이성이 꼬인다는 뜻이다 – 옮긴이)"라는 속된 말까지 입에 담기도 했다.

키신저는 아주, 아주 느리게 말했다. 말투도 단조로웠다. 입에서 나오는 모든 단어를 집중해서 들어야만 했다. 말 그대로 수면제였다. 그는 편안한 대화 분위기로 진행된 격의 없는 언론 인터뷰에서도 분당 90개 단어를 말했다!

대면 대화나 발표 시 이상적인 말하기 속도가 분당 190개 단어라고 하면, TED 무대에서 큰 인기를 끈 강연자들은 18분 동안 3,400개 단어를 말했거나 이것과 매우 근접한 수치를 보였다고 봐야 합당하다. 인기 있는 TED 강연자인 켄 로빈슨 경의 경우를 살펴보자. 그는 TED 무대에서 3,200개 단어를 말했다. 질 볼트 테일러 박사는 단어 2,700개를 말했다. 대략 근사치라고 할 수 있다(질 박사의 경우 단어 수가 3,000개 아래로 떨어진 이유는 강연 중간에 극적 효과를 노리고 잠시 말을 멈춘 시간이 많았기 때문이다).

그렇다면 브라이언 스티븐슨은 어떨까. 그의 TED 무대는 내가 본 어떤 강연보다도 자연스러운 대화 전달에 가까웠다. 그의 인기 있는 TED 강연 '부당함에 관해 얘기 좀 해봅시다(We Need to Talk about an Injustice)'는 4,000개 단어로 이루어진다. 하지만 강연 동영상을 살펴본 결과 18분짜리 강연에서 21분을 얘기했다는 사실을 알게 되었다. 첫 18분 동안 말한 총 단어 수는 3,373개였다.

그렇다고 해서 발표나 강연의 단어 숫자를 세라는 뜻이 아니다. 한 번쯤 시도해봐도 괜찮겠지만 더 중요한 일은 일상적인 대화에서 말하는 방식과 발표나 강연 때 말하는 방식이 어떻게 다른지 그 변화에 관심을 갖는 것이다. 대부분의 사람들은 발표나 강연을 할 때 말하는 속도를 늦춘다. 그래서 말 전달이 부자연스럽게 들린다. 발표나 강연을 하지 말라. 대신 대화를 하라.

TED note

대화하듯 말하라. 브라이언 스티븐슨의 TED 강연을 보자. 그가 세 가지 이야기를 어떻게 전하는지 들어보면 마치 한담을 나누듯 말하는 것을 볼 수 있다. 자연스러운 대화 같고 무척 진정성 있게 들린다. 강연이나 발표를 연습할 때는 대개 말하는 속도를 늦추는 경향이 있다. 슬라이드 화면을 바꾸거나 말하려는 요점을 기억하려 애쓰는 과정에서 알게 모르게 그렇게 되는 것이다. 먼저 말하려는 내용을 완전히 숙지하고, 그다음 말하는 속도를 자연스러운 대화 어조에 맞춰 연습하라.

단어에 밑줄을 그어라

리사 크리스틴(Lisa Kristine)은 2년 동안 세계 오지를 찾아다녔다. 가장 비인간적이고 끔찍한 범죄를 필름에 담기 위해서였다. 바로 노예노동이다. 사진작가인 크리스틴은 사진으로 말한다. TEDx 강연에서도 그녀는 청중의 시선을 슬라이드 화면으로 향하게 했다. 하지만 사진을 설명하는 중간중간 목소리에 힘을 주는 방식으로 맥을 짚어나갔다(Chapter 8에서 이 기술을 다시 다룰 것이다).

그녀는 TEDx 강연 중 때때로 말하는 속도를 늦추고 단어 하나하나를 또렷하게 발음했다. 말투로 주요 단어에 '밑줄'을 그은 것이다 (아래 밑줄 그은 단어가 그녀가 힘주어 발음한 부분이다).

> 오늘날의 노예제는 <u>상업적</u>입니다. 즉, 노예화된 사람들이 <u>생산</u>하는 상품은 <u>가치</u>를 지니지만 그걸 생산하는 <u>사람들은</u> 한마디로 <u>소모품</u>입니다. 노예노동은 <u>어디에나</u> 있습니다. 세상 거의 모든 곳에 존재하죠. [멈춤] 그런데 세상 어디서도 이건 <u>불법</u>입니다.[3]

크리스틴은 강연 주제에 열정이 있었다. 그녀는 한 회의에서 전 세계 노예노동을 뿌리 뽑기 위해 일하는 사람을 만나 그로부터 노예노동 실태에 대해 처음 알게 되었다. TED 강연에서 그녀는 몸짓을 많이 사용하진 않았다. 하지만 눈을 감고서 이렇게 말했다. "이야기를 듣고 정말이지 끔찍한 기분이 들었습니다. 우리 시대에 이토록 끔찍한 일들이 자행되고 있다는 사실을 몰랐다는 게 솔직히 창피했습니다. 그리고 생각했죠. 내가 몰랐던 것처럼 또 얼마나 많은 사람이 모르고 있을까 생각했어요. 위장병에 걸린 것처럼 속이 쓰려왔습니다."

마치 공연하듯이 말하라

어떻게 말하느냐는 무엇을 말하느냐만큼이나 중요하다. 이는 사람들에게 깊은 인상을 남기는 데 매우 중요한 요소지만 많은 사람들이 이 기술을 가볍게 보는 경향이 있다.

질 볼트 테일러 박사는 TEDx 유스(Youth) 인디애나폴리스 무대를 위해 소품을 준비했다. 실제 사람의 두뇌를 가지고 나온 것이다(이 특별한 소품과 관련해서는 Chapter 5에서 더 살펴볼 것이다). 청중인 청소년들에게 10대 사춘기에 질풍노도의 시기를 겪는 까닭을 설명하기 위해서였다.

질 박사는 청소년들이 자신의 '신경회로(neurocircuitry)'를 이해하면 그 무렵에 발생하는 필연적인 감정 변화와 설명할 수 없는 느낌과 감정에 더 잘 대처하리라고 생각했다. 그런 그녀가 꾸민 무대는 내가 본 최고의 과학 강연이었다. 그녀만큼 과학을 흥미롭게 설명하는 교육자가 많다면 커서 과학자와 수학자가 되겠다는 아이들도 훨씬 많아지리라고 확신한다!

질 박사는 분당 165개 단어의 빠르기로 강연을 시작했다. 너무 빠르지도 느리지도 않은 중용의 속도였다. 그녀는 뛰어난 기량과 통찰을 지닌 강연자다. 말을 서술하는 내용에 맞춰 전달해야 한다는 점을 알고 있다. 강연 전체를 같은 속도로 말하면 청중은 지루해한다. 내용이 아무리 흥미로워도 말이다. 그녀의 목표는 정보와 재미 두 가지를 모두 잡는 것이었다.

질 박사의 강연이 사춘기 시절 인간 두뇌의 변화를 설명하는 부분에 도달했을 즈음이었다. 10대들이 "말 그대로 정신이 반쯤 나가는" 시기다. 정신이 나가는 소리는 어떨까? 그것은 어떻게 보일까? 질 박사는 몸짓을 더 멋대로, 그리고 툭 트이게 가져갔다. 목소리는 더 우렁차게 냈다. 말하는 속도도 눈에 띄게 빨라졌다. 그녀는 분당 220개 단어의 빠르기로 이렇게 말했다.

먼저 우리 몸이 빠르게 자라죠. 용솟음치듯 자라는 동안 우리 몸 전체가 바뀝니다. 두뇌의 편도체(amygdala)가 약한 경계경보를 발령합니다. 약한 경계경보예요. 흥미롭죠? 약간 조심하라는 신호입니다. 무슨 일이지? 무슨 일이야? 설상가상으로 우리 몸에 호르몬이 흐르기 시작합니다. 그러면 온갖 감정이 널을 뛰죠. 그러면 좌충우돌 행동을 하게 되죠. 설상가상으로 '가지치기(pruning)'라는 것을 합니다. 신경 관련 전문 용어예요. 두뇌 안의 시냅스 연결을 50퍼센트 가지치기합니다. 말 그대로 정신이 반쯤 나가는 거예요!⁴

이야기를 잘하는 사람은 마치 공연하듯이 말한다. 그들은 말하지 않고 표현한다. 질 박사는 강연을 연습하면서 핵심 내용을 가장 잘 전달해줄 말들을 골랐다. 그리고 이를 가장 효과적으로 전달할 방법을 연습했다.

질 박사에 따르면 10대들은 '미친' 게 아니다. 그들의 즉흥적이고 공격적인 행동에는 사실 생물학적 이유가 있다. 질 박사는 10대들과 그들의 부모에게 이렇게 조언한다. 스물다섯 살까지 살아남으라고. 그때가 되면 두뇌도 다 자란 어른이 된다. 이것은 중요한 정보다. 그녀는 많은 10대 청소년들이 유튜브에 올라와 있는 자신의 강연 동영상 '청소년 두뇌의 신경해부학적 변화(The Neuroanatomical Transformation of the Teenage Brain)'를 찾아서 봤으면 한다. 정보 전달 과정이 형편없으면 그 정보가 필요한 대상에게 닿지 못한다는 사실을 그녀는 잘 알고 있다.

질 박사의 강연은 자연스럽다. 진성성이 묻어나며 활기차다. 그리고 대화하듯 말한다. 대화하듯 내용을 전달하려면 연습이 필요하다. 그녀는 강연을 한두 번 연습한 게 아니다. 심지어 20번도 아니다. 무려 200번이나 연습했다! 그녀가 인기 있는 강연을 만들어낸 과정은 남달랐다.

질 박사의 인디애나폴리스 강연은 멕시코의 휴양지 캉쿤(Cancun)에서 잉태되었다. 그녀는 메모장을 들고 해변을 걸으며 창의력이 솟구치는 상태에서 머리에 떠오르는 것들을 모두 써내려갔다. 말과 생각이 자유롭게 흘러나왔다. 그녀는 글자와 소리가 어떻게 함께 작용하는지 느끼기 위해 메모장에 쓴 것들을 소리 내어 읽었다. 편집은 하지 않았다. 그냥 청중(10대와 그 부모들)이 알면 좋겠다고 생각한 주제와 관련해 생각나는 모든 것을 적었다.

호텔로 돌아온 질 박사는 손으로 쓴 메모장을 컴퓨터에 입력했다. 휴가가 끝나고 집에 온 그녀의 손에는 빽빽한 글씨로 채워진 25장의 종이가 들려 있었다. 그녀가 다음에 한 일은 이것을 다섯 가지 주요 요점(핵심 내용)으로 압축하는 것이었다. 마지막으로 그녀는 핵심 내용을 시각적으로 흥미와 재미를 주면서 전달할 방법을 고민했다. 정보를 시각적으로 나타내는 방법은 Chapter 8에서 자세히 살펴볼 것이다. 당장은 질 박사가 강연을 구성하며 다른 부분만큼이나 재미에 큰 비중을 두었다는 사실만 기억하자.

기술이나 과학을 주제로 하는 논의에서 대부분의 발표자는 그 내용을 시각적으로 만들고 흥미와 재미를 주는 데 십중팔구 실패한다. 하지만 이 세 가지에 모두 성공하면 돋보이고 주목을 받는다. 그리고 긍정적 행동을 이끄는 변화를 일으킨다. 이제 마지막 요소인 재미에 대해 생각해보자. 익살꾼은 목소리와 얼굴 표정, 몸짓, 신체를 이용해서 관객에게 재미를 준다. 훌륭한 발표자도 그와 다르지 않다.

어떻게 보여야 주목받는가

목소리 전달과 비언어적 의사소통은 모두 중요하다. 하지만 정확히 얼마나 중요할까? 이른바 신체 언어 '전문가'들이 떠벌리는 통계 하나가 있다. 한 사람이 전하는 내용의 7퍼센트만 언어를 통해 전달되고 나머지 93퍼센트는 비언어적인 방법(38퍼센트는 말투, 55퍼센트는 신체 언어)으로 전해진다는 것이다. 아마 당신도 들어봤을지 모른다. 만일 그렇다면 빨리 잊길 바란다. 이것은 잘못된 정보다.

이 이론을 내놓은 사람은 UCLA 교수 앨버트 머레이비언(Albert Mehrabian)이다. 지금은 은퇴한 그와 여러 해 전에 이야기를 나눈 적이 있다. 머레이비언은 1960년대에 대인 소통 분야에서 아주 제한적인 연구들을 했다. 그가 발견한 사실은 단순히 어떤 사람이 정서적 내용이 담긴 정보를 표현할 때 말투와 신체 언어가 어울리지 않거나 내용에 부합하지 않으면 전하려는 바가 왜곡될 수 있다는 것이다. 물론 맞는 말이다. 하지만 머레이비언은 그동안 자신의 연구 결과가 완전히 문맥을 벗어난 상태에서 멋대로 인용되었다고 했다. 그리고 이처럼 오해의 소지가 큰 통계가 아전인수 격으로 엉뚱하게 쓰이는 걸 볼 때마다 무척 당혹스러웠다고 했다.

하지만 전하려는 내용의 인상을 (큰 틀에서) 결정하는 것이 목소리 전달과 신체 언어라는 주장은 옳다고 본다. 이 주장을 뒷받침하기 위해 나는 머레이비언의 자료를 쓰지는 않는다. 그도 말했듯이 일반론적 연구가 아니기 때문이다. 대신에 나는 행동 분석 분야의 더 철저하고 증명된 연구 결과를 인용할 것이다. 바로 심문 전문가가 상대방의 거짓말 유무를 판별하는 과정에서 의존하는 것과 같은 자료다.

거짓말에 관한 진실

모건 라이트(Morgan Wright)는 경력 18년의 수사관이다. 그는 행동 분석, 면접 조사, 심문 기술 전문가로 CIA와 FBI, NSA(미국 국가안보국) 요원들을 훈련시켜 왔다.

"신체 언어가 천지 차이를 만들죠. 속이려드는 사람과 진실을 말하는 사람을 가려내는 데 큰 역할을 합니다."[5] 라이트에 따르면 NSA는 수사가 끝난 300건의 범죄 사건을 이용한 연구를 했다고 한다. 한 수사관 집단에게는 조사 과정의 음성 녹음만을 주고는 용의자가 진실을 말하는지 알아내라고 했고, 다른 집단에게는 용의자가 조사를 받는 동영상을 주었지만 음성은 제거했다. 또 다른 수사관 집단은 조사 과정을 보고 들었다. 마지막 집단은 영상과 음성에 더해 사건 자료까지 받았다.

조사 과정의 음성 부분만 들은 집단의 성공률은 55퍼센트였다. 이는 용의자가 거짓을 말하는지, 진실을 말하는지 언어 행동(용의자가 말한 것과 그가 정보를 전달한 어조)만으로 판별한 경우 정확도가 55퍼센트에 불과하다는 의미였다. 음성을 듣지 못하고 영상으로 용의자의 신체 언어만 본 집단의 성공률이 더 높았다. 정확도 65퍼센트였다. 시각과 청각을 모두 이용해 용의자를 관찰한 집단의 정확도는 85퍼센트였다. 한편 영상 및 음성에 더해 배경(사건 자료)까지 아는 집단은 진실이나 거짓이냐를 93퍼센트 수준으로 가려냈다. 거짓말탐지기를 능가하는 정확도였다.

"청중을 상대로 말하는 사람도 심문할 때와 같은 기법으로 판별할 수 있습니다. 자신도 믿지 않는 정보를 전달하거나 거짓말을 하면 범죄 용의자나 동료를 속이는 첩자와 같은 행동이 나타납니다." 그래서 라이트의 조언은 '당신이 말하는 것을 믿으라(Chapter 1)'는 것이다. "자신이 말하고 있는 것을 믿지 않으면 어색하고 부자연스러운 행동이 나옵니다. 훈련된 첩보원이나 사이코패스가 아닌 이상 아무리 연습해도 소용없어요. 말과 행동을 일치시키는 것은 연습한다고 해서 되는 일이 아닙니다. 스스로 말하는 내용을 믿어야 몸도 그것을 믿는 듯이 행동합니다."

진실하고 자신 있는 사람은 당당한 존재감을 지닌다고 라이트는 말한다. 그들에게는 권위의 모양새가 있다. 그런데 이 '모양새'는 옷매무새와 몸가짐에서 시작한다. FBI는 경찰을 쏘거나 공격해서 감옥에 들어온 수감자들을 대상으로 한 가지 연구를 했다. 수감자들은 경찰에게 덤비기로 마음먹기에 앞서 경찰관의 옷매무새(엉성한지 깔끔한지)와 몸가짐(구부정한지 꼿꼿한지)을 보고 그들이 만만한지 아닌지를 가늠했다. "자세가 흐트러진 경찰관, 눈 맞춤을 피하고 말을 애매모호하게 하며 복장이 엉성한 경찰관이라면 안 당해도 될 봉변을 당할 수 있어요."

물론 청중을 상대로 말하는 것과 용의자를 상대하는 것 사이에는 큰 차이가 있다. 후자의 경우는 서투른 말투와 신체 언어 때문에 살해 당할 수도 있다. 지금 이 이야기를 통해 내가 강조하고 싶은 바는 사람들이 항상 당신의 걸음걸이와 말투와 매무새를 보고 당신에 대한 판단을 내리고 있다는 것이다.

훌륭한 리더가 내뿜는 자신감

그룹 프레젠테이션에서 가장 '당당한 존재감'을 드러내는 이는 보통 우두머리인 경우가 많다. 그들은 사안을 가장 잘 이해하고 그 사실을 드러내며, 자신감 있게 책임을 맡는다. 또한 그들은 보통 다른 이들보다 옷을 더 잘 입는다. 구두는 윤이 나고 옷은 다림질이 되어 있다. 그들은 상대방의 시선을 피하지 않는다. 악수를 할 때도 손에 힘이 들어가 있다. 그들은 간결하고 정확하게 말한다. 허둥거리지 않고 침착함을 유지한다. 몸짓은 손바닥을 위로 향하거나 드러내고 양손을 벌리는 등 '개방' 형태를 띠며 목소리는 두드러진다. 흉성, 즉 횡경막 발성을 하기 때문이다. 그들은 기운을 북돋우는 지도자처럼 걷고 말하며, 또 그렇게 보인다.

맷 에버스먼(Matt Eversmann) 하사는 1993년 소말리아 모가디슈(Mogadishu) 전투에서 부대를 이끌었다. 이 이야기는《블랙호크다운(Black Hawk Down)》이라는 책으로 나왔으며, 동명의 영화로도 제작되었다. 여러 해 전에 나는 에버스먼을 만날 기회가 있었다. 그는 당시 존스홉킨스대학에서 리더십을 가르치고 있었다. 첫 만남에서 나는 그의 존재감에 압도당했다.

126

"리더십 개발에서 신체 언어는 어떤 역할을 합니까?"

내가 묻자 그는 이렇게 대답했다.

"훌륭한 지휘관은 자신감을 내뿜습니다. 하급자는 올려다볼 누군가가 필요합니다. 주변에 무슨 일이 일어나든 참나무처럼 꿈쩍도 하지 않고 서 있을 사람을 말이죠. 당신도 주변 환경이 어떻든 간에 항상 스스로 통제하고 있다는 느낌을 전달할 필요가 있겠죠. 당장 해결책이 없더라도 말입니다. (…) 정신을 놓지 않고, 쫄지 않고, 헛소리하지 않을 사람으로 보여야 합니다. 자신감의 오라가 반드시 나와야 합니다."

당신도 비즈니스 전장에서 이처럼 자신에 찬 기운을 만들어내고 있는가? 소통을 잘하는 리더라면 그럴 것이다. 날마다 반복되는 일상 업무에서 부하직원들에게 자신감을 불어넣지 못하는 지도자는 정말 중요한 시점에 '부대'의 충성을 얻지 못한다.

어쩌면 당신은 한 편의 TED 강연도 보지 않을 수 있다. 하지만 항상 스스로를 팔아야만 하는 상황에 놓여 있을 것이다. 투자자를 대상으로 하는 사업 설명이나 박람회장의 업체 홍보 활동도 모두 프레젠테이션이다. 구직 중인 입사 지원자나 소비자에게 신제품을 소개하는 CEO도 실은 모두 프레젠테이션을 하고 있는 것이다. 한 편의 TED 강연은 많은 이의 삶을 바꿀 수 있다. 당신이 일터에서 하는 발표 역시 당신의 경력이나 회사에 너무나 중요한 일이다. 신체 언어에서 돋보이는 성공적인 TED 강연자처럼 당신도 신체 언어에 주의를 기울여야 한다.

리더처럼 말하고 걸어라

콜린 파월(Colin Powell)은 아주 사려 깊은 지도자다. 그는 미 육군 장성 출신으로 2001~2005년까지 미국 국무부 장관을 지낸 사람답게 엄밀하고 계통 있는 사고를 한다. 그가 텔레비전에 나와서 대담을 하는 것을 보면 보통 진행자와 책상을 사이에 두고 앉아서 두 손을 책상에 올리고 맞잡는 모습을 볼 수 있다. 그는 그런 자세로 이야기를 시작한다. 하지만 오래 지나지 않아 맞잡은 손을 풀고 몸짓을 함으로써 전하려는 말을 보완한다.

연구 결과에 따르면 엄밀한 사고를 하는 사람은 자기도 모르게 나오는 몸짓을 쉽게 멈추지 못한다. 아무리 손을 맞잡은 채 있으려고 노력해도 잘 안 되는 것이다. 실제로 몸짓을 하면 정신적 능력이 자유롭게 풀어진다. 그리고 복합적인 생각을 하는 사람은 몸짓도 복합적으로 한다.

파월은 텔레비전 인터뷰와 강연에서 몸짓을 자주 자연스럽게 사용한다. 2012년 10월에는 TED 강연을 했다. 아이들이 삶을 잘 시작하려면 왜 규율이 필요한지에 대한 진심 어린 내용이었다. 파월은 텔레비전 대담을 하듯 강연을 시작했다. 처음에는 으레 그랬듯이 양손을 맞잡았지만 역시 오래가지 않았다. 손은 10초 만에 떨어졌고, 이후 17분간 두 손은 서로 닿지 않았다.

다음 표는 그의 강연 일부를 발췌한 것이다. 그가 자연스레 사용한 다양한 몸짓의 사례를 살펴보자.

콜린 파월의 말과 몸짓

말	몸짓
아이들은 예외 없이 삶을 잘 시작해야 합니다.[6]	양손을 어깨너비로 벌린다. 손바닥은 청중을 향해 펼친다.
저는 비교적 잘 시작할 수 있어서 다행이라고 생각합니다.	오른손을 둥글게 돌린다. 손바닥은 가슴을 향한다.
저는 뛰어난 학생이 아니었어요. 뉴욕의 한 공립학교에 다녔는데 성적이 좋지 않았죠. 뉴욕 시 교육청이 발행한 유치원부터 대학교까지의 성적표를 갖고 있답니다.	두 팔을 어깨너비 이상 넓게 벌린다. 양 손바닥은 서로를 향한다. 손을 사용해서 '유치원'과 '대학교'라는 단어를 강조한다.
첫 책을 쓸 때 성적표를 확인하고 싶었어요. 기억이 가물가물했거든요. 그런데 맙소사, 제 기억이 맞더라고요. [웃음] C가 수두룩했어요.	왼팔을 편안히 떨어뜨린다. 오른손은 가슴 높이를 유지하고 손짓을 이어간다.
좌충우돌로 고등학교를 마치고 뉴욕 시립대학교에 들어갔습니다. 고등학교 평점이 78.3점이었는데, 사실 합격할 수 없는 성적이었죠. 그곳에서 저는 공학을 배웠어요. 반년 만에 그만두었습니다. [웃음]	왼손이 다시 올라가서 오른손 손짓을 따라 한다. 하지만 양손은 여전히 떨어져 있다.
그러고는 지질학을 배웠어요. 지질학은 돌멩이를 배우는 학문이고 저는 뭐 돌머리였으니까, 쉬웠어요. 그 후에 ROTC(학군단)를 알게 되었죠. 제가 잘하는 것, 좋아하는 걸 찾은 겁니다.	왼팔을 편하게 늘어뜨린다. 오른손은 손짓을 계속한다. 엄지와 검지, 중지로 자신을 가리킨다.
그곳에서 저 같은 친구들을 많이 만났어요. 다들 비슷하더라고요.	오른손을 뻗으며 주먹을 꽉 쥔다.

그래서 제 평생을 ROTC와 군대에 바치게 된 거죠. 어디를 가든 젊은 친구들한테 이렇게 얘기합니다. 어른이 되면서 스스로 규율을 잡아가는 동안에 자신이 잘하는 것과 즐기는 것을 찾아보라고요. 이 둘이 합쳐진 걸 찾아내면 그게 바로 정답이라고요. 그렇게 굴러가는 겁니다. 저도 그걸 찾았죠. 어디를 가든 젊은 이들에게 이야기합니다. 삶이 어디서 끝날지 결정하는 건 삶을 어디서 시작했느냐가 아니라 삶을 어떻게 사느냐라고요.	몸을 앞으로 기울이며 목소리를 높여 강렬하게 말한다. 양손의 꽉 쥔 주먹을 올린다.
여러분이 미국에서 살고 있는 건 축복입니다. 어디서 시작했든 간에 자신을 믿는다면 기회가 있습니다.	자신을 가리킨다.
이 사회와 나라를 믿고	오른팔을 가슴 높이에서 뻗는다. 손바닥은 바깥쪽을 향한다.
자기계발에 힘쓰고 스스로 배우며 성장한다면	오른손을 빙빙 돌린다. 그러는 동안 왼손은 가슴 높이에서 주먹을 쥔 채로 있다.
그것이 성공으로 가는 열쇠입니다.	왼손은 주먹을 쥔 채로 가슴 높이에 머문다. 손바닥을 펼친 상태로 오른팔을 뻗는다.

2012년 TED 강연에서 콜린 파월의 말과 그에 상응하는 몸짓을 정리한 것이다.

파월에게는 당당한 존재감이 있다. 그는 지도자처럼 걷고 말하며, 실제로 그렇게 보인다. 그는 병사와 청소년들이 행동에서 자신을 닮도록 훈련시킨다. 이야기를 마친 파월은 질문을 받았다. 한 학생이 손을 들었다. 그는 그 학생을 앞으로 나오게 하더니 군인처럼 절도 있게 서보라고 했다. 팔을 옆구리에 붙이고 눈은 크게 뜨고 정면을 똑바로 쳐다보며 우렁차게 말하라고 했다. 아이들은 재미있어 했다. 하지만 그 과정에서 그들 안의 뭔가가 바뀐다. 그들은 달라진 자신을 느끼며, 자신감이 생기고 도전에 맞설 준비가 된다. 실제로 발표나 강연을 할 때도 몸가짐에 따라서 기분이 달라진다.

> "성인이 된 이후로 나는 전문 강사 못지않았다. 육군 장교로 임관해 첫 부대에 배치된 첫날부터 부대원들을 상대로 설명과 교육을 해야만 했다. 시간이 흐름에 따라 언변도 늘었다. 말하는 내용을 흥미롭게 만드는 방법, 설득하는 방법을 익혔고 부대원들이 내가 가르치는 것에 흥미를 느끼게 했다. 병사들은 쉽게 지루해했기 때문에 그들의 관심을 붙잡을 기술을 한가득 준비해두어야 했다. 1966년에 나는 포트베닝(Fort Benning)에 있는 보병훈련소의 교관으로 부임했다. (…) 그곳에서 시선을 피하지 않는 법을 배웠다. 어떻게 기침을 참고, 말을 더듬지 않고, 손을 주머니에 넣지 않고, 코를 풀지 않고, 가려워도 긁지 않는지 배웠다. 또, 교단을 활보하는 법을 배웠다. 어떻게 빔포인터와 슬라이드를 쓰는지, 말을 할 때 손짓을 어떻게 활용하는지, 학생들이 졸지 않도록 목소리를 어떻게 높이고 낮추는지 배웠다."[7]
>
> – 콜린 파월,《콜린 파월의 실전 리더십(It Worked for Me)》

당당한 존재감은 손끝에서 시작한다

다시 에르네스토 시롤리를 만나보자. TEDx 무대에서 그는 잠비아 원주민들에게 토마토 재배를 가르쳤던 경험을 들려주었다. 다음 표는 그의 강연 일부를 정리한 것이다. 그는 이탈리아인이다. 나도 이탈리아계이지만, 우리는 주장을 전하기 위해 손을 사용하는 게 자연스럽다. 그의 강연에서도 몸짓을 많이 볼 수 있다. 이런 몸짓은 강렬하고 진실한 인상을 준다.

에르네스토 시롤리의 말과 몸짓

말	몸짓
주먹만 한 토마토가 열렸습니다. 이탈리아에서는 이만한 크기의 토마토가 잠비아에서는 이런 크기였죠.[8]	양손으로 작은 공 모양을 만들고 손을 벌려서 공 모양을 키운다.
믿을 수가 없었죠. "농사가 이렇게 쉬워요"라고 원주민들에게 말하고 다녔습니다. 그런데 토마토가 빨갛게 익어가던 어느 날 밤, 200마리 정도 되는 하마 떼가 강에서 올라와서 전부 먹어치웠습니다. [웃음]	양손을 몸통에서 멀리 떨어뜨린 다음, 옆으로 쓱 지나가게 해서 하마 떼가 오는 광경을 묘사한다. 연이어 충격과 놀람을 표현하기 위해 한마디 말도 없이 얼굴 연기(눈을 크게 뜨고 입을 크게 벌린)를 한다.
어처구니가 없었죠. "세상에, 하마 떼가!"	양손으로 머리를 움켜잡는다.
원주민들의 대답이 걸작이었죠. "그래서 우리가 농사 안 짓는 거라니까요."	고개를 끄덕인다.

2012년 TEDx EQChCh(뉴질랜드 크라이스트처치(ChCh) 지진(EQ) 대책 – 옮긴이) 강연에서 에르네스토 시롤리의 말과 그에 상응하는 몸짓을 정리했다.

2012년 TEDx EQChCh에서 강연하는 에르네스토 시롤리

시롤리는 몸짓을 사용해 말하는 모든 문장을 강화했다. 그럼으로써 강력한 주장은 한층 더 강해졌다. 그의 몸짓은 생생하게 살아 있다. 이것을 글자로 오롯이 설명하기란 불가능하다. 그러니 TED닷컴에서 'Ernesto Sirolli'로 검색해서 직접 강연 동영상을 보길 바란다. 시롤리는 말로 밑그림을 그리고 몸짓으로 색칠을 한다. 강연에서는

심지어 슬라이드도 사용하지 않는다. 그럴 필요가 없다. 몸짓과 움직임이 언어를 장식하기 때문이다. 그는 당당하고 역동적인 존재감을 지닌다.

카리스마 있는 세계적 기업인들은 신체 언어 사용에도 뛰어나다. 자신감과 역량, 카리스마를 반영하는 당당한 존재감이다. 이를 군사 용어로는 '지휘 존재감'이라고 한다. 부하들이 존경하고 따를 만한 권위와 권한을 지닌 사람을 설명하는 말이다. 당신을 따르는 사람들이 자신을 어디까지 희생하겠는가? 높은 임금과 복지 혜택, 연금을 포기하는가? 만일 그렇다면 당신에게도 지휘 존재감이 있는 것이다.

다음번 회의나 영업 활동, 구직 면접 등에서 긍정적인 인상을 남기고 싶다면 몸이 말하고 있는 것에 신경을 쓰도록 하자. 리더처럼 걷고, 리더처럼 대화하라. 리더로서 행동하라. 그러면 사람들이 따라붙을 것이다.

몸짓의 기술

몸짓이 필요한가? 단답형으로 대답하면 '그렇다'이다. 연구에 따르면 복잡한 생각을 하는 사람은 복잡한 몸짓을 사용한다. 이런 몸짓은 실제로 청중 앞에서 자신감이 생기게 한다.

시카고대학의 데이비드 맥닐(David McNeil) 박사는 모든 것이 두 손에 달렸다고 말한다. 손짓 연구 분야의 최고 권위자로 꼽히는 맥닐은 경험적 연구를 통해 몸짓과 생각, 언어가 연결되어 있음을 증명했다.

그는 나와의 인터뷰에서 만일 화자가 자기 일을 제대로 하는 지적이고 자신감 있는 사람이라면 그 손짓은 화자의 사고 과정을 보여주는 창문 역할을 한다고 말했다. 인기 있는 TED 강연자들 대다수는 맥닐 박사의 주장을 뒷받침한다.

맥닐과 만난 직후에 나는 미국의 네트워크 통신회사 시스코(Cisco)의 CEO인 존 체임버스(John Chambers)를 직접 볼 기회가 있었다. 그는 정말이지 놀랍고 카리스마 있게 말하는 사람이었다. 연단을 내려와 청중에게 다가가기도 했고, 마치 부흥회 목사처럼 분위기를 이끌어나갔다. 목소리를 구사하는 솜씨도 아주 훌륭했다. 말하는 속도의 완급을 조절하고, 음성을 키우거나 줄이기도 하면서 주요 단어와 중요한 부분을 강조했다.

체임버스는 IT업계에서 아주 지적이며 비전을 지닌 경영자로 여겨진다. 혹자는 천재적인 기억력의 소유자라고도 한다. 복잡한 생각을 하면 복잡한 몸짓을 한다는 맥닐의 관찰대로, 체임버스도 복잡한 생각을 하는 사람이라 그런지 말하는 대부분의 문장에서 동작이 크고 트인 손짓을 곁들였다.

다음은 손을 더 잘 사용하기 위한 조언들이다. 맥닐과 나눈 대화를 비롯해 의사소통 분야에서 일했던 내 개인적 경험에 근거한 것으로, 읽고 바로 응용할 수 있다.

- **몸짓을 사용하라** 맨 처음 손을 주머니에서 꺼내는 것을 두려워하면 안 된다. 딱딱한 분위기를 녹이는 데 손짓만 한 것도 없다. 손을 묵혀두지 말라. 손은 자유로워야 한다.

- **몸짓을 아껴 사용하라** 앞서는 몸짓을 사용하라고 했다. 다만 지나치지 않게 주의하라는 얘기다. 몸짓은 자연스러워야 한다. 누군가의 몸짓을 흉내 낸다면 마치 시사풍자 코미디에서 나쁜 정치인을 희화화하는 것처럼 보일 것이다. 공장에서 찍어낸 듯한 몸짓은 피하라. 어떤 몸짓을 할지 미리 생각하지 말고, 이야기를 따라 자연스레 나오도록 내버려두어라.
- **중요한 순간에 몸짓을 사용하라** 특히 동작이 큰 몸짓은 결정적 순간을 위해 아껴둔다. 핵심 내용은 의도적인 몸짓으로 강조한다. 다만 이때도 자신의 개성과 성격이 진실하게 묻어나야 한다.
- **몸짓을 '영향권(power sphere)' 내로 한정하라** 강연자나 발표자에게 영향권이란 대략 두 눈에서 배꼽까지, 그리고 양팔을 벌린 상태로 양손 끝 정도를 아우르는 동그라미다. 몸짓(과 시선)을 이 범위 내로 유지하려고 노력하라. 손이 배꼽 아래로 내려가 흔들리면 기운이 없고 자신감도 없어 보인다. 허리 위에서 다양한 몸짓을 구사하라. 그 모습을 보고 청중은 당신을 리더로 인정하게 되는데, 그러면 생각을 전하는 게 더 쉬워지고 전반적인 존재감도 커진다.

미시간 주지사를 지낸 제니퍼 그랜홈(Jennifer Granholm)은 크고 대담한 몸짓을 한다. 이런 몸짓을 그녀는 모두 자신의 '영향권' 내로 지킨다. 그랜홈은 미시간 주의 청정에너지 정책을 선도했다. 그리고 미국이 어떻게 대체에너지원을 사용할 수 있으며, 왜 그래야만 하는가에 대한 강연으로 2013년 TED 강연회의 문을 열었다.

제니퍼 그랜홈의 말과 몸짓

말	몸짓
전임 미시간 주지사로 소개되었습니다만, 실은 저는 과학자입니다. 그렇습니다. 정치과학자입니다. 뭐, 큰 문제는 아닙니다. 미시간 주가 제 연구소였습니다. 민주주의 연구소죠. 저도 다른 과학자들처럼 정책을 가지고 열심히 실험을 하고 있었습니다. 최대 다수의 최대 행복을 이루기 위한 뭔가를 찾으려고 말이죠.[9]	몸을 앞으로 기울인다. 양손을 떨어뜨린다. 손바닥은 펼쳐 보인다.
하지만 세 가지 문제가 있었습니다. 풀 수 없는 세 가지 수수께끼였죠.	오른손은 슬라이드 리모컨을 쥔 채 팔꿈치를 90도 각도로 유지한다. 왼손은 세 손가락을 올린다.
여러분께 이 문제들에 관해 말씀드리고 싶습니다. 그런데 중요한 건 말이죠, 제가 해결책 하나를 찾아낸 것 같다는 겁니다.	몸을 앞으로 살짝 숙인다. 왼손 검지를 세운다. 강연장 곳곳의 청중과 눈 맞춤을 한다.

2013년 TEDx 강연에서 제니퍼 그랜홈의 말과 그에 상응하는 몸짓을 정리한 것이다.

그랜홈은 양손 중 어느 하나도 '영향권' 밖으로 내밀지 않았다. 허리는 꼿꼿하게 세웠다. 머리는 들고 눈 맞춤은 힘 있게 했다. 그리고 어두운 배경에서 눈에 띄는 원색의 옷(검은 바지, 하얀 블라우스, 초록색 상의)을 입었다. 그랜홈의 이런 자세와 몸짓은 그녀의 권위에 힘을 실어주었다.

사회과학자들은 그랜홈이 쓰는 것과 같은 신체 언어가 설득력을

2013년 TED 무대의 제니퍼 그랜홈
Courtesy of James Duncan Davidson/TED(http://duncandavidson.com)

지닌다는 사실을 알아냈다. 이를 '열성적 비언어(eager nonverbal)'라고 한다. 실제로 말과 비언어적 소통 간의 불일치와 부조화는 상대를 설득하는 주장의 효과를 크게 반감시킨다.

밥 페니스(Bob Fennis)와 매리엘 스텔(Marielle Stel)은 도시 슈퍼마켓에서 아주 흥미로운 연구를 진행했는데, 그 결과를 〈실험 사회심리학 저널(Journal of Experimental Social Psychology)〉에 실었다. 한 연기자가 손님에게 접근해서 다양한 방식으로 크리스마스 사탕 한 상자를 판매한다. 상품의 소구력을 높이는 판매 전략(가격 인하, 장점 설명 등)을 취할 때는 열성적 비언어 방식이 가장 효과적인 것으로 드러났다. 열성적 비언어 방식의 세 가지 요소는 생동감 있고 큼직큼직하며 개방된 움직임, 바깥을 향해 개방적으로 움직이는 손, 적극성을 띠며 몸을 앞으로 기울인 자세였다.

분석에 따르면 열성적 비언어 방식으로 판촉한 판매원은 손님 대다수(71퍼센트)에게 사탕 한 상자를 팔았다. 반면 서먹서먹한 태도로 손님에게 접근한 판매원의 실적은 저조했다. 그들은 몸을 뒤로 뺀 자세로 천천히 깨작거리면서 말은 더 느리게 했다. 연구 결론은 다음과 같았다. "판매 전략이 주로 구매 요청이나 제안에 대한 인지된 소구력 증가를 목표로 한다면 열성적 비언어 방식에서 더 큰 효과가 기대된다."[10]

제니퍼 그랜홈은 이 이론에 딱 들어맞는다. 그녀의 자세와 몸짓, 신체 언어와 관련된 모든 것이 열성적 비언어의 범주 안에 든다. 그랜홈의 목표는 자신의 생각과 계획을 미국의 다른 주들에 파는 것이다. "청정에너지 과업에서 정상을 향한 경주"가 그녀가 팔고 있는 것이다. 이것은 물론 초콜릿보다 더 중요하다. 하지만 페니스와 스텔의 연구 결과에서 알 수 있듯이 그녀의 신체 언어는 그녀가 욕망하는 목적에 가장 잘 들어맞는다. 그 목적이란 자신의 제안을 더 호소력 있게, 그래서 궁극적으로 실행 가능하도록 만드는 것이다.

앉은 자세를 바로 하라. 자신감이 생긴다. 2009년 〈유럽 사회 심리학 저널(The European Journal of Social Psychology)〉이 발표한 연구에 따르면 사람은 자세에 따라 스스로에 대한 평가가 달라진다고 한다. 연구진은 가짜 입사시험에 참여한 피험자들에게 이력서를 작성하면서 똑바로 앉거나 구부정하게 앉으라고 지시했다. 바른 자세로 앉아 이력서를 작성한 사람들은 구부정하게 앉았던 사람들보다 자신을 훨씬 더 호의적으로 보았다. 발표나 강연을 연습할 때는 당당하게 서라. 실제 상황에 맞설 자신감이 생길 것이다.

몸은 마음을 바꾼다

내 경험에 비추어 보면 발표나 강연 무대에서 어떻게 말하고 걸을지, 또 청중에게 어떻게 보일지를 처음부터 고민하는 이는 아주 드물다. 대개는 자신의 모습을 찍은 동영상을 본 다음에야 문제의 심각성을 깨닫는다. 자연스러운 모습으로 대화하듯 말하기 위해 많은 연습이 필요하겠구나 생각한다. 다행히도 이것들은 쉽게 고칠 수 있는 문제들이다.

다음은 발표나 강연 때 흔히 발견되는 문제들이다. 이런 문제들을 고쳐 당당한 존재감을 키우도록 하자. 면접을 보든 투자 설명을 하든 영업 활동을 하든, 회사에서 임원으로 일하든 소규모 사업을 운영하든 다 적용되는 내용이다.

꼼지락대기, 톡톡거리기, 짤랑거리기

발표와 대화 시 흔하게 나타나는 안 좋은 습관이다. 안절부절못하는 사람은 자신 없고 초조하고 준비가 안 된 것처럼 보인다. 손가락으로 탁자를 두드리거나 필기도구로 손장난을 하는 버릇은 아무런 도움도 안 된다. 근래 리더십에 관한 책을 쓴 한 작가가 자신의 계획을 설명하는 것을 보았다. 그는 말하는 내내 주머니의 동전을 짤랑거렸다. 신경이 쓰여서 미칠 것 같았다. 누구라도 그랬을 것이다. 당시 그의 책은 잘 팔리지 않았다. 그는 리더십을 잘 모르는 것 같았다.

응급조치 움직임에 목적의식을 가져라. 휴대용 캠코더나 스마트폰을 사용해서 자신이 이야기하는 첫 5분 분량을 찍고 이것을 재생해서 본다. 아무런 목적 없이 습관적으로 한 행동을 모두 종이에 적는다. 코를 문지르고, 손가락으로 연단을 두드리고, 동전을 짤랑이는 것 같은 행동 등 작은 버릇이나 행동을 보는 것만으로도 그것이 상대에게 어떤 인상을 줄지 감이 잡힌다. '움직임'과 '몸짓'이 아닌 불필요한 행동은 하지 않도록 하라.

한번은 유수의 기술회사 임원이 내게 도움을 요청했다. 그는 투자자에게 생산 지연 사실을 알려야만 했다. 투자자는 다름 아닌 오라클(Oracle)의 CEO 래리 엘리슨(Larry Ellison)이었다. 그는 업계에서 꽤나 성깔 있는 인물로 악명이 높다. 그 기술회사 임원과 그의 팀은 상황을 통제하고 있었으며 지연 사태를 통해 값진 교훈을 얻었다. 하지만 그의 신체 언어는 다른 말을 하고 있었다. 그는 말하는 중에 끊임없이 꼼지락댔다. 구두코로 바닥을 두드리고, 얼굴을 만지고, 옆에 있는 책상을 손가락으로 다다닥 두드렸다. 이런 버릇은 능력이 부족하거나 통제력을 상실한 것 같은 인상을 준다. 녹화된 영상을 통해 자신의 모습을 확인한 그는 이런 습관을 대부분 없앴고, 실제 보고에서는 자신 있는 프레젠테이션을 했다. 엘리슨은 만족했다. 그리고 프로젝트는 완벽하게 성공했다.

한자리에 뻣뻣하게 서 있다

훌륭한 강연자나 발표자는 생동감 있는 움직임을 보인다. 그들은 한자리에 머물지 않으며 가만히 있는 듯한 인상을 주지도 않는다. 얼음처럼 있으면 뻣뻣하게 보인다. 그러면 사람들은 지루함을 느끼고 관심을 거둔다.

응급조치 걷고 움직여라. 공간을 활용하라. 프레젠테이션 문제로 나를 찾는 비즈니스맨 대부분은 마치 동상처럼 서 있어야 한다고 생각한다. 아니면 슬라이드 화면 옆에서 깍두기처럼 설명만 한다. 그러나 움직여도 된다. 아니, 움직여야 한다. 대화는 물처럼 흐른다. 결코 딱딱하지 않다. 강연이나 발표 솜씨가 뛰어난 기업인들은 앞에 서 있지 않고 청중 속으로 들어가기도 한다.

간단한 요령이 있다. 말하는 것을 녹화할 때 이따금 카메라 프레임 밖으로 나가라. 나는 5분 동안 여러 차례 프레임 밖으로 나가라고 말한다. 그렇지 않으면 너무 뻣뻣한 인상을 준다.

손을 주머니에 넣는다

사람들은 청중 앞에 서면 십중팔구 손을 주머니에 넣는다. 이런 모습은 사실 지루해 보인다. 열심히 하는 것처럼 보이지 않고 오히려 긴장했다는 인상을 준다. 그러면 청중은 흥미를 잃는다.

응급조치 이번 건은 정말 쉽다. 주머니에서 손을 빼기만 하면 된다! 뛰어난 경영자들은 발표나 강연을 하면서 절대로 양손을 다 주머니에 넣지 않는다. 한 손으로 손짓을 하고 있다면 나머지 한 손은 주머니에 있어도 괜찮다. 이런 손짓도 '영향권' 내에서 해야 한다는 것을 기억하자.

할 수 있을 때까지 그런 척한다

에이미 커디는 하버드 경영대학원의 사회심리학자로, 그녀의 신체 언어 연구는 〈타임〉과 CNN에도 보도됐다. 그녀가 TED 무대에 섰다. 커디는 신체 언어가 우리의 정체성을 만든다고 믿는다. 우리의 몸, 즉 비언어 신호를 어떻게 사용하느냐에 따라 사람들의 인식을 바꿀 수 있다는 것이다. 나아가 몸자세를 단순히 바꾸기만 해도 스스로에 대한 느낌이 달라지며, 이는 자연스레 타인의 시선에도 영향을 미친다고 주장한다. 즉, 자신이 없더라도 자신 있는 것처럼 행동하면 성공할 확률이 대단히 높아진다는 것이다.

마음은 몸을 바꾼다. 이 사실을 우리는 모두 알고 있다. 불안한 사람은 움츠린다. 손과 팔을 몸통에 붙이고 웅크린 채 눈을 내리간다. 커디는 그 반대 역시 참이라고 믿는다. "몸은 마음을 바꾸고, 마음은 행동을 바꿀 수 있습니다. 또, 행동은 결과를 바꿀 수 있습니다."[11]

커디는 '강한 자세(power posing)'를 제안한다. 이것은 두뇌의 테스토스테론 수치를 높이고 코르티솔(cortisol, 스트레스 호르몬 – 옮긴이) 수치는 낮춘다. 그래서 더 자신감 있고 당당한 기분이 들게 한다. 그녀는 이것이 큰 변화로 이끄는 '작은 궤도 수정'이라고 말한다.

강한 자세란 다음과 같다. 팔을 가능한 한 활짝 펼친다. 그리고 그 자세를 2분간 유지한다. 엘리베이터 안이나 책상에서나 무대 뒤에서 할 수 있다. 가급적이면 보는 사람이 없는 곳이 좋겠다!

커디는 학생들을 대상으로 실험을 했다. 2분간 '약한 자세'를 취한 사람들은 스트레스 호르몬인 코르티솔이 15퍼센트 증가했다. 약한 자세는 자포자기하는 듯한 느낌을 갖게 했다. "비언어적 행동은 스스

2012년 TED글로벌에서 강연하는 에이미 커디
Courtesy of James Duncan Davidson/TED(http://duncandavidson.com)

로에 대한 생각과 느낌을 좌우하는 듯합니다. (…) 몸이 마음을 바꾸는 것이죠."

초조한 기분은 자연스런 현상이다. 정상적인 반응이다. 인간은 사회적 존재다. 태곳적부터 인간은 사회적으로 어울리는 일이 중요했다. 우리의 조상은 동굴에서 살았다. 그런데 함께 사는 사람들에 의해 동굴에서 쫓겨나면 생존이 막막해진다. 초조한 기분이 드는 것은 받아들여져야 한다는 생물학적 필요성의 결과다. 하지만 많은 사람들이 초조한 기운을 거북하게 느끼게 되었다. 목이 잠기고, 손바닥에 땀이 나고, 심장이 쿵쾅거리는 것을 느껴보지 않은 사람은 아마도 없을 것이다. 내가 발표나 강연을 도운 리더들도 다르지 않았다. 몹시 초조해한 경우가 얼마나 많았는지 기억도 나지 않을 정도다. 다들 자기 분야에서 정상에 오른 이들인데도 말이다. 수억 달러의 몸값이 합당한 사람도 적지 않았다. 비결은, 초조함을 없애는 게 아니라 초조함을 관리하는 데 있다.

에이미 커디는 연단 공포증이 있는 이들에게 해결책을 제공한다. 바로 그렇게 할 수 있을 때까지 그런 척하라는 것이다. 커디는 어렸을 적 영재 소리를 듣는 아이였다. 똑똑한 머리는 어린 시절 성격 형성기에 그녀의 정체성이 되었다. 하지만 열아홉 살 때 자동차에서 튕겨나가는 사고로 머리를 다쳤다. 대학을 휴학했다. 학업을 계속하기 힘들 거라는 얘기를 들었다. "정말 힘든 시간이었어요. 정체성을 빼앗긴다는 건, 그것도 핵심 정체성을 말이죠. 제게 그것은 똑똑하다는 건데, 이것을 빼앗기면……. 아, 그보다 더 무력한 기분은 들 수 없어요. 완벽한 무력감에 빠졌죠."

커디는 부단히도 노력했다. 대학에 복학했고 동기들보다 4년쯤 늦게 졸업했다. 그리고 프린스턴대학에서 학업을 이어갔다. 커디의 능력을 믿어준 지도교수 덕분이었다. 그렇지만 그녀는 자신을 믿지 않았다. 마치 부정입학생 같은 기분이 들었다.

석사 1년차 발표를 하기 전날 밤, 그녀는 지도교수에게 전화해서 대학원 과정을 그만두려 한다고 말했다. "자네는 절대로 그만두지 않을 걸세. 왜냐하면 내가 그쪽에 걸었거든." 지도교수가 답했다. "계속 공부하게. 그것이 자네가 할 일이네. 잘하는 척하게. 앞으로 해야 할 모든 발표를 그렇게 하게. 그냥 하면 돼. 긴장해서 토할 것 같고 몸이 안 움직이고 이른바 '멘붕'이 와도, 잘하고 있는 양 그냥 하고 또 하게. 그러다 보면 어느 순간 정말로 잘하고 있는 자신을 볼 걸세. 그리

고 이렇게 말하겠지. '어머나 세상에, 내가 잘하고 있네. 잘하는 사람
이 되었네. 정말로 잘하고 있네!'"

에이미 커디는 그렇게 했다. 그렇다고 믿을 때까지 그런 척했다.
"여러분께 드릴 말씀은, 그렇게 할 수 있을 때까지 그런 척 말고, 실제
로 그런 사람이 될 때까지 그런 척하라는 겁니다."

토니 로빈스의 특별한 준비운동

동기부여 강사 토니 로빈스는 기운과 활력이 넘친다. 나흘에
걸쳐 4,000명을 대상으로 50시간을 강연하기도 했다. 그는 오
프라 윈프리의 한 특집 방송에 나와서 무대에 오르기 직전의
준비 과정을 공개했다. 그는 자기 확신을 주는 어떤 말들을 외
웠다. 그리고 몸을 정말 많이 움직였다. 로빈스는 활발한 신체
움직임이 마음 상태를 바꾼다고 믿는다. 그는 무대에 오르기
10분 전쯤부터 예열을 시작한다. 점프를 하고 뱅글뱅글 돌며
주먹을 흔들고 팔을 뻗는다. 심지어 트램펄린을 뛰기도 한다.
입만 움직이는 예행연습으로는 충분하지 않다. 본격적으로 가
속 페달을 밟기에 앞서 육체적 준비를 통해 예열을 해야 한다.
그럼으로써 듣는 이에게 커다란 인상을 남길 수 있다. 물론
로빈스처럼 극단적인 방법을 권하는 것은 아니다. 영업 프레
젠테이션에 앞서 트램펄린을 뛴다면 일단 바보로 찍힐 테니
말이다. 하지만 강연이나 발표 전에 어떤 식으로든 몸을 움직
여 준비운동을 할 필요는 있다. 기운과 활력은 신체적 움직임
과 직접적인 연관이 있기 때문이다.

진정한 힘은 안에서 나온다

프로 크로스컨트리 스키 선수였던 재닌 셰퍼드(Janine Shepherd)는 사고를 당하고 선수 생활을 접었다. 그녀는 훈련 도중 트럭에 치여 목과 등의 뼈가 여섯 군데나 부러졌다. 갈비뼈도 다섯 개 부러졌고 머리 부상도 심했다. 그러나 2012년 TED 강연에서 그녀는 몸이 부러졌다고 해서 부러진 사람이 되는 건 아니라는 얘기를 들려주었다.

심한 사고를 당한 셰퍼드는 자신의 몸과 무대 도구를 창의적으로 사용해 청중과 대화했다. 무대에는 의자 다섯 개가 있었다. 그녀는 각 의자에 한 번씩 앉았다. 각각의 의자는 사고 후 그녀의 삶을 한 단계씩 상징하는 역할을 했다.

- **첫 번째 의자** 제1장 사고
- **두 번째 의자** 제2장 병원에서 보낸 열흘
- **세 번째 의자** 제3장 중환자실에서 중증 척추 병동으로 옮겨지다.
- **네 번째 의자** 제4장 "6개월 후에 퇴원했어요." [12] 아직 중증 척추 병동에 있는 "친구가 기억난" 그녀는 옆의 의자로 몸을 돌려 말했다.
- **다섯 번째 의자** 제5장 셰퍼드는 하늘을 나는 법을 배운다. "그들이 절 들어 올려 조종석에 앉혔죠"라고 말하며 의자에 앉았다.

셰퍼드는 다시 의자에서 일어나 몇 분간 더 말하며 강연을 마무리했다. 그녀는 곡예비행 교관으로서의 새로운 인생에 대해 들려주었다.

"저의 진정한 힘은 결코 육체에서 나오지 않았어요. (…) 내가 누구인지는 바뀌지 않죠. 제 안의 점화 플러그는 아직도 불꽃을 튀기고 있답니다."

▌세 번째 비밀: **대화를 합시다**

셰퍼드의 강연이 이 장에서 말하려는 요점이다. 그녀는 몸을 효과적으로 사용해 이야기를 전달했다. 그녀의 '힘'은 안에서 나온다. 여러 시간의 연습을 통해 숙달한 화술과 몸짓은 전체적인 전달력을 향상시킬 것이다. 하지만 열정과 연습이 없다면 존재감은 크게 약해진다. 화자로서 당신의 힘은 안에서 나온다는 사실을 기억하라.

새롭고 색다르다

새롭고 색다른 것에 대한 인식은 모든 인간에게 내재된 생존 도구다.
우리 두뇌는 훌륭한 것, 새로운 것, 뛰어난 것, 맛있어 보이는 것을 찾도록 되어 있다.
— A. K. 프라딥(A. K. Pradeep) 박사, 《바잉브레인(Buying Brain)》 저자

Chapter
FOUR

내게 새로운 걸 알려줘

지금부터 들려드릴 이야기는
제가 학교 다닐 때는 교과서에 없었던 것들입니다.
— 로버트 밸러드(Robert Ballard), 타이태닉호 탐험가, TED 2008

심해(深海) 탐험가 로버트 밸러드가 TED 무대에 섰다. 그는 청중을 이끌고 지구 표면적의 72퍼센트를 차지하는 바다를 17분간 여행했다. "부활절 토끼가 육지에만 자원을 숨겼을 거라고 믿는 건 너무 순진한 생각이죠."[1] (부활절에 아이들은 정원을 돌아다니며 달걀을 찾는다. 부모는 달걀을 토끼가 숨겼다고 한다 – 옮긴이) 밸러드는 못 말리는 탐험가다. 스스로를 한계 상황까지 밀어붙이며 비밀을 좇는다. 또, 그는 도전을 사랑한다. 그는 TED 무대를 최고의 이야기꾼과 맞서는 기분으로 즐겼다고 했다.

밸러드는 우리 시대 가장 용감한 탐험가 중 한 명이다. 그는 미 해군의 정보 장교였던 1985년에 보스턴 동쪽 약 1,600킬로미터 지점에서 RMS 타이태닉호의 잔해를 발견했다. 대서양 해저 수심 약 8,000미터 지점이었다. 타이태닉호의 발견으로 밸러드는 유명해졌다. 하지만 그는 120건이 넘는 해저 탐사를 묵묵히 수행하며 세계의 대부분을 차지하는 장소에 대한 새로운 사실을 밝혀내기 위해 노력했다.

밸러드는 자신이 강연하는 목적은 정보와 영감을 주는 교육에 있다고 했다. TED 무대든, 학교 방문 행사든 상관없이 말이다. "교실에 들어서면 두 가지 일을 해야 합니다. 하나는 가르치는 일이고, 다른 하나는 모든 학생이 진실을 좇는 데 참여하도록 이끄는 일입니다."[2]

강연에서 그는 청중에게 다음과 같은 화두를 던진다. 우리는 왜 바다를 무시하는가? 밸러드는 미 항공우주국(NASA)의 1년 예산이 미 대양대기국(NOAA)의 1,600년 치 예산과 맞먹는다고 말한다. 이 밖에도 그는 청중의 호기심을 끌어당기기 위해 많은 통찰과 사실과 관찰 결과를 보여준다. 몇 가지 더 예를 들면 다음과 같다.

- 강연에서 말하는 내용은 인간이 겨우 엿본 1퍼센트의 10분의 1에 불과하다. 그것이 우리가 본 전부이기 때문이다.
- 미국 국토의 50퍼센트는 바닷물에 잠겨 있다.
- 지구에서 가장 큰 산맥은 바닷속에 있다.
- 지구의 대부분은 끝없는 어둠이다.
- 생명이 없어야 맞는 세계에서 생명의 풍성함이 발견된다.
- 이곳(심해)에는 지상의 모든 박물관을 다 합친 것보다도 더 많은 역사적 유물이 있다.

강연 말미에 밸러드는 한 소녀의 사진을 보여주었다. 경외감에 눈을 동그랗게 뜨고 입을 벌리고 있는 소녀였다. "이것이 우리가 원하는 겁니다." 밸러드는 말했다. "이 꼬마 숙녀는 미식축구 경기를 보는 것도 아니고, 농구 경기를 보는 것도 아닙니다. 수천 킬로미터 떨어진 실제 탐사 현장에서 생중계되는 영상을 보고 있었는데, 자신이 보던 것의 정체를 알게 된 겁니다. 경이로움에 입이 벌어질 때 비로소 정보를 줄 수 있습니다. 수많은 정보를 머리에 넣어줄 수 있어요. '완전 수신 상태'에 있기 때문입니다." 밸러드는 기립 박수를 받았다. 그의 2008년 TED 강연은 흥미와 지식과 영감을 주었다. 사람들이 세계를 다르게 보도록 해주었기 때문이다. 위에서가 아닌 아래에서 말이다.

▌네 번째 비밀: 내게 새로운 걸 알려줘

듣는 이에게 완전히 새로운 정보를 제공하라. 포장을 다르게 하거나, 해묵은 문제를 풀 참신하고 색다른 방법을 제안하라.

작동 원리 인간의 두뇌는 새롭고 색다른 것을 사랑한다. 익숙하지 않은 것, 평범하지 않은 것, 기대하지 않은 것은 듣는 이의 호기심을 끌어낸다. 이는 그들의 선입관을 흔드는 한편, 세상을 보는 새로운 방법을 빠르게 제시한다.

끝없이 상상하라, 그리고 탐험하라

만일 밸러드가 타이태닉호를 찾아내지 못했더라면 대단한 흥행을 이룬 영화도 만들어지지 않았을 것이다. "호기심은 여러분이 소유한 것 중에서도 가장 중요한 것입니다."[3] 영화감독 제임스 캐머런(James Cameron)은 2010년 2월 TED 무대에서 말했다. "상상력은 현실을 만들어낼 수 있는 힘입니다."

캐머런은 〈터미네이터〉, 〈타이타닉〉, 〈아바타〉 같은 블록버스터 영화를 만들었다. 하지만 TED 무대에서 그는 예상 밖의 이야기를 들려주었다. 영화 제작에 관해서는 거의 함구하고 대신에 창의력과 탐사, 혁신, 리더십에 관한 이야기들을 주로 했다. 해양 탐험은 15살 소년 캐머런의 상상력에 불을 붙였다. 소년은 잠수 자격증을 땄다. 그리고 훗날 〈타이타닉〉을 기획하면서 제작사에는 "배에 탄 로미오와 줄리엣"이라고 설명했다. 하지만 카메론에게는 속셈이 있었다.

> 사실 하고 싶었던 건 실제 타이태닉호의 침몰 현장까지 잠수하는 거였죠. 그게 영화 〈타이타닉〉을 만든 진짜 이유입니다. 정말이에요. 제작사 측은 몰랐죠. 저는 이렇게 설득했습니다. "실제 난파선까지 잠수해서 타이태닉호를 찍는 겁니다. 그걸 영화 도입부에 넣는 거예요. 정말 중요해요. 굉장한 마케팅 거리가 될 겁니다." 그렇게 제작사가 잠수 비용을 대도록 꼬드겼죠. 미친 소리 같죠? 하지만 이게 이 강연의 주제입니다. 상상이 현실을 만든다고요. 실제로 저는 여섯 달 뒤에 러시아 잠수정을 타고 북대서양 해저 4킬로미터 지점에 있었습니다. 현실로 만들어낸 거죠. 창밖으로 실제 타이태닉호의 모습을 보았어요. 영화도 아니고, HD 화면도 아닌 진짜였어요.[4]

나는 캐머런이 만든 영화를 좋아한다. 그중에서도 〈타이타닉〉은 여러 번 봤다. 지금도 여주인공 로즈가 다이아몬드를 물속에 던져버리면서 때맞춰 주제가가 흐르면 눈물이 맺힌다. 영화제작사 입장에서는 말 그대로 '봉'을 잡았다. 캐머런은 영화 줄거리를 외우다시피 하는 내게도 새로운 뭔가를 가르쳐주었다. 흥미로운 일화로 포장된 이 영화는 자기 잠재력의 전 영역을 탐험하려는 이들에게 의미심장한 교훈을 제공한다. 그럼으로써 캐머런은 청중을 북돋우고, 자기 강연에 끝까지 귀를 기울일 이유를 주었다. 그는 청중을 꼬드겼다. 제작사를 꼬드겼듯이 말이다.

사람은 누구나 타고난 탐험가다. 우리들 대부분에게도 캐머런처럼 뭔가를 구하고 배우고 찾고 싶다는 끝없는 욕망이 있다. 모두들 알다시피 이것이 우리를 매혹시킨다.

연구에 따르면 사람들은 죽음보다 연설을 더 두려워한다고 한다. 나는 로버트 밸러드에게 밀실 공포를 유발하는 코딱지만 한 잠수정을 타고 수심 4킬로미터까지 내려가는 것과 18분짜리 강연을 하는 것 중 어느 게 더 불안하냐고 질문했다. 그는 죽을 고비를 여러 번 넘긴 심해가 훨씬 더 불안하다고 했다! 다음번에 청중을 앞에 두고 또다시 긴장된다면 미국 코미디언 제리 사인펠드(Jerry Seinfeld)가 한 말을 떠올려보라. 장례식에서 관에 누운 사람보다는 추도 연설을 하는 사람인 편이 낫다고 말이다.

새롭고 색다른 것을 배우는 즐거움

2006년 TED 강연회에 참석한 영국 가수 피터 게이브리얼(Peter Gabriel)은 한 영화제작자에게 이렇게 말했다. "제게 가장 큰 즐거움은 새로운 생각과 재미난 발상을 접하는 겁니다." 그는 농담을 한 게 아니었다. 배움은 중독성이 있다. 즐겁기 때문이다. 또한 배움은 인간의 진화를 위해서도 필요하다.

오래된 문제를 푸는 새롭고 색다른 방법을 고안한다는 것은 인류가 수백만 년간 발전시켜 온 환경에 대한 적응 능력을 활용한다는 의미다. 만약 원시인에게 호기심이 없었다면 인류는 이미 오래전에 멸종했을 것이다. 미국 워싱턴 의과대학의 발생분자생물학자인 존 머디나(John Medina)는 지구상에 존재했던 모든 종의 99.99퍼센트가 오늘날 멸종했다고 한다. 하지만 인간의 두뇌는 혹독한 환경에 적응했다. 그래서 생존한 것이다. "가혹한 환경을 이겨내는 방법은 두 가지다. 더 강해지거나 더 똑똑해지는 것. 우리 인류는 후자를 택했다."[5] 머디나의 말이다.

머디나는 우리가 타고난 탐험가라고 말한다. 알아가고 배우려는 욕구는 결코 끝까지 채워지지 않는다. "아기들은 주변 세상을 이해하려는 깊은 욕망과 적극적으로 이것을 탐구하려는 끊이지 않는 호기심을 갖고 태어난다. 아기들의 탐험에 대한 욕구는 아주 강력하게 그들의 경험으로 꿰 들어가기 때문에 일부 과학자들은 이것을 배고픔과 목마름, 성욕과 마찬가지로 본능적 충동으로 본다."[6] 머디나에 따르면 우리는 어른으로 성장하면서도 "지식에 대한 갈증"을 잃지 않는다.

밸러드와 캐머런 같은 이들은 바다 밑에서 길어 올린 한 잔의 지식으로 우리의 갈증을 풀어준다. 당신의 청중도 지식을 갈구한다. 비록 당신이 말하려는 주제에는 적당한 정도의 관심밖에 없을 테지만 말이다. 그러나 그들을 꼬드길 방법은 있다. 그들의 일상과 밀접한 새로운 사실을 알려주면서 당신의 주제와 잇는 것이다.

언젠가 세계 최대의 컴퓨터 CPU 생산업체 인텔의 홍보 업무를 자문하면서 나는 그들에게 인텔의 기술을 소비자의 일상과 연관시키라고 조언했다. 당시 인텔은 '터보 부스트(Turbo Boost)'라는 기술을 공개했다. 이것의 정의는 "프로세서의 클록 속도를 역동적으로 제어함으로써 CPU가 기본 속도 이상에서 돌아가도록 해준다"는 것이다. 대체 이게 무슨 소리일까? 이런 말은 소비자에게는 아무런 의미가 없을 수도 있다. 적어도 이 말을 듣고서 당장 인텔 CPU가 내장된 신형 노트북이나 컴퓨터를 구입해야겠다고 생각하는 소비자는 거의 없을 것이다.

하지만 이렇게 말하면 어떨까. "인텔만의 특별한 '터보 부스트' 기술은 당신이 컴퓨터로 하고 있는 일(게임, 영화 감상 등)을 기억하여 갑자기 빠른 속도가 필요할 때 CPU 활동을 늘리고 그렇지 않을 때는 다시 줄이는 방식으로 컴퓨터의 성능을 조절해서 노트북의 배터리 사용 시간을 늘려줍니다." 이런 설명은 제품이 어떻게 소비자의 삶을 개선하며 어떤 방식으로 작동하는지를 알려줌으로써 그들에게 새로운 뭔가를 가르쳐준다. 기술과 일상을 연관시킨 이런 설명은 당연히 언론에 보도된다. 하지만 앞서 기술적 정의를 받아 쓴 기자나 블로거는 아무도 없었다.

배움은 중독성이 있다

노스웨스턴대학교의 부교수 마사 번스(Martha Burns)는 신경과학이 교육 현장을 도울 수 있다고 믿는다. 그녀는 배움이 즐거운 이유를 과학적으로 설명한다. 새로운 것을 배우면 두뇌에서 마약이나 도박을 할 때와 동일한 보상 영역이 활성화된다. "어떤 학생은 교사가 가르치는 정보를 잘 기억하고, 어떤 학생은 그러지 못하는 까닭은 상당 부분 두뇌의 한 화학물질과 관련돼 있다. 이것이 있어야만 아이(혹은 어른)는 정보를 기억한다. 이 화학물질의 이름은 바로 '도파민(dopamine)'이다."[7]

도파민은 강력한 화학물질이다. 이 화학물질은 새로운 관계가 형성될 때 촉발된다(이 경우는 얼마 지나지 않아 진정된다. 결혼 생활 카운슬러가 권태기 부부에게 자극을 유지할 방법을 찾으라고 말하는 이유가 여기에 있다). 비디오게임에서 다음 판으로 올라갈 때도 도파민이 분비된다. 슬롯머신에서 나는 동전의 짤그랑 소리를 들어도 그렇다. 코카인 흡입은 말할 것도 없다.

마약과 도박은 도파민을 분비하는 인위적 방법으로, 이 때문에 패가망신에 이를 수도 있다. 해롭지 않은 방법으로 이런 좋은 기분을 느낄 순 없을까? 번스에 따르면 도파민은 뭔가 새롭고 흥분되는 것을 배울 때도 분비된다고 한다. 기분이 좋아지는 훨씬 건강한 방법이다! "많은 학생들과 성인에게 새로운 배움은 모험이자 커다란 보상을 주는 일이다. 두뇌의 도파민 수치가 올라가 새로운 정보를 기억하도록 돕는다. 도파민은 두뇌의 '저장하기' 단추와도 같다. 어떤 일을 겪거나 경험을 할 때 도파민이 있으면 우리는 그것을 기억한다. 도파민이 없으면 기억은 남지 않는 것으로 보인다."[8]

그러면 다음 질문은 이것이 된다. 도파민 분비를 늘리는 방법은 무엇인가? 번스에 따르면 그 답은 정말로 간단하고 직접적이다. 정보를 새롭고 흥분되게 만들면 된다. 예를 들어 뛰어난 교사들은 항상 정보를 전달할 새로운 방식을 생각하고 있다. "그들은 학교가 새로운 교과서를 채택하면 좋아한다. 새롭고 색다른 것을 통해 정보를 새로운 방식으로 가르칠 수 있어서다. 이는 교사와 학생 모두에게 열의를 제공한다. (…) 교실에서 새롭고 색다른 경험을 늘리면 학생들의 도파민 수치도 높아진다. (…) 그리고 도파민은 중독성이 있다. 교사로서 우리의 목표는 학생들이 배움에 중독되도록 하는 것이다."[9]

도파민은 중독성이 있다. 정신을 고양시키거나 영감을 주는 말을 들을 때 우리가 흥분 상태가 되는 이유도 이 때문이다. 나는 여러 해 동안 형제나 친구들과 함께 베이커즈필드 비즈니스 콘퍼런스(Bakersfield Business Conference)를 찾았다. 이는 캘리포니아의 베이커즈필드 마을에서 1년에 한 번 열리는 행사로, 하루 종일 강연이 이어졌다. 참가비는 비싸고 장소는 멀었다. 하지만 나는 여기에 들인 1달러, 1분까지도 전혀 아깝지 않았다.

강연은 TED식으로 진행되었다. 모든 강연자는 20분 내로 무대를 마쳐야 했다. 정치, 경제, 예술 분야에서 다양한 사람들이 나왔다. 로널드 레이건, 미하일 고르바초프, 루돌프 줄리아니 전 뉴욕 시장, 윈 리조트 회장 스티브 윈, 아이스하키 선수 웨인 그레츠키 같은 유명인도 있었고, 이름을 잘 모르는 이들도 있었다. 하지만 모두가 새롭고 색다른 무엇, 즉 오래된 문제를 보는 새로운 방식을 알려주었다. 강연이 끝나면 우리는 장장 5시간을 운전해 돌아가야 했지만 그래도 세상을 다 얻은 것 같은 기분을 느꼈다. 강연을 들으며 나는 새로운 것을 배우는 데 중독되었다. 배움이라면 기꺼이 중독되어도 좋다. 아니, 중독되길 바란다.

세계관을 바꾸는 통계

테드스터들에게 한스 로슬링(Hans Rosling)은 연예인이나 다름없다. 그의 2006년 TED 강연은 대단한 반향을 일으켰다. 로슬링의 강연 동영상은 온라인에서 500만 번 넘게 재생되며 인기몰이를 했다. 피터 게이브리얼은 "놀라운" TED 강연이라며 첫손가락에 꼽았고 벤 애플렉도 "한스는 세상에서 가장 창의적이고 즐거움을 주는 통계학자!"라는 말로 동의했다. AOL/타임워너의 전 CEO인 스티브 케이스(Steve Case) 역시 "잊을 수 없는" 강연 셋 중 하나로 꼽으며 좋아했다. 빌 게이츠도 마찬가지였다. TED가 좋아하는 강연들을 알려달라고 했을 때 그는 너무 많아서 꼽을 수 없다고 하면서도, 확실히 가장 좋아하는 건 로슬링의 강연이라고 했다.

로슬링은 그의 강연 제목(원래 제목은 'Stats that reshape your world'인데 현재 온라인상에는 'The best stats you've ever seen'으로 올라와 있다 – 옮긴이)처럼 "세계관을 바꾸는" 통계를 보여줬다. 이제껏 누구도 보지 못한 방식이었다. 그의 강연이 성공한 이유다.

로슬링은 스웨덴 스톡홀름에서 세계의 건강과 빈곤 추세를 추적하는 보건통계 교수다. 대부분의 연구자는 이런 자료를 아주 지루한 방식으로 다루지만, 로슬링은 자신이 공동 개발한 컴퓨터 프로그램 갭마인더(Gapminder)를 사용해서 통계에 생명을 불어넣는다. 갭마인더 홈페이지에 따르면 이 소프트웨어는 "지루한 숫자를 즐거운 애니메이션으로 바꿔 세상을 이해하는 통계학의 아름다움을 드러낸다."

로슬링은 강연을 시작하고 3분쯤 되면 슬라이드 하나를 화면에 띄운다. 방울들이 아무렇게나 무리지어 있는 도표다. 작은 방울도 있고, 훨씬 큰 방울도 보인다. 로슬링은 학생들에게 '서방 세계'와 '제3세계'를 정의하라고 했더니 "서방 세계는 평균수명이 길고 핵가족이며, 제3세계는 평균수명이 짧고 대가족"[10]이라고 답하더라는 이야기를 한다. 그러면서 마치 극장 변사처럼 화면을 설명하며 학생들의 생각이 틀렸음을 보여준다.

도표의 X축은 출산율이다(1962년부터 전 세계에서 수집한 여성 한 명당 자녀 수 자료). Y축은 출생 시 기대수명이다(바닥이 30세, 꼭대기가 70세). 1962년 자료에서 좌측 상단에 모여 있는 커다란 방울들의 정체는 분명해 보였다. 인구가 많고 산업화된 서방 국가들로, 가족 형태는 핵가족이고 기대수명은 길었다. 우측 하단에도 커다란 방울들이 많이 보였다. 대가족에 수명이 짧은 저개발 국가들이었다.

다음에 화면에 벌어진 일은 놀랍고도 새롭고, 또 보기에도 재미있었다. 로슬링이 애니메이션을 시작하자 화면의 방울들이 떠오르고 튕기고 빠르게 움직이면서 1962년부터 2003년까지 세계의 역동적인 변화들을 보여주었다. 2003년이 자료가 있는 마지막 해였다. 로슬링은 그 광경을 마치 하키 경기를 중계하는 스포츠 캐스터처럼 설명해 나갔다.

> 자, 시작합니다. 저기 보이나요? 저게 중국입니다. 보건 상태가 나빠졌다가 다시 좋아지고 있군요. 초록색 남아메리카 국가들은 전부 가족 수가 더 적어지고 있어요. 여기 노란색 방울은 아랍 국가들입니다. 가족 수는 점점 늘어나지만, 아니 수명이 길어졌는데도 가족 수는 늘지 않는군요. 아프리카 사람들은 아래 초록색입니다. 아직도 여기에 있네요. 이것은 인도입니다. 인도네시아는 꽤 빠르게 움직이고 있어요. [웃음] 1980년대에는 방글라데시가 여전히 저기 아프리카 국가들 사이에 있습니다. 하지만 이제 방글라데시에는 기적이 일어납니다. 이맘(이슬람 종교 지도자 - 옮긴이)이 가족계획을 권장하기 시작합니다. 방글라데시는 저 구석으로 올라갑니다. 1990년대에는 끔찍한 AIDS가 유행합니다. 아프리카 국가들의 기대수명이 줄어듭니다. 나머지 국가들은 모두 저 구석으로 올라갑니다. 핵가족 형태로 오래 사는 곳이지요. 이제 전혀 다른 세계가 됐군요.[11]

로슬링은 세계 인구 동향을 완전히 새로운 방식으로 전달하면서 완전히 달라진 세상을 보여주었다. 청중은 웃고 환호하면서 흥미를 느꼈다.

2012년 〈타임〉은 그를 세계에서 가장 영향력 있는 사람 중 한 명으로 선정했다. 폭발적 인기몰이를 한 TED 강연의 영향이 컸다. 온라인

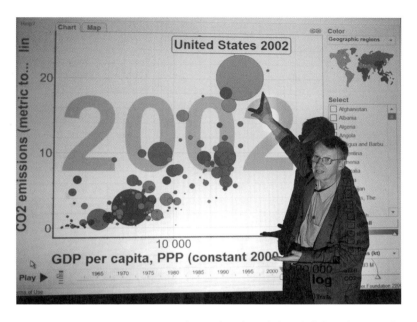

트렌달라이저(Trendalyzer) 프로그램으로 만든 자료 화면을 설명하는 한스 로슬링
Courtesy of Stefan Nilsson

에서 수백만 명이 강연 동영상을 보았다. 〈타임〉에 따르면 로슬링은 "대중의 과학 이해를 촉진시키는 몹시도 중요한 활동의 선두에 선 인물"이다.[12]

과학자들이 통계를 전달하는 방식은 대부분 지루하고 재미없다. 하지만 로슬링은 복잡한 통계를 실제로 보고 또 보고 싶게 만든 정말로 보기 드문 과학자였다. 18분의 강연 시간이 아쉬울 정도였다. 아무리 좋은 생각도 효과적으로 포장되지 않으면 청중에게 영감을 주지 못한다. 상대에게 생각을 잘 전달하는 의사소통의 기술을 '부드러운 기술(soft skill)'이라며 부차적인 것으로 치부하는 일은 없어야 한다.

로슬링 역시 수치 자료를 참신하게 포장하지 못했다면 청중에게 아무런 의미도 전달하지 못했을 것이다.

당신이 제시할 자료가 충격적이지 않거나 상대에게 완전히 생소한 것일 수도 있다. 그렇다고 해서 참신한 방법으로 전달할 수 없는 건 아니다. 나는 샌디스크(Sandisk)의 연례 투자자 보고회에 앞서 임원들의 프레젠테이션 준비를 도운 적이 있다(샌디스크는 세계적인 플래시메모리 제조사다. 플래시메모리는 디지털 캠코더, MP3 플레이어, 아이패드 같은 태블릿 컴퓨터에 쓰인다. 노트북 사용도 늘어나고 있다). 투자자들은 몹시 까다로운 청중이다. 그들은 숫자(이왕이면 긍정적인 숫자)와 기술적 정보, 성장 전략을 듣고 싶어 한다. 또한 그들은 수많은 프레젠테이션을 본다. 대다수 발표는 무미건조하고 혼란스럽고 지루하다.

한 고위 임원은 고용량 메모리 카드의 판매 신장이라는 자료를 가지고 프레젠테이션을 시작하고 싶어 했다. 회의실에 가득 모인 투자 분석가들에게는 그다지 새로울 게 없는 정보였다. 완전히 새로운 자료를 내놓지 못하는 상황이라면 이를 참신한 방식으로 전달하는 데 초점을 맞춰야 했다. 투자 분석가들은 딱딱한 도표를 예상할 것이기에 그 고위 임원은 디지털 사진이 취미인 자신의 이야기를 통해 프레젠테이션에 약간의 감성을 주입하기로 했다.

프레젠테이션에서 그는 집에 8만 장의 사진이 있다고 했다. 사진 보관은 대부분 샌디스크 카드에 한다. 그는 고등학생인 딸아이들이 운동하는 사진을 보여주면서, 샌디스크 카드 말고 더 신뢰할 만한 저장 장치는 없더라고 말했다. 또, 그는 파노라마 풍경 사진을 찍는 걸 즐긴다며 자신이 찍은 사진을 몇 장 보여주었다. 그리고 이런 전경 사진은 일반 사진에 비해 열 배나 많은 저장 공간을 필요로 한다고 했다. "샌디스크는 열 배의 기회"라는 것이다. 금융 관련 프레젠테이션은 성격상 도표와 그래프, 표를 빼기 힘들지만 그렇다고 해서 꼭 기존의 방식으로 정보를 제공할 이유는 없다. 듣는 이의 선입관을 깨면서 내용을 전하는 것이 중요하다.

이 사례는 자료에 생명력을 불어넣기 위해 개인적인 이야기를 활용한 경우다. 그 고위 임원의 이야기는 다시 발표 주제와 이어졌다. 투자자 보고회에서 총 여덟 명의 임원이 프레젠테이션을 했는데, 모두 한 가지 원칙을 가지고 있었다. 듣는 이가 알지 못하는 완전히 새로운 정보를 제공하든지, 익숙한 정보를 익숙하지 않은 방식으로 다시 포장해서 제공하는 것이었다. 참석자들에게 프레젠테이션이 어땠냐고 묻자 거의 모두가 "아주 훌륭했다" 혹은 "끝내줬다"고 답했다('형편없다'부터 '훌륭하다'까지 다섯 단계로 평가해달라고 했다). 그들은 그동안 보아온 최고의 기업 프레젠테이션 중 하나였다고 평가했다.

그들이 미처 몰랐던 이야기를 하라

내성적인 성격의 수전 케인(Susan Cain)이 껍질 밖으로 나왔다. 그녀는 TED 무대에 서서 수백만 명의 사람이 '홀로 있음'의 힘에 대해 다시 생각하게끔 했다. TED는 세계 최고의 사상가들이 그들 삶의 이야기를 들려주는 자리다. 하지만 수전 케인은 "생각이 뛰어난 것과 말을 잘하는 것은 아무런 관련이 없다"[13]고 주장한다. 외향적이고 사회적이고 말을 잘하는 사람을 보면 보통 생각도 그만큼 대단하리라고 짐작한다. 하지만 수전은 이런 인식에 의문을 제기했다. "역사를 보면 개혁적 성향의 지도자들 가운데 내성적인 사람도 많았다"는 것이다.

브레인스토밍과 집단 역학, 클라우드소싱과 여타 협업 체계를 고무하는 사회에서 케인은 '홀로 있음'이 창의력 분출에 꼭 필요한 요소라는 주장을 설득력 있게 펼친다. "내성적인 사람들이 자기 안에 침잠하도록 내버려두면 그들은 풀어야 할 문제에 대한 자신만의 독특한 해답을 가지고 올라오곤 합니다."

케인의 책《콰이어트(Quiet)》는 베스트셀러가 되었다. 그녀의 TED 강연 동영상 조회수는 400만 건을 넘겼다. "내성적인 여러분, 세상이 여러분을 필요로 하고 여러분에게 있는 것을 필요로 합니다. 그러니 부디 인생의 여러 가지 가능성에 최선을 다하고 용기를 갖고 조용히 찬찬히 말씀하시기 바랍니다."

케인은 성공적인 강연을 했다. 우리가 세상을 다르게 보도록 해주었기 때문이다. 나는 과거 언론인으로, 또 지금은 리더들을 돕는 소통 전문가로 일하면서 다음과 같은 말을 얼마나 많이 들었는지 모른다. "제 주제는 지루합니다." "제가 하는 일은 그다지 흥미롭지 않아요." "사람들은 제 프레젠테이션에는 관심도 없습니다. 이미 들은 얘기라는 거죠." 사람들은 아마도 당신이 전하려는 정보의 일부를 전에도 들어봤을 것이다. 하지만 그들은 당신이 아는 것은 모른다. 그 자료나 정보를 다른 방식으로 접했지만 별 느낌이 없었던 것이기 쉽다. 그들이 미처 몰랐던 걸 단 하나만 알려줄 수 있으면 당신은 주목을 받을 것이다.

AOL의 공동창업자 스티브 케이스는 현대 인터넷을 개척했다. 그는 아주 똑똑하며 대단한 부자이기도 하다. 〈포브스〉에서 선정한 미국의 부자 순위 258위에 올랐다. 그에게 좋아하는 TED 강연을 물었더니 그는 수전 케인의 강연을 "잊을 수 없다"며 최고의 강연 10개 중 하나로 꼽았다. 케이스는 현재 투자회사 레벌루션(Revolution)의 회장이자 CEO다. 그는 자신이 더 나은 투자 결정을 하도록 돕는 신선한 통찰에 귀를 기울인다. "레벌루션은 세상을 바꾸는 사람과 생각에 투자합니다. 훌륭한 회사를 세우려면 자본만으로는 안 됩니다. 재능과 열정이 있어야죠."[14] 그런 그에게 케인의 강연은 세상을 보는 새로운 방법을 들려준 것이다.

당신도 부유한 벤처투자자나 어느 한 분야에서 더 똑똑하다고 여기는 사람에게 프레젠테이션을 할 수 있다. 이때 명심할 점은, 더 똑똑하고 부유한 그들에게 세상을 보는 새로운 렌즈를 건네라는 것이다. 그럴 때 설득에 성공할 공산이 크다.

유명 투자사인 세쿼이아 캐피탈(Sequoia Capital)은 초창기 구글에 돈을 댔다. 한 투자자의 말에 따르면 '구글 청년들', 즉 세르게이 브린과 래리 페이지가 사무실로 들어와서 딱 한 문장으로 사업 설명을 했는데 그게 투자자들의 생각을 바꾸었다. "구글은 클릭 한 번으로 세상의 정보에 접근하게 해준다"는 말이었다. 아마 기업 역사에서 가장 수익성 좋은 말 한마디였을 것이다. 구글은 세계 최초의 검색 엔진이 아니었다. 하지만 구글은 단지 검색어가 아니라 연관성에 근거해 검색 결과를 보여줌으로써 더 나은 서비스를 제공했다. 검색 기술을 내세워 투자 설명을 한 이들은 많았다. 그리고 다들 비슷한 전략을 구사했다. 하지만 구글 청년들은 더 효과적인 설명을 했고, 그래서 회사를 설립할 초기 투자금을 받아낼 수 있었다.

생소한 분야일수록 눈에 띈다

생소한 분야의 생각을 접하고 배우고 데 관심이 있다면 당신은 더 많은 관심을 받을 것이다. 뛰어난 혁신가는 다른 분야의 생각을 자기 분야에 잇는다. 나는 애플 임원들이 고객 서비스를 배우기 위해 리츠 칼튼 호텔을 찾았다는 사실을 《애플 스토어를 경험하라(The Apple Experience)》를 쓰며 알았다. 반대로, 많은 비기술 분야 기업이 고객 경험 향상을 목적으로 애플을 연구해왔다. 뛰어난 혁신가는 자기 분야 외에 다른 분야의 생각을 응용한다.

대형 홍보회사의 어느 임원 이야기를 해볼까 한다. 그는 허리케인 카트리나로 폐허가 된 뉴올리언스를 재건하는 국책 사업에서 큰 건의 계약을 따냈다. 연방정부의 재정이 투입되는 대형 프로젝트였다. 나도 그 홍보회사의 다른 부서에서 일한 경험이 있다. 대언론 교육을 담당하는 이사로 재직하며 수많은 신사업 회의에 참여했다. 아무튼 그 임원의 부하직원들은 어떻게 가능성과 전망을 제시할지 논의했다. 이런 회의는 보통 끔찍하게 창의적이지 않은 환경에서 열린다. 회색의 단조로운 회의실에서, 게다가 파워포인트 슬라이드를 봐야 하기 때문에 어둠침침한 공간에서 열린다. 하지만 그 임원은 여느 때처럼 직원들을 회의실에 이틀 동안 가둬놓고 마른 걸레를 쥐어짜듯 아이디어를 내놓으라고 닦달하지 않고 훨씬 더 현명한 행동을 취했다. 직원들을 이끌고 로워나인스워드(Lower Ninth Ward)를 찾아간 것이다. 뉴올리언스에서 허리케인 피해가 가장 심한 지역이었다.

처참한 빈곤과 고통의 현장을 보고 충격을 받은 그들은 파워포인트를 쓰지 않고 그냥 진심을 담아 말하는 편이 가장 좋겠다고 결정했다. 그 결과 슬라이드도, PPT 노트도 없는 프레젠테이션이 탄생했다. 그들은 각자 자신이 본 것을 얘기했고, 왜 재건 노력에 힘을 보태고 싶은지 설명했다. 마치 재난 현장에 있다가 진흙발로 들어와서 프레젠테이션을 하는 느낌이었다. 그들은 일을 따냈다. 나중에 내가 결정 당사자 중 한 명으로부터 들은 얘기에 따르면, 그들이 프레젠테이션을 끝내고 회의실을 나갔을 때 바로 결정이 났다고 했다.

새로운 렌즈를 통해 자신의 세계를 보는 자만이 남에게도 그들의 세상을 보는 새로운 방법을 알려줄 수 있다.

TED note
···

두뇌에 새로운 경험을 퍼부어라. 새롭고 색다른 개념의 발표나 강연을 하려면 창의력과 세상을 보는 새로운 방식이 요구된다. 창의력에 불을 댕기는 기술 하나는 새로운 경험을 포용하는 것이다. 두뇌는 지름길을 원한다. 두뇌의 임무는 결국 기운을 아끼는 것이다. 신경과학자들은 우리의 정신이 새로운 렌즈를 통해 세상을 보도록 하려면 두뇌에 새로운 경험을 퍼붓는 방법밖에 없다는 것을 발견했다. 즉, 한 번씩 사무실 밖으로 나가야 한다는 것이다. 새로운 일, 사람, 장소를 경험하라. 가장 중요한 점은 새로운 경험을 당신의 발표나 강연에 녹여내는 것이다.

생각한 적도 없는 생각

미국의 경영자 잡지 〈패스트 컴퍼니(Fast Company)〉는 유명한 텔레비전 대담 진행자 찰리 로즈(Charlie Rose)에게 이런 질문을 했다. "훌륭한 대화는 어떻게 합니까?" 그의 대답은 이랬다. "그들이 당신을 태워줍니다. 여행을 가는 거죠. 그들이 당신을 붙잡아요. 일종의 리듬이 들리죠. 그렇게 가다가 만들어집니다. 궁극에 가서는 심지어 전혀 고려하지 않았던 생각을 하게 되기도 합니다. 자신이나 회사를 재창조할 그런 생각인 거죠."[15] 훌륭한 대화나 프레젠테이션은 전혀 고려하지 않은 생각도 하게 해준다.

오늘날 소셜 미디어의 분위기는 생각의 불협화음이다. 상투적이고 진부하며 독창적이지 못한 말들이 떠돈다. 게다가 많은 부분 남용되고 있다. 아마 당신은 운동선수나 CEO가 이렇게 말하는 걸 수없이 들었을 것이다. "'나'보다 '우리'가 더 중요합니다." 경영 컨설턴트의 이런 얘기도 이미 귀에 못이 박히게 들었을 것이다. "훌륭한 리더는 듣습니다." 부부상담 전문가도 십중팔구 똑같은 얘기를 한다. "의사소통이 원활해야 행복한 결혼 생활을 오래 유지할 수 있어요."

물론 다 맞는 말이긴 하다. 하지만 아무리 좋은 말도 비슷하게 포장되어 비슷하게 전달되면 그 힘을 잃는다. 존 그레이(John Gray)는 남녀 관계 문제를 다룬 《화성에서 온 남자 금성에서 온 여자(Men Are from Mars, Women Are from Venus)》를 썼다. 이 책은 독자가 생각을 하게 하면서 호기심을 끌어당긴다. 오래된 정보와 새로운 정보를 함께 담고 있지만 신선하고 색다르게 포장한다. 이 책은 많은 부부들을 구했다. 하지만 눈에 번쩍 띄는 책이 아니었다면 그럴 기회도 없이 서점에서 조용히 반품되고 말았을 것이다.

당신의 이야기는 돋보이는가

인기 블로거이자 마케팅 전문가인 세스 고딘은 영리한 발상을 다르게 전달해 그의 경력을 끌어올렸다. 2003년 2월 TED 무대에서 그는 선택지는 너무 많고 시간은 너무 없는 사회에서 우리는 자연히 그 대부분을 무시하게 된다고 말했다.

여러분이 자동차로 시골길을 달린다고 상상해보죠. 소가 한 마리 보입니다. 눈길이나 주겠습니까? 시골길에 소가 있는 게 당연하죠. 그냥 무시합니다. 식상하니까요. 세상에 누가 차를 세우고 "우와, 소다!" 하겠습니까? 아무도 그러지 않습니다. 하지만 보랏빛 소라면요? 한동안 눈을 떼지 못할 겁니다. 물론 모든 소가 다 보라색이라면 그때는 또 식상하겠지만요. 사람들의 입에 오르내리는 것, 그들이 결정하게 하는 것, 마음을 바꾸게 하는 것, 지갑을 열게 하는 것, 되는 것, 그것은 뭘까요? 눈에 번쩍 띄는 겁니다. '돋보인다'는 건 정말 멋진 말이죠. 단지 마음에 든다는 것만이 아니라 거기에 대해서 말하고 싶다는 뜻이기 때문입니다.[16]

세스 고딘은 TED 강연을 한 그해에 《보랏빛 소가 온다(Purple Cow)》를 출간했다. 그가 말하고자 하는 요점은 똑같이 지겨운 정보를 남들과 똑같이 지루한 방식으로 전달하면 사람들은 그냥 무시한다는 것이다. 고딘은 다르게 전달하는 솜씨가 좋다. 갈색 소가 아니라 보랏빛 소를 보여준 것이다. 전달하려는 내용을 약간 비틀어보자. 언론에서는 이를 '낚는다(hook)'고 표현한다. 훨씬 많은 사람들이 선뜻 받아들일 것이다.

신경과학자인 그레고리 번스(Gregory Berns)에 따르면 두뇌는 단지 "게으른 고깃덩이"일 뿐이다. 두뇌가 뭔가를 다르게 보도록 만들기 위해서는 정보를 다르게 인지하도록 새롭고 색다른 방법을 반드시 찾아야만 한다. "두뇌가 예측 가능한 인식을 벗어나게 하려면 과거에 한 번도 처리해본 적 없는 뭔가를 반드시 제공해야 한다."[17]

에디 라마(Edi Rama)의 TEDx 무대는 이런 지식에 대한 목마름, 그리고 두뇌가 '예측 가능한 인식'을 벗어나게 하려는 열망으로 청중을 사로잡았다. 그는 동유럽의 작은 나라 알바니아의 수도 티라나(Tirana) 시의 시장으로 10년 정도 있었다. 썩어가는 도시를 살리고 범죄를 줄이기 위해 그가 빼어든 정책은 다름 아닌 '색채'였다.

과거 티라나는 쓰레기장 같은 도시였다. 진흙과 오물, 버려진 건물, 회색의 우울하고 무기력함이 깃든 도시였다. 2000년 라마는 일련의 개혁을 단행했다. 티라나 시에서 낡은 건물들을 철거하는 한편 건축물의 외관을 밝은색으로 칠했다. 눈에 확 띄는 변화였다. 그는 도시의 건물 벽을 화폭으로 생각했다. 정치인이 되기 전에 화가 지망생이었던 만큼 예술에는 일가견이 있었다.

"라마는 2000년 시장에 당선된 직후 곧바로 화가들을 고용해서 티라나 시 건물들의 단조로운 회색 외관을 다채로운 색깔로 칠하게 했다. 흡사 마르세유나 멕시코시티를 떠올리게 했다. 오늘날 약 65만 명이 살고 있는 티라나 시의 어떤 구역은 몬드리안의 화폭을 닮아 있다. 파랑, 노랑, 분홍 빛깔이 45년간 공산당 독재로 음울하게 고립돼 있었던 알바니아에서 깨어져 나왔다."[18]

흑백의 도시가 총천연색으로 바뀌자 범죄율이 떨어지고 공원들도 생겨났다. 시민들은 더 안전하다고 느꼈고 도시에 대한 자부심도 생겨났다. 하루는 라마가 새로 칠한 거리를 걷고 있었다. 한 가게 주인이 전면의 낡은 방범 셔터를 뜯어내고 그 자리에 유리창을 끼우고 있었다.

"왜 셔터를 뜯어내세요?"

"이젠 거리가 안전하니까요."

"안전합니까? 정말요? 경찰관 배치가 늘었나요?"

"경찰관은 무슨! 이리 와보쇼. 직접 봐요. 건물은 싹 다 칠했고 가로등도 있고, 새로 간 아스팔트에는 구멍도 없죠. 나무들이 예쁘지 않소? 안전해요."

예술에 대한 열정과 타고난 호기심으로 라마는 대부분의 사람이 포기한 문제를 풀었다. 그는 그레고리 번스가 추천했던 정확히 그 일을 했다. 정보를 다르게 인지한 것이다.

듣는 사람들이 어떤 유형이든, 어떤 언어로 말하든 상관없다. 그들은 모두 문제를 푸는 새롭고 색다른 방법을 듣고 싶어 한다. 인간의 두뇌는 결국 여기서 흥분을 맛본다!

패배주의적인 태도를 지닌 사람은 새롭게 말할 내용이 없다고 생각한다. 그러나 없을 리 없다. 우리 모두에게는 새로운 이야기와 특별한 이야기가 있다. 당신이 한 경험이 이번 장에 나온 강연자들의 경험과 당연히 같지는 않겠지만, 인생을 살면서 그만큼 흥미롭고 가치 있는 일을 겪었을 것이다. 자기 삶의 이야기를 짚어보자. 그 경험을 통해 뭔가 새롭고 가치 있는 교훈을 얻었다면 상대방도 그 이야기를 듣고 싶지 않을까.

TED에서도 섹스는 먹힌다

테드스터들은 다양한 분야의 지식에 대한 왕성한 식욕을 자랑한다. 섹스도 예외가 아니다. 몇몇 강연자들이 이 은밀한 주제에 흥미로운 답을 주었다. 적어도 해답의 가능성을 제시했다. 과학 분야의 글을 쓰는 매리 로치(Mary Roach)는 2009년 2월에 '오르가즘에 대해 몰랐던 10가지(The 10 Things You Didn't Know about Orgasm)'라는 강연을 했다. 강연 동영상 조회수는 300만 건을 넘겼다.

헬렌 피셔(Helen Fisher)의 강연 '우리는 왜 사랑하고 바람피우는가(Why We Love, Why We Cheat)'는 조회수 250만 건을 기록했다. 2012년 4월 TEDMED에서 다이앤 켈리(Diane Kelly)는 남성의 성기에 관해 잘 몰랐던 진실을 밝혔다. 제니 매카시(Jenny McCarthy)는 결혼에 관해 모르는 사실을 알려주었다. 에이미 록우드(Amy Rockwood)는 아프리카에서 에이즈 예방을 위해 콘돔을 나눠주는 일에 대해 몰랐던 얘기를 해주었다. 섹스 얘기가 나오면 사람들은 아는 것보다 모르는 것에 대해 더 귀를 쫑긋 세우는 듯하다.

두뇌를 진화시키는 프레젠테이션

뉴질랜드 오타고대학교의 정치학 교수 제임스 플린(James Flynn) 박사는 세계 인구가 점점 똑똑해지고 있다고 믿는다. 조금 똑똑해지는 정도가 아니라 훨씬 똑똑해지고 있다. 학계에서 널리 인정받는 그의 이론을 '플린 효과(Flynn Effect)'라고 한다. 플린 교수의 설명을 직접 들어보자. "지금의 열여덟 살과 10년 전, 20년 전, 30년 전, 40년 전, 50년 전의 열여덟 살을 비교해보면, 현재의 열여덟 살이 IQ 시험에서 훨씬 높은 점수를 받는다."[19]

플린은 IQ 점수가 세대를 거듭할수록 높아진다는 사실을 발견했다. 비단 몇 곳에서만 벌어진 일이 아니다. IQ 측정 자료를 내놓는 모든 나라에서 공통된 현상이다. 플린 효과라는 현상 자체도 흥미롭지만, 그렇게 된 까닭을 밝혀볼 필요도 있을 것이다. 가장 논리적이고 고개를 끄덕일 만한 대답은 교육 기회가 크게 늘어났기 때문이라는 답이다. 대부분의 나라에서 사람들은 공교육 현장 및 TED닷컴 같은 온라인 사이트를 통해 배움에 더 많은 시간을 쓰고 있다. 〈뉴욕 타임스〉는 이렇게 보도했다. "플린은 IQ가 높아지고 있다고 주장한다. 산업화된 사회에 사는 사람들은 끝없이 정신 운동을 하기 때문이다. 그럼으로써 우리의 두뇌에는 이른바 '근육'이 붙는다."[20]

TED의 성공은 부분적으로 아마 우리의 높아진 IQ 때문일 것이다. 이는 사람들이 정신적 운동을 원한다는 사실에도 기반한다. TED닷컴의 동영상 조회수는 10억 건을 넘었다. 이 18분짜리 동영상들이 기본적으로 강연이라는 사실을 고려하면 정말이지 믿을 수 없는 조회수다. 당신이 업무 현장에서 보아온 프레젠테이션들을 떠올려보자. 그것이 영감을 주었는가? 흥미로웠는가? 아니면 호기심이 당겼는가? 십중팔구 그렇지 않았을 것이다. 그 이유는 'TED처럼 프레젠테이션' 하는 방법을 배운 적이 없기 때문이다. 우리는 두뇌가 새롭고 색다른 것을 좋아한다는 사실도 모르고, 그것을 전달하는 기술도 몰랐던 것이다.

"TED는 상상력이라는 인간의 재능을 소중히 여깁니다."

– 켄 로빈슨 경, TED 2006

트위터식 한 줄 정리가 필요한 이유

베스트셀러 《드라이브》의 작가 대니얼 핑크는 2009년 7월 TED 무대에 올라 동기부여의 수수께끼를 풀었다. 강연 동영상은 500만 번이나 재생되었다. 나는 핑크에게 강연에 관해 설명해달라고 했고, 그는 단 한 문장으로 정리해서 말해주었다. "우리가 동기부여를 위해 쓰는 방법들은 생각만큼 잘 작동하지 않습니다." 이 문장의 원래 영어 표현은 띄어쓰기 포함 74자로 구성된다(The set of motivators we rely on doesn't work nearly as well as we think). 글자 수를 최대 140자로 제한하는 트위터에 쓰기에도 무리가 없는 문장이다.

핑크처럼 당신도 생각을 140자 내로 설명할 수 있어야 한다(한글의 경우는 70자 내외다 – 옮긴이). 메시지를 간결하고 명료하게 전달하는 연습을 하라. 그래야만 듣는 이가 당신이 전하는 전체적인 개념을 쉽게 상기할 수 있다.

핑크는 베스트셀러 작가 겸 인기 강사가 되기 전에 주로 정치인들의 연설 원고를 작성했다. 말을 떠올려 다듬는 일이었다. "연설 원고를 쓸 때면 항상 이렇게 자문하죠. '사람들이 마음에 담아가고 싶을 만한 하나의 문장은 무엇일까?' 우리는 청중을 상대로 말을 합니다. 하지만 진짜 시험은 그들이 자리를 뜬 다음이죠. 누군가 그들에게 묻습니다. '저 사람이 뭐라고 했어?' 이 물음에 명쾌하게 답한다면 제가 일을 잘한 거죠."[21] 핑크에 따르면 그 대답은 작은 것들을 모은 게 아니라 하나의 전체적 생각이다. "관리자와 전문가들은 잡초들 사이에서 헤매는 경향이 있습니다. 게다가 초심자의 생각이나 대중의 관점을 자칫 잊곤 하죠." 140자 내외라면 잡초들 사이에서 헤맬 여유가 없다.

TED에 버금가는 수준의 강연이나 발표를 하려면 일단 다음과 같은 질문을 던져야 한다. '내가 전하고 싶은 단 하나의 내용은 무엇일까?' 답이 나왔으면 그것을 트위터에 쓸 수 있도록 간단명료하게 만든다. '트위터식 한 줄 정리'를 하는 것이다.

나는 TED닷컴에 올라와 있는 1,500개 이상의 강연 제목을 하나씩 모두 확인해보았다. 그리고 놀라운 사실을 발견했다. 140자가 넘는 제목은 단 하나도 없었던 것이다. 가장 긴 제목은 '이란의 미래에 대한 세 가지 예측과 그것을 뒷받침하는 수학(Three predictions on the future of Iran, and the math to back it up)'(67자)이었다(이 제목도 현재는 '이란의 미래에 대한 예측(A prediction for the future of Iran)'으로 바뀌어 있다 - 옮긴이). 여기에는 기억을 돕는 수사적 장치 하나가 들어 있다. 바로 '3의 법칙'이다(Chapter 7 참고).

다음은 TED닷컴에서 조회수가 많은 몇몇 강연의 제목을 뽑아본 것이다. 어떻게 새로운 것을 배울 수 있다고 약속하는지 살펴보도록 하자.

- 학교가 창의력을 죽인다_켄 로빈슨 경
- 훌륭한 지도자는 어떻게 행동을 북돋우는가_사이먼 사이넥
- 여러분의 도망가는 창의적 천재성_엘리자베스 길버트
- 행복의 놀라운 과학_댄 길버트
- 내성적인 사람의 힘_수전 케인
- 여덟 가지 성공 비결_리처드 세인트존
- 죽기 전에 어떻게 살아야 하는가_스티브 잡스

트위터식 한 줄 정리는 다음 두 가지 이유에서 필요한 작업이다. 첫째, 청중이 기억하길 바라는 핵심 메시지 하나를 뽑아서 간단명료하게 정리할 수 있는 능력을 키우는 좋은 연습 방법이다. 둘째, 청중이 내용을 소화하기 더 쉽게 만들어준다.

인지과학 분야의 연구에 따르면 인간의 두뇌는 세세한 것에 앞서 먼저 큰 그림을 볼 필요가 있다고 한다. 존 머디나는 내게 이런 식으

로 설명했다. "카민 씨, 원시인이 호랑이와 마주쳤다고 해보죠. 그때 '저 호랑이 이빨이 몇 개지?' 같은 생각을 하는 원시인은 없을 겁니다. 그보단 이렇게 묻겠죠. '저놈이 날 잡아먹을까?'"[22] 당신의 청중도 마찬가지다. 부분에 앞서 큰 그림부터 보여주어야 한다. 어떤 생각이나 상품을 140자 이내로 요점만 추려서 말할 수 있을 때까지 연습해야 한다.

"돋보이는 생각은 모든 지식 분야에서 옵니다."[23] TED 큐레이터 크리스 앤더슨의 말이다. "삽으로 도랑을 파고 있다고 가정해봅시다. 가끔씩 도랑 밖으로 나와 큰 그림을 봐야 합니다. 도랑이 어떻게 서로 이어지고 있는지 알아야 하겠죠. 이것은 커다란 영감을 줍니다." 아마 당신에게도 깜짝 놀랄 만한 생각이 있을 것이다. 하지만 청중에게 큰 그림을 보여줘야만 한다. "도랑이 어떻게 서로 이어지는지 보여줘야죠."

TED note

트위터식 한 줄 정리를 하라. 다음번 프레젠테이션은 다음과 같은 질문을 바탕으로 준비해보자. "우리 회사, 상품, 서비스, 혹은 어떤 발상에서 상대에게 꼭 전하고 싶은 단한 가지는 무엇일까?" 한 줄 정리는 구체적이고 명확해야 한다. 그런데 한 줄 정리라기보다는 광고 카피나 표어를 더 닮은 문장을 쓰는 경우가 심심치 않게 있다. 이런 경우는 상대에게 꼭 전하고 싶은 한 가지를 여전히 전하지 못한다. 잘 쓴 한 줄 정리는 어떤 상품이나 서비스, 주장이 어떻게 차별화되고 왜 특별한지는 물론, 그것이 무엇인지를 한눈에 보여준다. 한 줄 정리는 트위터에 쓸 수 있도록 반드시 140자 이내로 한다. 이는 좋은 연습일뿐더러 실제 마케팅을 위해서도 꼭 필요하다. 트위터는 대단히 강력한 마케팅 통로이기에 '트윗 가능한' 설명을 쓰는 것이 몹시 중요하다. 그래야만 SNS를 통해 쉽게 넘나들고 기억될 수 있다.

우리는 탐험 중독자다

벤 손더스(Ben Saunders)는 트위터 프로필에 따르면 "추운 곳에서 무거운 짐을 끄는" 사람이다. 그는 홀로 스키를 타고 북극점에 도달한 사람들 중에 가장 어렸다. 모험가로서 북극을 탐험했던 그는 10주 동안 음식과 장비, (블로그를 위한) 컴퓨터 등 무려 180킬로그램의 짐을 끌고 다녔다. 기온이 영하 50도까지 내려가는 일은 흔했다. 주변 1,300만 평방킬로미터 내에 사람이 단 한 명도 없는 경우도 흔했다.

왜 그런 일을 했을까? 꼭 해야 할 이유도 없는데 말이다. 지도를 그려야 하는 것도 아니며 금이나 석탄, 하물며 음식을 찾는 것도 아니었는데 말이다. 그 이유는 탐험은 중독성이 있기 때문이다. "북극 탐험은 마약 중독과 크게 다르지 않다고 생각합니다."[24] 손더스는 런던의 TED 무대에서 말했다. "제 경험에 따르면 인간의 한계 끝자락에서 맛보는 삶에는 어떤 중독성이 있어요."

인간은 탐험할 때 흥분 상태가 되는 동물이다. 그들이 당신의 청중임을 기억하라. 손더스에 따르면 사람들은 단지 바라보고 감탄하는 걸로 만족하지 않는다. 경험하고 참여하고 시도하길 원한다. "그곳에 진짜 삶의 육즙이 흐릅니다."

손더스는 영감과 성장이 편안한 곳을 벗어날 때 온다고 말한다. "모든 인생에는 맞서야 할 눈보라와 향해야 할 북극점이 있습니다. 비유하자면 집 밖으로 조금 더 자주 나갈 때 적어도 어떤 이득이 있을 거라고 생각합니다. 우리가 용기를 모을 수 있다면 좋겠습니다."

나 역시 비유적으로 말하면, TED닷컴 동영상은 당신이 집 밖으로 나가 세계 최고의 지성들과 함께 탐험의 여정을 떠나게 한다. 문을 열고 밖을 보라. 대단한 강연의 세계가 펼쳐져 있다. 사람들 앞에서 말하는 기술을 배울 수 있을 뿐 아니라 어떤 일을 하든 더 성공할 수 있는 도구를 얻을 것이다.

▌네 번째 비밀: 내게 새로운 걸 알려줘

사람들에게 완전히 새로운 정보를 전하라. 다르게 포장하거나, 오래된 문제를 푸는 신선하고 색다른 방법을 보여주어라. 디자이너 올리버 우베르티(Oliver Uberti)는 한 TEDx 무대에서 이렇게 말했다. "영화나 만화 속 영웅들은 전부 탄생에 얽힌 이야기가 있죠. 여러분도 그렇습니다. 다른 사람의 작품을 따라 하지 마세요. 자신만의 걸작을 창조해야 합니다."

의사소통을 하는 사람들은 대부분 그들이 믿는 것보다 훨씬 더 창의적이다. 창의력을 풀어내고, 혁신적 방법으로 생각을 펼쳐낼 것을 독려하면 그들은 기꺼이 그 일을 해낸다.

Chapter
FIVE

탄성의 순간

자주 하는 레퍼토리를 또 보여주지 말지어다.
- TED 십계명 중에서

NBC 뉴스 앵커 브라이언 윌리엄스(Brian Williams)는 전쟁과 정치, 경제를 다룬다. 일반적인 뉴스에서 강연은 기삿거리가 아니다. 왜 그럴까? 강연은 매일 수백만 건씩 열린다. 여기저기서 파워포인트가 켜진다. 그러니 아무리 유명한 CEO나 지도자가 나섰다고 해도 딱히 '뉴스 속보'는 아니다.

하지만 윌리엄스는 단 한 번 예외적으로 억만장자 빌 게이츠의 2009년 2월 TED 강연을 보도했다. 게이츠는 제3세계 빈곤과 유아 사망 같은 커다란 문제들을 해결하고자 했다. 하지만 혼자서 할 수 있는 일이 아니기에 TED 무대에 올라 사람들의 참여를 이끌어낼 생각이었다. 앞서 살펴봤듯이 두뇌는 지루한 것에 관심을 주지 않는다. 이를 게이츠는 알고 있었고, 그래서 청중의 관심을 낚을 독창적 무대를 기획했다. 윌리엄스도 예기치 못하게 낚인 한 명이었다. 그는 그날 밤의 광경을 이렇게 보도했다.

> 마이크로소프트 창업자인 억만장자 빌 게이츠가 기술업계를 대표하는 인사들이 모인 자리에서 주장을 펼쳤습니다. 무대에 오른 그는 유리 단지를 열고 말했습니다. "말라리아는 모기가 옮깁니다. 여기 모기를 좀 가져왔습니다. 풀어놓죠. 단지 가난한 사람들만 감염될 이유는 없는 겁니다." 현장에서 전해온 소식에 따르면 청중은 의자에 앉아 말 그대로 얼어붙었다고 합니다. 시청자 여러분도 그랬을 겁니다. 조금 시간이 지나 게이츠는 자신이 가져온 모기에는 말라리아 병균이 없다며 사람들을 안심시켰습니다. 구호 활동 동참을 호소하기 해프닝을 벌인 겁니다. 그의 뜻은 청중에게 전해졌습니다. 게이츠와 멀린다(Melinda) 부부는 많은 액수를 기부하며 자선 사업에 헌신해왔습니다. (…) 1년에 무려 5억 명이 말라리아에 걸리기도 하는 아프리카와 아시아의 가난한 나라들에서 말라리아 박멸 운동을 벌입니다.[1]

충격적인 보도였을 것이다. 하지만 텔레비전 뉴스도 종종 틀리곤 한다. 윌리엄스의 보도도 그랬다. 게이츠는 "단지 가난한 사람들만 감염될 이유는 없다"고 하지 않았다. 그는 이렇게 말했다. "말라리아는 당연히 모기가 옮깁니다. 여기 몇 마리를 가져왔습니다. 여러분도 겪어보실 수 있도록 말이죠. 잠시 날아다니도록 풀어놓겠습니다. 단지

2009년 TED 강연에서 모기를 날려 보내고 있는 빌 게이츠

Courtesy of James Duncan Davidson/TED(http://duncandavidson.com)

가난한 사람들만 겪을 이유는 없는 겁니다."² 청중들도 의자에 앉은 채로 "얼어붙어" 있지 않았다. 그들은 환호했고 박수를 쳤다. 게이츠는 효과적으로 뜻을 전했다.

┃ 다섯 번째 비밀: 탄성의 순간

충격적인 순간, 깊은 감명과 놀라움의 순간에 사람들은 탄성을 내뿜는다. 마음이 몹시 동하고 기억에 남는 순간이다. 강연이나 발표에서 이런 순간은 청중을 몰입시킬 뿐 아니라 오래도록 기억에 남는다.

작동 원리 신경과학자들이 '감정 충만 사건(emotionally charged event)' 이라고 말하는 것은 탄성의 순간에 탄생한다. 감정이 고조된 상태다. 이는 청중이 메시지를 더 잘 기억하고, 그에 부합하는 행동을 하게 한다.

게이츠는 경솔하지 않았다. 그는 모기를 날리기 직전에 얼마나 많은 어린 생명을 현대 의약품과 백신으로 구할 수 있는지 설명했다. "한 명 한 명의 아이가 모두 소중합니다." 게이츠는 매년 수백만 명이 말라리아로 죽어간다며 강연에 감정을 불어넣었다. 그리고 마침내 청중의 뇌리에 말하고자 하는 요점을 각인시키기 위해 충격적 순간을 만들어냈다.

IT업계의 한 유명 블로거가 이렇게 제목을 뽑았다. "게이츠가 청중에게 모기떼를 날려 보냈다." 하지만 정확히 말하면 모기'떼'는 아니었다. 작은 단지에 단 몇 마리만 들어 있었다. 여하튼 강연은 소문이 났다. 구글에 이 사건을 검색해보면 50만 개의 결과가 잡힌다. 강연 동영상 조회수는 TED닷컴 기준으로 250만 건이다. 다른 웹사이트에서 연결해 시청한 조회수는 합산하지 않은 수치다.

트위터에서 게이츠의 강연을 가장 먼저 언급한 사람은 안트러프러너 앤드 패스(Entrepreneur and Path)의 CEO 데이브 모린(Dave Morin)이었다. "빌 게이츠가 방금 TED 무대에서 모기를 풀어놓았다. 그리고 말했다. '가난한 사람만 이 경험을 해야 하는 건 아니다.'" 이베이 창업자 피에르 오미디야르(Pierre Omidyar)도 트윗을 날렸다. "아, 진짜. 맨 앞줄에서 도망 나왔음." 기억에 남는 순간을 만듦으로써 당신의 메시지는 눈앞의 청중 너머로 멀리 전해지고 확산된다. 종종 지구 반대편까지 가기도 한다.

게이츠가 강연한 시간은 18분이었다. 모기 연출 부분은 총 강연 시간의 5퍼센트도 안 되었다. 하지만 지금도 사람들의 뇌리에는 모기에 대한 기억이 가장 크게 남아 있다. 사람들은 보통 강연이나 발표를 듣고 사무실로 돌아가기 전에 음료수 한잔 마시면서 얘기하고는 곧 잊어버린다. 하지만 게이츠의 강연은 휘발되지 않았고 5년이 지난 지금까지도 회자되고 있다.

이런 모기 연출 같은 것을 가리켜 언론에서는 '낚는다'고 표현한다. 탄성을 자아내고 박수가 터지는 순간이다. 관심을 갖게 해서 그들이 이야기를 읽거나 나누도록 설득하는 수사적 장치다("빌 게이츠가 모기 날리는 걸 봐야만 해"라고 친구에게 말하며 이메일로 링크를 보낼 것이다). 다음 프레젠테이션 때 모기를 날리라는 말이 아니다. 전하려는 내용을 생각하고 가장 중요한 요점을 확인하라는 얘기다. 그런 다음 그것을 전할 새롭고 색다른, 기억에 남을 만한 방법을 찾아라. 청중의 관심을 얻기 위해서는 이따금 그들을 놀라게 할 필요도 있다.

파워포인트로 발표나 강연을 준비할 때 가장 먼저 해야 할 일은 무엇일까? "파워포인트 프로그램을 띄우는 거죠"라는 대답이 들려오는 것 같다. 하지만 땡, 틀렸다. 이야기 구성을 먼저 해야만 한다. 영화감독이 촬영 시작 전에 콘티부터 짜는 것처럼 당신도 도구를 열기 전에 이야기부터 만들어야 한다. 일단 이야기가 완성되면 예쁜 슬라이드를 만들 시간은 많다. 하지만 이야기가 지루하다면 예쁜 슬라이드를 보여주기도 전에 청중은 관심을 거둘 것이다.

나는 이야기를 구성할 때 보고 만지고 느끼는 등 여러 감각을 활용하길 좋아한다. 일단 일어서서 화이트보드로 간다. 펜이나 연습장을 집어 든다. 태블릿 컴퓨터의 그리기 어플을 열거나 잠시 산책을 하며 생각한다. 두뇌의 여러 영역을 깨우는 이런저런 일들을 한다. 무엇보다 일단 우리가 자주 사용하는 프로그램(파워포인트, 키노트(Keynote), 프레지(Prezi) 등)부터 띄우고 보는 습관은 버린다. 그렇게 만든 프레젠테이션은 흥미도 영감도 주지 못한다.

파워포인트로서는 부당한 평가일지 모르겠다. 파워포인트가 나쁜 도구는 아니다. 이 도구로 우리는 대단한 발표나 강연을 할 수 있으며, 실제로 그렇게 하고 있다. 하지만 이야기가 먼저 준비되지 않으면 온갖 현란한 기법도 다 무용지물이다. 기억에 남는 이야기나 영화, 발표나 강연에는 모두 기억에 남는 장면이나 사건이 있다. 왜냐하면 아주 인상적인 경험이었기 때문이다. 이는 잘 알려진 심리학적 장치로서 학계에서 쓰는 용어도 있다.

감정 충만 사건

게이츠는 모기떼를 날려서 청중을 제대로 낚았다. 불시에 벌어진 색다르고 충격적인 일이었기 때문이다. 두뇌 연구자들은 이를 '감정 충만 사건'이라고 한다. 이 책에 소개한 다른 모든 기술처럼 이것이 효과가 있는 이유는 인간의 두뇌가 여기에 흥분하기 때문이다.

"감정 충만 사건(보통 ECS라고 하며 감정결부자극(Emotional Competent

Stimulus)의 약자다)은 계측이 가능한 외부 자극 중에서 가장 잘 처리되는 종류에 속한다. 감정 충만 사건들은 중성 기억(neutral memory)보다 우리 기억에 더 오래 붙어 있고, 대단히 정확하게 상기된다.”[3] 분자과학자 존 머디나의 설명이다.

머디나는 이것이 모두 전전두엽에 위치한 편도체와 관련이 있다고 한다. “편도체에는 신경전달물질인 도파민이 가득 차 있다. 편도체는 도파민을 마치 포스트잇을 쓰는 것처럼 사용한다. 두뇌가 감정 충만 사건을 감지하면 편도체는 도파민을 분비한다. 도파민은 기억과 정보 처리를 돕는 능력이 뛰어난데, 마치 포스트잇에 ‘이것을 기억해!’라고

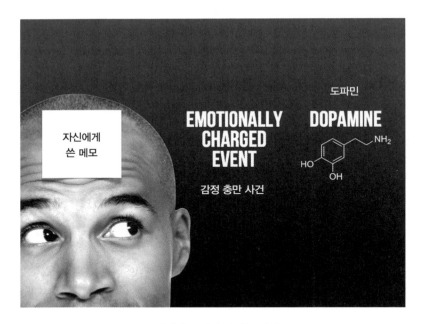

도파민이 두뇌에 미치는 영향
Created by Empowered Presentations @empoweredpres

써서 붙여놓는 것과 같다. 그렇게 뇌의 화학적 포스트잇에 기록된 정보는 더 확고히 처리된다."[4]

감정을 흥분시킨 사건은 중성 반응을 이끌어낸 사건보다 더 기억에 남는데, 이를 '섬광 기억(flashbulb memory)'이라고 한다. 주지하다시피, 2001년 9월 11일에 당신이 어디 있었는지 지금도 생생히 기억하는 데는 그만한 이유가 있다. 하지만 오늘 아침에 당신이 열쇠를 어디다 두었는지는 아마 기억하지 못할 것이다. 그 차이를 이해하라. 그러면 기억에 남는 탄성의 순간을 만들어낼 수 있다.

9.11은 기억하고 열쇠는 잊어버리는 이유

감정 충만 사건(충격, 놀람, 공포, 슬픔, 즐거움, 경이로움 등)은 경험한 일을 생생히 기억하게 한다. 아마 당신은 2001년 9월 11일에 당신이 어디에 있었는지 기억할 것이다. 테러리스트들이 여객기를 납치해 세계무역센터 빌딩에 충돌시킨 그때 말이다. 자신이 어디에 있었는지, 그때 하고 있던 일과 함께 있던 사람들, 그들의 얼굴 표정과 했던 말, 심지어는 주변에 있던 사소한 물건까지 생생히 떠오를 것이다. 9.11이 아니었다면 결코 기억하지 못했을 것들이다. 이렇듯 사람들은 생생한 사건을 기억하고, 일상적인 일들은 잊는다.

토론토대학의 심리학 교수 레베카 토드(Rebecca Todd)는 사건을 얼마나 생생히 경험하느냐가 나중에 그 사건이나 정보를 쉽게 상기하는 데 영향을 미친다는 사실을 발견했다. 그녀는 연구 결과를 〈신경과학 저널(Journal of Neuroscience)〉에 발표했다. "인간은 감정적 흥분의 대상을 일상적인 것들보다 훨씬 더 명확히 본다는 사실을 발견했다. 그것이 긍정적 자극(첫 키스, 출산, 상을 탄 일 등)이든 부정적 자극(심적 외상, 이별, 고통스럽고 수치스러운 유년기 등)이든 영향은 같다. 나아가 대상을 얼마나 생생히 인지하느냐가 나중에 그 대상이 얼마나 생생히 기억나느냐를 결정한다. 이를 '감정 증대 현저성(emotionally enhanced vividness)'이라고 한다. 마치 플래시 섬광을 터뜨리며 기억에 사진을 찍는 것과 같다."[5]

토드와 그녀의 연구진은 두뇌에서 기억 표식을 담당하는 영역인 편도체가 생생한 사건을 경험할 때 가장 활성화된다는 사실을 발견했다. 그들은 실험에서 피험자들에게 세 종류의 사진을 보여주었다. 하나는 이빨을 내보인 상어 같은 '부정적 감정 자극' 사진이었고, 다른 하나는 섹시한 이성의 모습 같은 '긍정적 감정 자극' 사진이었다. 또 다른 하나는 사람들이 에스컬레이터에 서 있는 것 같은 '중성적 장면'을 찍은 사진이었다. 연구진은 세세한 내용을 얼마나 잘 기억하는지 살펴보는 두 건의 연구를 수행했다. 연구 하나는 피험자들이 사진을 본 지 45분 만에 했고, 후속 연구는 일주일 뒤에 수행했다. "두 연구 모두에서 감정 증대 현저성 점수가 높은 사진이 더 생생히 기억되는 걸로 판명되었다."

나는 토드를 만나 취재를 하면서 이렇게 질문했다.

"사람들은 왜 빌 게이츠가 모기를 날린 걸 기억할까요?"

"감정적으로 자극되었기 때문입니다. 그것이 즐거운 일이든, 불쾌한 일이든 정확히 기억에 남게 됩니다"[6]라고 토드는 말했다. "감정적으로 흥분한 두뇌는 스트레스 호르몬뿐만 아니라 다량의 노르에피네프린(norepinephrine)을 생산합니다. 감정적 흥분이 얼마간 기억을 향상시킨다는 연구 결과가 있습니다. 또한 우리 연구진은 감정적 흥분이 사건을 더 생생히 지각하게 하며, 기억할 가능성 또한 높다는 사실을 처음으로 밝혀냈습니다. 빌 게이츠의 모기는 말라리아 병균이 있는지 없는지 모르는 참석자들에게 놀라움과 공포를 일으킨 게 분명합니다. 놀라움과 공포는 모두 자극이 강한 감정입니다."

토드는 두뇌가 중요한 사건을 일상적 일보다 훨씬 더 다채로운 방식으로 부호화(encode)한다는 사실을 발견했다. "이는 마치 해당 사건이 우리의 지각 인식에 더 생생하게 각인되는 것과 같습니다. 편도체가 일부 역할을 합니다. 대상에 감정적 중요성 표식을 다는 두뇌 영역인 편도체가 두뇌에서 시각을 담당하는 부분인 시각 피질에 얘기를 합니다. 시각 활동을 늘리라고요. 그러면 우리는 실제로 해당 사건을 더 적극적으로 받아들이게 되는 거죠."

"이런 연구가 강연이나 발표를 하는 사람에게 어떤 도움을 줄 수 있습니까? 듣는 이가 정보를 기억하고 상기하게 하는 비결은 무엇입니까?"

"청자의 감정적 반응과 이어지는 겁니다. 그러면 그들은 정보를 더 생생히 인지합니다. 덜 산만하게요. 그런 만큼 기억도 더 잘하겠죠. 구체적이고 의미 있는, 예를 들어 추상적인 요점을 분명히 해야 합니다. 시각 자료를 기술적으로 사용하고요. 아름다운 장면이든 놀라운 장면이든, 설령 역겨운 모습이라고 해도 말이죠."

두뇌는 추상적 개념을 잘 처리하지 못한다. 앞서 나는 도시바의 새로운 CT 기계 출시에 앞서 미국 법인 간부들의 발표를 준비시킨 경험을 이야기했다. 그들이 처음에 내게 해준 설명은 이랬다. "최초의 동적 대용량 CT로 초고화질 검출기가 320개 달려 있기 때문에 단 한 번의 출입구경 회전만으로도 전체 촬영 영상을 보여줍니다." 나는 이 말이 너무 추상적이라고 생각했다. "더 구체적으로 말씀해주세요. 그래서 뭐가 좋다는 거죠?" 그러자 그들은 이렇게 말했다. "뇌졸중이나 심근경색 환자에게 의사가 훨씬 짧은 시간에 더 정확한 진단을 내릴 수 있게 해줍니다. 목숨을 살릴 수 있다는 겁니다. 이렇게 말해볼까요? 우리 제품을 사용하면 식물인간이 될 사람도 집으로 돌아가서 남은 인생을 잘살 수 있습니다."

구체적이고 손에 잡히는 설명은 전하려는 내용을 명쾌하게 한다. 청중이 내용을 이해하지 못한다면 입에서 탄성이 나오게 할 수도 없다.

불편한 강연

신경해부학자 질 박사를 떠올려보자. 그녀의 TED 강연은 무려 10만 건이 넘는 조회수를 기록했다. 하지만 이것은 어떤 의미에서는 불편한 강연이기도 했다. 비위가 약한 사람은 질 박사의 강연을 보지 말기 바란다. 그녀가 TED 무대에 가지고 나온 진짜 사람의 뇌를 보려면 마음을 단단히 먹어야 한다. 이 뇌에는 약 40센티미터 길이의 척추도 달려 있다.

질 박사는 강연 2분 만에 이렇게 말했다. "사람의 뇌를 본 적이 있다면 두 개의 반구가 서로 완벽히 나뉘어 있다는 사실을 아실 겁니다. 여기 진짜 뇌를 가지고 왔습니다. 정말로 인간의 뇌입니다."[7] 그러면서 그녀는 비닐장갑을 끼고 조수가 쟁반에 받쳐 나온 두뇌를 집어 올린다. 뇌줄기(brain stem)와 척추가 대롱대롱 매달려 있다. 객석에서 탄성인지 구역질인지 모를 소리가 들려온다. "이 부분이 뇌의 앞부분이고, 뇌의 뒷부분에는 척수가 늘어져 있습니다. 우리의 머리 안에 이렇게 위치해 있습니다." 질 박사는 이 신체 기관을 모두가 볼 수 있도록 손에 든 채로 말했다.

질 박사는 좌뇌와 우뇌가 우리 머리에 어떻게 들어 있으며, 어떻게 일하고 정보를 교환하는지 설명했다. 많은 청중이 옴죽거렸다. 불안하게 다리를 떨거나 구역질 시늉을 하거나 입술을 깨물기도 했다. 하지만 그들의 눈동자는 초롱초롱했다. 더러는 손으로 입을 막고 있는 이들도 있었지만 많은 이들이 질 박사의 무대를 조금이라도 더 보기 위해 목을 바짝 뺐다. 뺨에 검지에 댄 자세로 강연에 푹 빠진 이들도 있었다.

그들은 정말로 강연과 하나가 되었다. 실제 사람의 두뇌를 보는 건 다소 불편한 경험이었겠지만 그들의 감정은 흥분했고, 따라서 강연에 깊이 몰입했다. 그들은 정말로 집중했다. 고등학교와 대학에서 이처럼 감정이 충만한 '끈적한' 수업이 이루어진다면 학생들은 배운 내용을 더 잘 기억할 것이다.

실제로 질 박사는 2013년 TEDx 유스 무대에서 다시 진짜 사람의 두뇌를 선보였다. "이것은 진짜 두뇌입니다. 이 두뇌를 볼 때면 저는 우리가 신경회로라는 사실을 떠올립니다. (…) 우리는 인간의 두뇌에 대해 과거보다 더 많은 사실을 알게 되었습니다. 여러분이 태어난 이후인 지난 10~20년 동안 신경과학자들의 연구 덕분에 이제 우리는 두뇌에 대해, 그리고 두뇌와의 관계에 대해 완전히 다르게 생각하게 되었습니다."[8]

질 박사가 손으로 두뇌를 붙잡고 얘기한 탓에 청중의 시선은 고정되었다. 그들은 그녀가 손에 든 무대 소품뿐만 아니라 그녀의 말에도 더 생생하게 집중했다. 이런 상태에서 학생들은 대개 기본 주제와 핵심 교훈도 잘 받아들이는 경향이 있다. 10대 청소년의 두뇌는 여리다. 하지만 그들에게는 사고를 선택할 능력도 있다. 이는 긍정적이거나 부정적인 심리적 반응을 촉발한다. "여러분의 두뇌도 똑같이 생겼습니다. 이런 장비를 머리에 장착한 거죠. 여러분의 도구입니다. 그리고 여러분의 힘입니다." 질 박사의 결론이었다. 16분 동안 그녀는 학생들에게 기억에 남는 강연을 전개했다. 아마도 학교 수업과는 비슷한 듯 많이 달랐을 것이다.

앞서 짚은 원래의 요점으로 돌아가자. 우리는 왜 9.11 같은 충격적인 사건은 세세한 것 하나까지 다 기억하면서 열쇠는 어디에 두었는지 잊어버리는 것일까? 왜 질 박사의 두뇌나 게이츠의 모기는 기억하면서 평소에 보는 파워포인트 발표는 99퍼센트 잊어버리는 것일까? 두뇌는 감정적으로 생생하게 각인된 사건은 잘 기억하지만 일반적이고 일상적인 것들은 무시한다. 따라서 도토리 키 재기와도 같은 프레젠테이션 경쟁에서 도약하고 싶다면 듣는 이의 감정을 흥분시켜야만 한다.

"두뇌는 경험의 다른 어떤 측면보다도 감정적 요소를 잘 기억한다."

– 존 머디나, 분자생물학자이자
《브레인 룰스(Brain Rules)》의 저자

탄성을 자아내는 프레젠테이션의 비밀

스티브 잡스는 감정적으로 충만한 사건을 만들 줄 아는 대표적인 인물이다. 탄성을 자아내는 프레젠테이션의 제왕인 그는 항상 유용한 정보와 통찰, 재미를 제공한다. 볼거리 가득한 프레젠테이션은 브로드웨이 무대가 부럽지 않다. 영웅과 악당이 나오며, 소품과 등장인물이 있다. 그리고 생생한 기억을 남길 결정타 한 방이 준비되어 있다. 발표장을 찾은 시간과 비용이 아깝지 않게 해준다. 파워포인트나 키노트 같은 컴퓨터 프로그램이 나오기 전, 심지어 TED가 대박을 치기 전에도 잡스는 TED 같은 프레젠테이션을 하고 있었다. 청중은 목을 빼고 그의 말에 귀를 기울였다.

1984년 디엔자칼리지(De Anza College)의 플린트센터(Flint Center)에 2,500명이 넘는 사람들이 모였다. 직원과 연구원, 기자들이었다. 컴퓨터 사용의 개념을 바꿀 혁명적 제품, 즉 매킨토시의 출시 현장이었다. 제품 발표는 16분 동안 이루어졌다. 이 발표는 유명 CEO가 직접 나선 아주 극적인 기업 프레젠테이션 사례로서 지금까지도 회자된다.

잡스는 먼저 새로운 컴퓨터의 성능과 사양을 사진을 곁들여 설명했다. "이처럼 대단한 성능을 지닌 컴퓨터의 크기와 무게가 IBM PC의 약 3분의 1에 불과합니다."[9] 대부분의 발표자는 이쯤에서 제품의 판매 시기와 가격대를 알려주며 마무리한다. 하지만 잡스는 예상 밖의 준비로 사람들의 탄성을 자아냈다.

"여러분은 방금 매킨토시의 사진을 보셨습니다. 이제 실물을 보여드리죠. 이제부터 대형 스크린을 통해 보게 될 화면을 모두 이 가방 안에 든 제품이 구현할 겁니다." 잡스는 무대 중앙의 작은 탁자로 걸어갔다. 탁자 위에는 검은색 천가방 하나가 놓여 있었다. 그는 1분 정도에 걸쳐 천천히 말 한마디 없이 가방을 열어 매킨토시를 꺼내 놓은 다음, 주머니에 있던 플로피디스크를 조심스레 컴퓨터에 밀어 넣고는 원래 자리로 돌아왔다. 조명이 어두워졌다. 영화 〈불의 전차〉의 주제곡이 흐르면서 다양한 화면이 스크린을 채웠다. 특히 글꼴과 그림 구현은 그때까지 개인용 컴퓨터에서 불가능했던 것이었다.

사람들은 환호하고 소리치며 박수를 보냈다. 이 정도에서 끝냈어도 기억에 남는 대단한 프레젠테이션일 터였다. 하지만 잡스는 절제가 미덕인 사람이 아니었다. 그는 마지막까지 청중을 휘어잡을 탄성의 순간을 하나 더 준비했다. "매킨토시가 여러분께 첫인사를 하고 싶답니다." 그러자 곧바로 매킨토시에서 디지털 음성이 흘러나왔다. "처음 뵙겠습니다. 매킨토시라고 해요. 저 가방에서 나왔더니 살 것 같네요. 이렇게 많은 분들 앞에서 말하는 건 서툴지만 IBM 컴퓨터 본체를 본 제 생각을 말씀드리려고 합니다. 손으로 들 수 없는 컴퓨터는 절대 믿지 마세요."

이 행사 동영상의 유튜브 조회수는 300만 건을 훨씬 넘겼다. 깊은 인상을 남긴 뜻밖의 특별한 순간이었다. 그날 행사장에 있던 사람들과 나중에 이것을 본 수백만 명에게는 지우기 힘든 감정 충만의 기억이 새겨졌다.

스티브 잡스는 1984년 매킨토시 출시 이후로도 극적인 프레젠테이션을 이어갔다. 그는 신제품 출시 때마다 항상 더 세련된 형태로 탄성의 순간을 만들었다. 그 덕분에 많은 모범 사례가 쌓였으니 우리에게는 고마운 일이다. 관련 동영상 대부분은 유튜브에서 볼 수 있다. 다음 몇 가지 사례를 통해 스티브 잡스가 어떻게 탄성의 순간을 창조했는지 살펴보자. 당신도 유용한 아이디어를 많이 얻으리라 믿는다.

"우리는 그들이 천재라고 생각합니다"

1997년 스티브 잡스는 애플에 복귀했다. 12년 만이었다. 복귀 이후 처음으로 선 공개 발표 무대에서 그는 마지막 2분여를 남기고 말하는 속도를 늦췄다. 그리고 목소리를 낮춰 이렇게 말했다. "애플컴퓨터를 구입한 사람들은 약간 다르게 생각하는 사람들입니다. (…) 그들은 이 세상에서 창의적 정신의 소유자들입니다. 그들의 목표는 단지 일을 끝내는 게 아니라 세상을 바꾸는 겁니다. 손에 쥘 수 있는 온갖 도구로 세상을 바꾸려고 합니다. 우리는 그들을 위한 도구를 만듭니다. (…) 세상 사람들은 미쳤다고 할지 모르지만 우리는 그들이 천재라고 생각합니다. 그리고 그들을 위한 도구를 만들고 있습니다."[10]

이처럼 진심 어린 말 한마디가 결정타가 되기도 한다. 슬라이드, 무대 소품, 동영상에 의존하지 않은 당신의 오롯한 힘이다. Chapter 1의

내용을 떠올리면 이는 다음 질문에 대한 대답만큼이나 쉬울 수 있다. '무엇이 내 가슴을 뛰게 하는가?'

주머니 속 1,000곡

2001년 애플은 아이팟(iPod)을 출시했다. 이 MP3 플레이어가 시장에 최초로 소개된 휴대용 음악 재생 장치는 아니었다(소니 워크맨을 기억하는가?). 컴퓨터에서 음악을 빠르게 전송하지만 그 자체가 탄성의 순간은 아니었다. 잡스는 제품의 크기에 초점을 맞추기로 했다.

"아이팟의 특장점은 뭘까요?"[11] 그는 청중에게 물었다. "휴대성이 정말 뛰어나다는 겁니다. 아이팟은 트럼프 카드 한 벌 크기입니다. 작죠. 여러분의 주머니 속 휴대폰보다도 가볍습니다. 하지만 이게 다가 아닙니다. (…) 이 놀라운 기계는 노래 1,000곡을 담습니다. 그리고 여러분 주머니에 쏙 들어갑니다. 굳이 말씀드리자면 저도 하나 가지고 있어요." 잡스는 청바지 주머니에서 아이팟을 꺼냈다. 노래 1,000곡을 담고 주머니에 쏙 들어가는 세계 최초의 제품이었다.

잡스는 통계 수치로도 탄성과 갈채를 이끌어내곤 했다. 통계 수치를 새롭고 색다른 방식으로 제시해서 듣는 이가 잘 기억하도록 하는 것이다. 애플의 다른 임원들도 그의 모범을 따랐는데, 마케팅 이사 필 실러(Phil Schiller)도 그중 한 명이었다. 그는 아이패드 미니(iPad Mini)를 처음 소개하면서 이 제품이 "두께 7.2밀리미터로 얇다"며 "아이패드 4세대보다 약 4분의 1이 더 얇다"고 했다. 하지만 숫자를 기억할 사람이 그리 많지 않다는 것도 알았다. 그래서 이 사양을 설명할 새롭고 색다른 방식을 모색했다. "이를테면 연필만큼 얇다는 겁니다." 슬라이드 화면의 아이패드 미니 옆으로 연필이 나타났다. "무게도 단 308그램에 불과합니다. 기존 아이패드보다 50퍼센트 이상 가벼워졌습니다. 이를테면 메모장 하나 무게밖에 안 됩니다. 화면 크기는 책과 비슷합니다만 책보다 훨씬 가볍습니다!"

나는 이 행사를 취재한 블로거들과 이야기를 나누었다. 대부분은 이 태블릿 컴퓨터의 상세한 사양을 기억하지 못했으나, 연필과 메모장 부분만은 기억했다. 숫자에 대한 새롭고 색다른 접근법이 감정 충만 사건을 만든 것이다.

세 가지 제품이 하나로

2007년 스티브 잡스는 아이폰을 내놓았다. 사람들을 놀래키는 것은 감정 충만 사건을 만드는 하나의 요소다. 잡스도 그걸 알았다. 그는 청중에게 애플이 신제품 세 종을 출시할 것이라고 했다. "첫 제품은 대화면 아이팟입니다. 터치스크린 방식이고요. 그다음 제품은 혁명적인 휴대폰입니다. 마지막 제품은 지금껏 없던 인터넷 통신 기기입니다."[12] 그는 세 가지 제품을 반복해서 말하고 질문했다. "아이팟, 휴대폰, 인터넷 통신기. 아이팟과 휴대폰, 감이 안 오세요? 별도의 세 가지 제품이 아닙니다. 하나의 제품입니다. 이름은 아이폰입니다."

청중은 박수를 치며 일어났다. 왁자지껄한 환호가 이어졌다. 이 프레젠테이션은 내가 감정 충만 사건으로 손꼽는 사례다. 기억에 남는 순간을 만들기 위해 연기력을 발휘하거나 반드시 무대 소품을 공들여 준비해야 하는 것은 아님을 말해주기 때문이다. 때로는 전하려는 내용을 창의적으로 잘 비트는 것만으로도 충분하다.

청중이 넘어오는 순간은 언제인가

감정 충만 사건, 즉 탄성의 순간은 청중이 '넘어오는 순간'이기도 하다. 강연이나 발표에서 듣는 이가 요점을 납득하고 탄성과 함께 '아, 그렇구나!'라고 혼잣말하는 때다. 그들이 나중에 가장 먼저 떠올릴 순간이며, 여기에 관해 다른 사람에게 말할 때도 절대로 빼놓지 않을 이야깃거리다. 넘어오는 순간이라고 해서 그렇게 대단해야 할 필요는 없다. 짤막한 개인적 일화처럼 간단한 것이어도 좋다. 다음은 이 넘어오는 순간을 만드는 데 즉시 응용할 수 있는 다섯 가지 방법이다 (모두 TED 강연의 실제 사례다).

무대 소품과 시연을 준비하라

마크 쇼(Mark Shaw)는 울트라에버 드라이(Ultra-Ever Dry)를 발명했다. 어느 표면에나 바르면 액체를 튕겨내 건조한 상태를 유지하는 획기적인 제품이다. TED 2013에서 쇼는 울트라에버 드라이의 초소수성 나노기술 코팅을 시연했다. 그는 이것이 대부분의 액체를 방패처럼 막아준다고 했다.

쇼는 빨간색 페인트 한 통을 화이트보드 칠판에 쏟아부었다. 그러자 페인트가 흘러내리며 글자들이 드러났다. 울트라에버 드라이로 영어 대문자를 커다랗게 써둔 것이었다. 청중은 천천히 T라는 글자를 보았고, 이어서 E와 D도 드러났다. 'TED'였다. 청중은 환호하며 자리에서 일어났다. 쇼의 멋진 시연은 기억에 남았다. 특별한 방식으로 청중과 이어진 것이다. 절대로 잊지 못할 시연이었다.

나는 미국 에너지국 산하의 한 연구소에서 핵과학자들을 도왔던 적이 있다. 그때 핵과학과 관련된 두 가지 사실을 배웠다. 첫째, 핵 기술보다 복잡한 것은 없다. 따라서 아무리 복잡하거나 기술적인 내용도 핵 기술보다 설명하기가 힘들지는 않다. 둘째, 미국의 핵 연구소들은 핵 자원의 안정성 보호 말고도 훨씬 많은 일을 한다. 세계 기후 변화, 핵 확산 방지, 청정에너지, 테러 방지 대책 등의 분야에서 중요한 연구를 수행하고 자료를 만들어낸다.

연구소는 연구비를 지원받기 위해 국회의원들 앞에서 발표를 해야 했다. 나는 발표를 맡은 연구원들이 내용 구성과 진행을 잘할 수 있도록 조언해주었다. 연구 중에는 차세대 무기와 관련된 것도 있었다. 예를 들면 악당들이 있는 방까지 원격 조종해서 터뜨릴 수 있는 이동식 무기 같은 것이었다. 그렇게 하면 악당들을 제거하면서도 옆에 있는 방들이나 인접한 가옥, 건물에는 피해를 입히지 않는다. 사용에서 이견이 있을 수 있는 무기다. 하지만 테러리스트 같은 악당을 제거하고 무고한 생명을 구할 수 있는 기술이기도 했다.

과학자들은 감정 충만 사건이 있는 발표를 하기로 했다. 그들은 발표장 바닥에 테이프로 두 줄을 표시했다. 그러고는 발표 중에 바닥을 가리키며 이렇게 말했다. "○○미터 안에 계신 분은 모두 제거된 셈입니다. [구체적인 살상 반경은 나도 알 수 없는 군사 기밀이었다.] 하지만 둘째 줄 너머에 계신 분들은 털끝 하나 다치지 않았을 겁니다." 나는 그 발표를 직접 보지는 못했다. 하지만 현장에 있었던 국회의원들은 모두 탄성의 순간을 경험했으리라고 확신한다. 적어도 연구 재정은 따냈으니 말이다.

발표나 강연에 소품이 필요할까? 답부터 말하자면 없는 것보다는 있는 게 낫다. 다음 사례를 살펴보자.

나는 농업 분야의 기업에도 많은 자문을 한다. 그래서 지속 가능성이나 식품 매개 질병의 예방 같은 문제에 관해 일반인들보다 많이 안다. 미국의 주요 농산물 생산자들과 다양한 작업을 해온 덕분이다. 한 농업 관련 회사가 농산물의 원산지 추적 관리를 돕는 제품을 출시했다. 제품의 외관은 초록색 상자였다. 여기에 원산지 추적을 수행하는 온갖 기술과 도구가 들어 있었다. 회사는 농업 공동체들에 제품을 본격적으로 알리기 위한 발표회를 준비했다. 나도 그 과정을 도왔다. 그러다 뭔가가 없다는 사실을 깨달았다. 그래서 이렇게 물었다. "초록색 상자를 발표 중에 무대에 올릴 겁니까?" "아뇨, 그런 생각은 안 했는데요. 파워포인트 슬라이드로 갈음할 계획입니다."

많은 사람들이 발표나 강연을 준비하면서 '그런 생각은 안 하는' 일이 너무 잦다. 무대소품으로 핵심 내용을 강조함으로써 효과를 볼 공산은 매우 크다. 소품 아이디어를 외부인의 조언에서 얻는 경우도 적지 않다. 그러니 당신이 말할 내용을 친구나 동료에게 알려주고 의견을 구하길 망설이지 말라. 생각과 생각이 엮이고 섞일 때 좋은 발상이 나오는 법이다.

뜻밖의 충격적 수치를 제시하라

인기를 끈 TED 강연은 자료와 통계, 수치로 이야기의 주제를 뒷받침한 경우가 많다. 프레젠테이션이 듣는 이의 결정에 영향을 주려면 그렇게 해야만 한다. 하지만 TED 강연자들 중에는 다소 충격적인 것 이상의 수치를 밝힌 이들도 있었다. 다음을 살펴보자.

- "지금 미국은 40년 전과는 완전히 다릅니다. 1972년에는 30만 명이 감옥에 수감 중이었습니다. 오늘날은 230만 명입니다. 미국의 투옥률은 이제 세계 최고입니다."_브라이언 스티븐슨
- "우리는 왜 바다를 무시합니까? 우주를 탐사하는 NASA의 1년 예산이 바다를 탐사하는 NOAA의 1,600년 치 예산과 맞먹습니다."_로버트 밸러드
- "일반인 100명 중 한 명이 사이코패스입니다. 이 강연장에 모두 1,500분이 계시죠? 그러면 그중 15명이 사이코패스입니다."_존 론슨

통계를 새롭고 색다른 방식으로 전달할 때 종종 탄성의 순간이 터진다. Chapter 1에서 만났던 캘리포니아딸기협회장을 다시 만나보자. 딸기는 캘리포니아 주의 주요 작물이다. 하지만 대부분의 캘리포니아 사람들이 그 사실을 모른다. 딸기밭이 있는 동네에 사는 사람들조차도 그렇다.

캘리포니아 주는 미국에서 소비되는 딸기의 90퍼센트를 생산한다. 딸기 재배는 지역사회를 부유하게 한다는 점에서 중요하다. 캘리포니아 농지에서 딸기밭은 단 0.5퍼센트에 불과하지만 캘리포니아 농업 일자리의 10퍼센트를 만든다는 것이 그 협회장의 설명이었다. 그는 다시 캘리포니아의 한 카운티를 예로 들면서 딸기밭 노동자의 원천징수 액수가 그곳의 초등학교 교사 임금을 다 합친 액수와 같다고도 했다. 또, 딸기농장 일꾼은 소매점 직원보다 평균임금이 높다. 이런 통계는 딸기 산업이 캘리포니아 경제에 얼마나 중요한지를 설명한다.

하지만 구체적인 비교 없이 숫자만 나열했더라면 별다른 감흥이 없었을 것이다. 그에게 이런 통계는 새로운 정보가 아니다. 하지만 그가 영향을 주어야 하는 사람들(소비자, 언론, 소매업자, 협력업체)에게는 새로운 정보다.

TED note

통계로 청중을 흔들 수 있다. 설득을 하려면 상대의 머리와 가슴에 닿아야 한다. 즉, 논리와 감정에 호소해야 한다. 그러기 위해서는 주장을 뒷받침할 증거와 자료, 통계가 필요하다. 수치를 청중이 관심을 가질 만한 문맥에 넣어 의미 있고 기억에 남는 탄성의 순간을 만들어라. 통계라고 해서 지루할 이유는 없다. 조언을 하자면 숫자만 있는 자료는 사실상 무의미하다. 문맥에 넣어야 한다. 만일 당신에게 굉장한 의미가 있거나 깜짝 놀랄 만한 수치나 자료가 있다면 이를 어떻게 포장해서 듣는 이의 관심을 끌지 고민해야 한다. 팀원들과 협력하라. 통계를 최고로 잘 포장하기 위해서는 브레인스토밍이 도움이 될 수 있다.

그림, 사진, 동영상을 활용하라

화가 라그하바 KK(Raghava KK)는 작품 활동에 자신의 뇌파를 실시간 활용한다. TED 무대에 오른 그는 두뇌 활동을 읽는 장비인 생체자기제어(biofeedback) 헤드셋을 쓰고 있었다. 헤드셋은 컴퓨터와 연결되어 있고, 컴퓨터는 스크린 화면에 사진을 내보냈다. 그러자 할머니의 얼굴이 나타났다. 라그하바가 애정을 담아 '모나리자 2.0'이라고 부르는 작품이다. 화면 가장자리에는 그의 뇌파 활동이 나타났다. 현장 시연을 하는 라그하바의 정신 상태(주목하고 사색하고 집중하는 등)가 드러났고, 이것은 할머니의 얼굴 표정이 바뀌는 방식으로 반영되었다. "제가 차분하면 할머니도 차분하고, 제가 스트레스를 받으면 할머니도 스트레스를 받죠."[13] 아니나 다를까, 뇌파나 정신 상태가 바뀌면서 화면 속 할머니는 웃음을 잃고 점점 인상을 쓰더니 마침내 다시 웃는 얼굴이 되었다.

시각적 효과는 먹힌다. 호기심을 유발하는 슬라이드, 재미나 통찰이 담긴 동영상, 멋진 무대 시연 등은 전부 색다른 요소다. 시각적 효과는 청중과 함께 가속 페달을 밟을 수 있는 중요한 도구다.

기억에 남는 한 문장을 말하라

미래학자인 스튜어트 브랜드(Stewart Brand)는 롱비치에서 열린 TED 2013 행사에서 청중에게 대담한 예측을 했다. 생명공학의 발전 속도가 디지털 기술보다 네 배 빠르다는 것이었다. 이 말은 멸종한 동물을 살려낼 수 있다는 얘기라고 브랜드는 말했다. "털북숭이 매머드를 실제로 보게 된다는 겁니다."

'털북숭이 매머드를 실제로 보게 된다.' 기사에 쓰기 좋은, 짧고 자극적인 문장이다. 언론계에서는 이를 '선정적 인용구(sound bite)'라고 한다. 이런 문장은 트위터에서 리트윗되고 페이스북에 포스팅되기 적합하다. 한마디로, 헤드라인으로 뽑기에 그만이다. 언론계에 있을 때나 역시 먹히겠다 싶은 말들은 따로 챙겼다. 실제로 브랜드의 예측은 트위터 같은 소셜 미디어에서 난리가 났다. 내셔널지오그래픽 채널이 리트윗한 영향이 컸다.

언론 인터뷰 연습 과정에서 인용구는 아주 중요하다. 뽑아 쓸 만한 말을 해야 신문과 방송 뉴스에서 다뤄준다. 게다가 오늘날 소셜 미디어 환경에서 인용구는 그 중요성이 점점 더 커지고 있다. 관건은 커다란 생각을 담은 메시지를 간단명료하게 다듬는 것이다. 눈에 확 들어오는 선정적 인용구가 트위터나 페이스북, 링크드인(LinkedIn) 같은 SNS 플랫폼을 통해 전파되며 재생산되도록 유도하는 것이 정말로 중요하다.

TED는 이런 인용구의 중요성을 인지하고, 강연 후 회자되는 문구들만 모아놓은 TED닷컴 메뉴를 만들고 트위터 계정(@TEDQuote)을 운영한다. 그중 몇 개를 살펴보면 다음과 같다.

- "틀려도 좋다는 각오가 없으면 어떤 독창적 생각도 나오지 않습니다."_켄 로빈슨 경
- "생각이 뛰어난 것과 말을 잘하는 것은 아무런 관련이 없다."_수전 케인
- "그렇게 할 수 있을 때까지 그런 척 말고, 실제로 그런 사람이 될 때까지 그런 척하라."_에이미 커디
- "성공한 아프가니스탄 소녀들 뒤에는 대부분 딸의 성공을 자신의 성공으로 여기는 아버지가 있습니다."_사바나 바시즈-라지크
- "숫자라는 음표로 쓴 교향곡이 이 우주입니다."_애덤 스펜서

TED.com/quotes를 방문하면 더 많은 인용구를 볼 수 있다. 강연자들의 인용구는 2,000개가 넘는다. 인용구를 검색하거나 분야별로

찾아볼 수 있으며 인기 인용구만 따로 추려놓기도 했다. 옮길 만한 인용구는 메시지 전달에서 몹시 중요하다. 그래서 TED닷컴은 실제로 강연에서 기억에 남는 인용구들을 골라내려 노력한다. 온라인 유입을 꾀하기 위해서다.

사람을 꼬드겨라. 옮길 만한 인용구를 잘 다듬어 전달하라. 당신의 생각은 기억될 가치가 있다.

개인적 이야기를 하라

앞서 나는 Chapter 2를 통째로 스토리텔링에 할애했다. 하지만 여기서 다시 이야기에 관한 이야기를 꺼낼 수밖에 없다. 그 이유는 개인적 이야기가 강연이나 발표에서 종종 탄성의 순간을 만들어내기 때문이다. 프리먼 라보스키(Freeman Hrabowski)도 자신의 뜻을 널리 알리기 위해 이야기를 사용한다. 미국 볼티모어 소재 메릴랜드대학교의 총장인 그는 소수자와 저소득층 학생들이 대학원에서 과학과 기술을 공부하도록 북돋았다. 미국의 대표적인 텔레비전 시사 프로그램 〈60분(60 Minutes)〉에 출연했으며 〈타임〉이 선정한 가장 영향력 있는 인물로 꼽히기도 했다.

2013년 2월 라보스키는 TED 무대에 올라 이야기로 청중을 홀려버렸다. 학생들의 성공담과 함께 본인의 개인적 변화에 관한 이야기였다. 그는 열두 살 때 겪었던 한 사건으로 말문을 열었다. 그 사건은 그를 거듭나게 만든 경험이기도 했다.

한번은 주일 예배에 갔어요. 교회 가는 걸 엄청 싫어했죠. 그런데 이런 설교 말씀이 들리는 거예요. "이곳 버밍엄의 평화로운 시위에 아이들도 참가하게 한다면 아이들도 옳고 그름을 알며 아이들 스스로도 정말 좋은 교육을 받고 싶어 한다는 것을 전국에 보여줄 수 있습니다." 전 고개를 들고 "저 분이 누구예요?"라고 물었어요. 그랬더니 아, 글쎄 마틴 루터 킹 목사님이라는 거예요. 그래서 부모님께 졸랐어요. "나도 시위할래요." 하지만 절대로 안 된다는 답을 들었죠. 그래서 부모님과 싸우다가 이렇게 말했어요. "엄마 아빠 위선자야. 억지로 교회에 데려가서 설교를 듣게 해놓고서는 목사님이 시위에 참가하라니까 그건 안 된다고?" 부모님은 밤새 고민하셨어요. 두 분은 언성을 높여 싸우시기도 했고, 또 기도하고 생각하셨죠. "이 열두 살짜리 아이를 시위에 참가하게 해야 하나요? 아마도 감옥에 갈 텐데요." 결국 부모님은 허락하셨어요. (…) 감옥에 있는데 킹 목사님이 오셔서 이렇게 말씀하셨죠. "지금 너와 같은 어린이들이 한 일 덕분에 아직 태어나지 않은 아이들이 좀 더 좋은 세상에서 살게 될 거란다."[14]

소통에 능한 사람은 좋은 이야기꾼이다. 이야기는 충격의 순간을 만든다. 감정적 충격이 전부가 아니다. 앞서 Chapter 2에서 배웠듯이 잘 전달된 이야기는 말하려는 주제에 힘을 더해서 사람들의 마음에 새겨지게 한다.

리더들을 돕는 소통 전문가로서 나는 그들에게 항상 방어를 풀라고 독려한다. 화자와 청자 사이의 방벽을 부수고, 그들이 가지고 있는 것을 전하기 위해서다. 이는 청중이 자신을 다른 관점에서 보도록 돕는다. 한번은 세계적인 기술회사 인텔의 한 여성 임원을 도운 적이 있었다. 그녀는 가난한 아프리카계 미국인 가정에서 5남매와 함께 자랐다. 과학과 수학을 좋아한 소녀는 커서 엔지니어가 되었다. 하지만 이야기는 여기서 끝이 아니었다. 집안의 여섯 남매가 어려운 환경을 극복하고 모두 엔지니어로 성공한 것이다. 그녀가 이야기를 끝냈을 때 동료들은 눈물을 글썽였다. 새로운 정보에 정말로 마음이 움직인 것이었다. 물론 그녀에게는 새로운 이야기가 아니었다. 하지만 다른 이들에게는 새로운 이야기였다.

결정타를 날려라

이 책을 쓰느라 복잡해진 머리도 식힐 겸 나는 아내와 인기 가수 핑크의 공연을 보러갔다. 나는 핑크의 노래를 좋아한다. 공연도 나쁘지 않을 거라고 생각했다. 즉, 나는 평범한 수준의 공연을 기대했다. 하지만 핑크는 뛰어난 TED 강연자들과 같은 무대를 선보였다. 그녀는 흔한 공연을 재탕하지 않았다. 콘서트가 끝나갈 때쯤 황금빛 쫄쫄이 의상을 입고 나타난 핑크는 와이어를 타고 마치 팅커벨처럼 날아올라 공연장 이쪽 끝에서 저쪽 끝까지 날아다니면서 자신의 대표곡 하나를 열창했다. 그녀는 1만 7,000명 관중으로 가득했던 공연장 여기저기에 만들어둔 착지 장소에 내려앉아 몇 분간 팬들을 가까이서 만난 뒤 다시 다른 곳으로 날아갔다.

〈할리우드 리포터(Hollywood Reporter)〉는 이것이 결정타였다고 썼다. "시작은 여느 가수의 공연과 같았다. 노래하고 춤을 추는 평범한 전개가 이어졌다. 하지만 앙코르 곡으로 〈소 왓(So What)〉을 부르면서 분위기는 열광의 도가니로 바뀌었다. (…) 핑크의 곡예는 관중을 깜짝 놀라게 했다. 다들 넋을 놓고 쳐다보거나 휴대폰 카메라를 꺼내서 그 모습을 담았다."

핑크의 공연에서 관중을 놀라게 만든 이 장면은 가수와 관중이 함께 화려한 대미를 장식하기 위해 고안되었다. 결정타는 모두에게 필요하다. 가수와 배우, 그리고 무대에 서는 모든 사람에게 말이다. 발표자와 강연자도 마찬가지다. 결정적인 강조는 멋진 마무리를 약속한다. 그리고 전하려는 내용을 마음에 깊이 새긴다.

앞서 보았듯이 결정타는 짧막한 개인적 이야기처럼 간단한 것이어도 된다. 나는 세계적 석유-에너지 기업의 사업개발 책임자와 함께 회의실에 있었다. 회사의 연례총회에서 그의 연설이 예정되어 있었기 때문이다. 전 세계에서 직원들이 모일 터였다. 그쪽 직원과 내가 연설문을 만들었다. 그 임원은 확실한 정보로 작년의 결과를 논한 뒤 미래에 대한 긍정적 전망을 주었다. 이를 간단명료하게 다듬어 기억에 남도록 이야기 구조에 넣는 것이 우리의 일이었다. 하지만 여기에는 탄성의 순간이 없었다.

그래서 나는 이렇게 물었다. "회사에 대한 열정이 대단하시던데요, 특별한 이유가 있습니까? 발표 내용과 파워포인트 작성 같은 문제는 제쳐두고 그냥 말씀해보세요. 진심으로요." 그러자 놀라운 일이 벌어졌다. 그는 잠시 입을 다물고 생각하더니 주머니의 지갑에서 명함을 꺼냈다. "카민 씨, 이 명함이 문을 열어줍니다. 이것이 있었기에 여러 나라의 총리와 대통령들을 만났죠. 하지만 그들 나라의 가장 소중한 에너지 자원을 지켜주는 건 우리 임직원의 헌신입니다. 이런 노력 덕분에 문이 다시 닫히지 않는 겁니다."

임원의 눈이 빨개졌다. 눈물이 흘러내렸고 목소리는 갈라졌다. "러시아로부터 발트 해 탐사 계약[320억 달러 가치]을 따냈을 때 러시아 대통령이 제게 이렇게 말하더군요. '러시아의 아주 소중한 자산에 접근할 수 있도록 해드린 이유는 귀사가 이것을 보호하리라고 믿어서입니다.' 사업 동반자들은 우리 회사를 신뢰합니다. 진실한 비즈니스를 하기 때문입니다. 내 평생에 이보다 더 자랑스러운 조직에 몸담아본 적은 없었어요."

회의실에 있던 모두가 탁자를 사이에 두고 서로를 바라보았다. 임원은 말을 끝내고 나서도 여전히 가슴이 먹먹한 것 같았다. 우리도 그랬다. 잠시 어색한 침묵이 이어졌다. 마침내 내가 조용히 물었다. "이런 얘기를 공개적으로 해보신 적 있으십니까?" "그럴 리가요." "그럼, 해보시죠."

회사 총회 당일에 그는 수천 명의 직원 앞에서 연설을 했다. 그리고 마지막으로 지갑에서 명함을 꺼내 회의실에서 우리에게 했던 이야기를 반복했다. 나는 그가 연설을 하며 다시 감정에 북받치리라고는 생각하지 않았지만 예측은 빗나갔다. 직원들은 회사를 이끄는 리더의 다른 면을 보았고 기립 박수로 화답했다. 함께 눈물을 흘리는 직원도 있었다. 한 직원은 그에게 다가가 이렇게 말했다. "우리 회사에서 일하는 게 자랑스러워요."

몇 주 후 우리는 직원들에게 작성을 부탁했던 설문을 검토했다. 그 임원은 아주 후한 점수를 받았다. 회사의 긴 역사를 통틀어 가장 높은 점수였다. 이제 그는 발표나 연설을 할 때면 항상 결정타를 고민한다. 이야기, 동영상, 시연, 깜짝 손님, 혹은 간단한 개인적 일화를 넣어라. 모든 전술은 결과를 만든다.

▎다섯 번째 비밀: **탄성의 순간**

발표나 강연을 할 때 탄성의 순간을 적어도 한 번은 만들어라. 사람들이 다음 날에도 이야기할 감정 충만 사건을 만들어야 한다. 이는 빠뜨려서는 안 될 필수 요소다. 듣는 이의 마음에 강한 인상을 남길 수 있다면 발표나 강연 내용도 더 잘 와 닿을 것이다.

Chapter
SIX

진솔한 유머

유머 감각이 있는 사람은 지난 세기 내내 인기가 좋았다.
—로드 A. 마틴(Rod A. Martin), 심리학자

TED 강연에서 가장 인기 있는 인물은 누구일까? 뜻밖에도 켄 로빈슨 경이다. 그는 학교가 왜 창의력을 죽이는지에 대해 이야기했다. 나는 앞서 그의 강연 동영상이 TED 역사상 가장 많은 조회수를 기록했다고 말했다. 교육 개혁에 관한 그의 18분짜리 강연은 1,400만 건(현재는 2,800만 건이다 – 옮긴이) 이상의 조회수를 기록했다. 로빈슨보다 훨씬 유명한 사람들의 강연도 유튜브에 올라와 있는데 말이다. 하지만 영화배우 코넌 오브라이언(Conan O'Brien), 스티븐 콜베어, J. K. 롤링, 오프라 윈프리 등 어느 누구의 어떤 강연도 로빈슨의 인기를 따라잡지는 못한다.

로빈슨의 동영상은 순식간에 알려졌다. 인간의 두뇌는 새롭고 색다른 것을 무시할 수 없기 때문이다. 또, 두뇌는 유머를 좋아한다. 따

라서 강연자나 발표자가 새롭고 색다른 접근법에 유머까지 겸비하면 그야말로 천하무적이다. 로빈슨은 오래된 문제를 새롭게 다루었다. 즉, 그가 제기한 문제는 '아이들을 어떻게 더 잘 가르칠 것인가?'였고, 새롭고 색다른 방법은 바로 '유머'였다.

"파티에 가서 교육 분야에서 일한다고 말하면……. 사실 교육자가 파티에 초대받는 일 자체가 드물지요."[1] 로빈슨은 이렇게 말문을 열었다. 곧바로 웃음이 터져 나왔다. 로빈슨은 교육계 종사자들에 관한 재미난 통찰을 이어갔다. "하지만 [파티에 초대를 받아] 가서 누군가 직업이 뭐냐고 물으면 교육자라고 말하겠죠. 그러면 상대방의 얼굴에 실망한 표정이 확 드러납니다. 마치 이런 얼굴이죠. '앗, 잘못 걸렸네. 일주일에 겨우 하루 놀러온 건데.'"

▎여섯 번째 비밀: **진솔한 유머**

너무 진지하게 굴지 말라(주제도 너무 심각하게 다루지 않는다). 두뇌는 유머를 좋아한다. 듣는 이가 미소 지을 거리를 건네라.

작동 원리 유머는 경계심을 풀어 당신이 전하려는 내용을 선뜻 받아들이도록 해준다. 또한 유머는 당신을 더 호감이 가는 사람으로 만든다. 사람들은 자기가 좋아하는 사람과 거래하거나 그들을 돕고 싶어 한다.

켄 로빈슨 경은 일화와 이야기, 유머를 기가 막힌 솜씨로 엮어낸다. 이것이 그의 주제를 설득력 있게 전달한다. 미국의 교육제도는 수험

생 위주다. 창의성과 도전 정신, 혁신을 억누른다. 로빈슨은 청중을 웃는 한편 생각하게 만들었다. 다음 몇 가지 사례를 살펴보자.

- "얼마 전에 재미난 이야기를 들었어요. 여러분께도 해드릴게요. 미술 시간이었어요. 여섯 살 난 소녀가 교실 뒤쪽에서 그림을 그리고 있었죠. 선생님 말로는 다른 수업에는 관심이 없었던 아이였는데 그림을 그릴 때만큼은 초롱초롱했다고요. 선생님이 아이를 칭찬해주려고 무엇을 그리느냐고 물었어요. 하느님을 그리고 있었다고 하더래요. 그래서 '하느님이 어떻게 생겼는지 아무도 모르잖아?'라고 하니까 아이가 이렇게 대답하더랍니다. '잠깐만 기다리시면 보여드릴게요.'"

- "저는 한 5년 전까지 영국 남서부의 도시 스트랫퍼드온에이븐(Stratford-on-Avon)에서 살았습니다. 그곳에서 미국 로스앤젤레스로 이사를 왔죠. 이사 과정은 뭐, 말씀 안 드려도 아시겠죠? [웃음] 우리가 살았던 동네는 정확히 스트랫퍼드온에이븐 외곽의 스니터필드(Snitterfield)였어요. 셰익스피어의 아버지가 태어난 곳이죠. 뭔가 생각이 떠오르지 않으세요? 전 그랬답니다. 셰익스피어에게 아버지가 있었을 거라는 생각은 잘 안 하잖아요? 그렇죠? 셰익스피어도 한때는 어린이였다는 생각은 쉽게 안 드니까요. 일곱 살 셰익스피어? 상상이 안 됩니다. 당연히 일곱 살이었던 때도 있었겠죠. 누군가에게서 영어도 배웠을 거고요. 얼마나 짜증 났을까요? 아빠도 셰익스피어를 침대로 보내면서 이렇게 말하지 않았을까요? '얘야, 연필 내려놓고

빨리 자라. 그리고 어렵게 좀 말하지 마라. 당최 알아들을 수
가 없잖니.'"

• "어쨌든 우리는 스트랫퍼드온에이번에서 로스앤젤레스로 이
사를 왔습니다. 이사 과정에서 있었던 일을 하나 말씀드리고
싶네요. 제 아들이 이사를 가기 싫어했거든요. 아이가 두 명 있
는데, 아들은 스물한 살이고 딸은 열여섯 살이에요. 아들은 로
스앤젤레스를 정말 좋아하는데도 가고 싶어 하질 않았어요. 영
국에 세라라고 홀딱 반한 여자 친구가 있었거든요. 한 달간 알
고 지낸 사이인데, 글쎄 그동안 기념일을 네 번이나 챙기더군
요. 뭐, 그 나이 때는 한 달도 긴 시간이죠. 아들은 비행기에서
막 화를 내면서 '세라 같은 여자는 다신 못 만날 거야'라고 하
더군요. 전 속으로 쾌재를 불렀어요. 영국을 떠난 가장 큰 이유
가 사실 아들놈 여자 친구 때문이었거든요."

• "대학 교수들을 좋아하지만 그들이 사람으로서 가장 높은 수
준의 성취를 했다거나, 뭐 그렇게 생각하시면 안 됩니다. 교수
라는 직업 역시 인생의 한 형태일 뿐입니다. 물론 호기심이 많
기는 합니다. 제가 지금 하는 말은 다 애정에서 나온 겁니다.
교수들에게는 재미있는 특징이 있습니다. 모두는 아니지만 대
체로 그들은 그들의 머릿속에서 삽니다. 살짝 한쪽으로 치우
친 머릿속 세상에서 살죠. 말 그대로 육체를 벗어났다고나 할
까요. 그들에게 몸이란 그저 머리를 이동시키는 수단일 뿐입니
다. 그렇지 않습니까? [웃음] 머리를 회의장으로 데려가는 운송
수단인 거죠."

로빈슨은 긴 기립 박수를 받았다. 그는 현장에 있던 1,200명의 청중에게 영감을 주었다. 그들 가운데는 억만장자, 자선사업가, 과학자, 사상가 등 사회적으로 영향력 있는 사람들이 있었다. 또한 로빈슨은 온라인으로도 수천만 사람들에게 영감을 주었다.

나는 영감을 주며 소통하는 사람들을 연구한다. 그들이 누구이며 어떻게 그 일을 하는지, 또 어떻게 하면 우리도 그들처럼 영감을 주는 사람이 될 수 있는지 알아내고자 한다. 만일 로빈슨이 거두절미하고 본 내용만 전했다면 어땠을까? 아마도 그의 강연에 대한 관심이 확 줄어들었을 것이다. 왜냐하면 사실과 있는 그대로의 내용 자체는 정서적이지 않기 때문이다. 앞서 Chapter 5에서 살펴봤듯이 통계는 감정을 자극하도록 포장하지 않으면 지루해지기 마련이다. 하지만 소통의 달인은 통계에 숨을 불어넣는다. 그런 자료는 우리를 움직이고 영감을 주며, 우리의 행동을 촉구한다.

사람들에게 영감을 주는 수준급 강연자나 발표자에게 유머는 핵심 전략이다. 로빈슨도 유머를 적극 활용했다. 따라서 당신도 유머를 창의적이고 자연스럽게 이야기에 포함시키는 방법을 배워야 한다. 하지만 유머와 농담은 구분해야 한다. 유머는 진술하고 기분 좋게 재미를 주는 것이고, 농담은 단순히 웃기기 위한 말장난이다. 철지난 농담, 심지어 개념 없는 농담이나 상스런 농담을 입에 담는 것은 자멸의 지름길이다. 청중은 이런 농담에 등을 돌린다. 인기 있는 TED 강연자치고 무대에서 농담을 입에 담는 사람은 없다!

당신이 코미디언이 아닌 이상 내용 없는 우스갯소리는 진정성이 없다. 이렇게 생각해보자. 당신은 고객을 처음 만난 자리에서 인터넷에서 봤던 최신 농담으로 대화를 시작하는가? 그렇지 않을 것이다. 그런데 왜 비즈니스 발표에서는 농담으로 일단 분위기를 풀어야 한다는 강박을 갖는가? 이럴 때는 로빈슨처럼 주변에서 흔히 볼 수 있는 재미난 관찰 결과를 말해보자. 이는 상황에 적절할 뿐 아니라 무척 효과적이다. 이번 장에서는 농담 대신 유머를 사용하는 다섯 가지 대안을 살펴볼 것이다.

어설픈 농담은 안 하느니만 못하다. 그보다 더 안 좋은 것은 개념 없는 농담이다. 이런 농담 때문에 청중은 바로 등을 돌릴 수도 있다.

한번은 세계적인 대형 여행사의 영업 직원들과 워크숍을 한 적이 있다. 한 명씩 돌아가며 짧은 발표를 했다. 그런데 어떤 남자 판매 대리인이 아주 깔끔하고 훌륭한 발표를 하다가 마지막에 여성에 대한 개념 없는 농담을 하는 바람에 모두 도로 아미타불이 되었다.

비즈니스 발표에서 성차별적 농담은 허용되지 않는다. 더군다나 당시 발표장에는 능력 있는 여성 영업자들이 상당히 많았다. 그 남자 판매 대리인은 자기 무덤을 판 것이다. 나중에 발표를 평가하면서 모두가 그의 농담에 대해 한마디씩 했다. 여행 상품을 정말 잘 설명해놓고도 듣는 이의 마음을 사로잡지 못한 것이다. 미국의 코미디언 크리스 록(Chris Rock) 같은 이는 성적인 농담을 잘하면서도 그것이 문제가 생기지 않도록 다룬다. 그러니까 많은 돈을 버는 것이다. 사람들은 그런 농담을 기대한다. 하지만 당신의 역할은 크리스 록이 아니므로 아예 시도도 하지 않는 편이 좋겠다.

두뇌는 유머를 좋아한다

A. K. 프라딥 박사는 미국 버클리에 뉴로포커스(NeuroFocus)라는 연구회사를 설립했다. 이 회사에서는 신경학적 연구를 통해 소비자의 구매 행동의 이유를 밝혀낸다. 그는 《바잉브레인》에서 "현대인의 두뇌는 감정의 핵심을 보면 놀랄 만큼 흡사하다"[2]고 썼다. 우리의 두뇌는 유머라는 수단에 반응하도록 행동 양식이 고정돼 있다. 그래서 유머는 전하려는 내용을 새롭고 다르게 만들어주는 효과가 있다.

나는 연구소를 찾아가 프라딥을 만났다. 그는 실험을 통해 기존의 연구를 확인했다고 했다. 간단명료하고 흥미로운 대화는 듣는 이와 쉽게 공명하며, 기억에 더 잘 남아서 그에 부합하는 행동을 하도록 이끈다는 것이다. 그러면 전하려는 내용을 어떻게 흥미롭게 만들 수 있을까? 프라딥은 유머를 사용해 내용을 새롭고 다르게 만들라고 조언한다. "두뇌는 유머를 좋아한다"는 것이다.

웨스턴온타리오대학교의 심리학 교수 로드 A. 마틴은 사람들이 유머를 사용하는 이유가 "집단 위계질서에서 자신의 지위를 강화하기 위해서"라고 말한다. 예를 들어 지도자나 지배적인 위치에 있는 사람은 그들보다 낮은 지위나 힘을 가진 이들보다 농담을 더 쉽게 하며 다른 사람을 즐겁게 하는 경향이 있다.[3]

《유머 심리학(The Psychology of Humor)》에서 마틴은 유머가 '아부 전술(ingratiation tactic)'로 쓰인다고 주장한다. 유머를 사용해 특정 집단의 진입 문턱을 낮춘다는 것이다. 이는 유명한 코미디언들 중에 암울한 유년기를 보냈거나 따돌림을 당했던 사람이 많은 이유를 설명해준다. 그들은 집단에 끼기 위해 유머로 환심을 샀다. 유머를 자주 사용하다 보니 그것으로 돈을 벌 수 있을 만큼 도통한 것이다. 마틴의 설명을 들어보자.

> 우리는 다른 사람과 처음 만날 때 빠르게 상대의 인상을 파악하고 친근감, 신뢰성, 동기 등 그의 성격과 개성에 대한 판단을 내리는 경향이 있다. 타인에 대한 인상을 빠르게 파악하는 능력은 실제로 생존을 위한 인류 진화의 역사에서 매우 중요했을 것이다. 타인의 첫인상 형성에 기여하는 정보의 출처 하나는 그들이 유머를 표현하는 방식이다. 유머는 대 인간 소통의 한 형태다. 따라서 좋은 유머 감각은 중요한 사회적 기술이다. 우리는 보통 유머 감각이 있는 사람을 좋게 평가한다.[4]

마틴에 따르면 웃음 역시 집단의 응집성 강화에 중요한 역할을 한다. 그는 유머와 웃음을 '영향력 유도(affect-induction)'의 사례로 본다. "의사소통의 한 방법으로서 타인의 주목을 받기 위해, 중요한 감정적 정보를 알리기 위해, 타인에게 유사한 감정을 일으키기 위해 고안되었다. (…) 웃음은 타인에게 인지 정보를 전달할 뿐만 아니라 타인의 긍정적 감정을 유도하고 강조하는 기능을 수행한다. 이는 그들의 행동에 영향을 주기 위함이며, 그들이 웃고 있는 사람을 향해 더 호의적인 태도를 취하도록 독려하기 위함이다."[5]

마틴은 우리가 유머 감각이 있는 사람을 만날 때 그가 다른 바람직한 성격도 가지고 있으리라고 짐작하는 경향이 있다고 한다. 유머가 있는 사람은 친근하고 외향적이며, 사려 깊고 상상력이 풍부하고, 지적이면서도 개방적인 태도를 지니고 감정을 잘 다스릴 것이라고 여긴다는 의미다.

미국의 온라인 데이트 사이트에서 사용자들을 대상으로 한 설문 조사 결과를 보면, 상대의 어떤 면에 가장 호감이 가느냐는 질문에 80퍼센트 이상이 '유머 감각'이라고 답했다. 후속 설문을 보면 짝을 찾는 일에 관한 한 유머 감각이 학벌이나 직업, 육체적 매력보다도 더 중요하다는 사실을 알 수 있다. 물론 프레젠테이션을 통해 짝을 찾는 일은 없을 것이다. 결혼정보회사의 단체 미팅에 나가서 자신의 스펙을 늘어놔야 하는 경우가 아니라면 말이다. 하지만 발표를 한다는 것은 듣는 이의 주목과 존중을 구하는 일이다. 그들은 유머 감각이 있는 발표자에게 호감을 느낀다. 유머로 청중을 깨워라. 그들의 아낌없는 지지와 후원이 당신의 성공을 도울 것이다.

웃음 비즈니스를 하라

TED 무대에서 유머 감각은 중요하다. 인간관계에서도 그렇다. 그리고 비즈니스 환경에서는 필수적이다. 파비우 살라(Fabio Sala)는 유머를 연구한 자료를 40년 넘게 모았는데, 이를 종합해서 알아낸 사실을 〈하버드 비즈니스 리뷰(Harvard Business Review)〉에 실었다. 〈웃음으로 돈을 번다(Laughing All the Way to the Bank)〉라는 글에서 그는 "잘 사용한 유머는 기업 경영의 윤활유"이며 "유머는 적대감을 낮추고 비판을 피하며 긴장을 풀고 사기를 높이고 어려운 의견 전달을 원활하게 한다"[6]고 말했다.

살라는 여기에 본인의 연구도 보탰다. 그는 한 식음료회사의 임원 20명을 선별했는데, 그중 절반은 동료들로부터 업무 능력이 보통이라는 평가를 받았고 나머지 절반은 뛰어나다는 평가를 받은 이들이었다. 살라는 이 20명을 대상으로 두 시간 동안 리더십 수행 평가를 치렀다. 면접관 두 명이 면접 결과를 정리하며 피면접자의 유머 감각을 함께 기록했다. 타인을 비하하는 유머는 부정적인 것으로 분류했고, 웃기거나 어이없는 사실을 꼬집은 유머는 긍정적으로 분류했다.

결과는 다음과 같았다. "동료들로부터 뛰어난 평가를 받은 임원은 보통의 평가를 받은 임원들보다 유머 사용 빈도가 두 배 이상 높았다. 시간당 7.5번과 비교해 시간당 17.8번이었다. (…) 임원들의 그해 보수를 살펴보았다. 성과급 액수가 그들이 면접 동안 보여준 유머 감각과 대체로 비례함을 알 수 있었다. 즉, 더 웃긴 임원일수록 성과급이 많았다."

살라는 그냥 웃긴 것은 중요하지 않다고 지적한다. 그보다는 감성 지능의 중요한 성공 요소를 반영해야 한다고 주장한다. "내 연구에서 뛰어난 임원들은 보통의 임원보다 다양한 종류의 유머를 사용했다. 그들은 물론 긍정적이거나 중성적인 유머를 선호했다. 하지만 요점은 유머를 많이 사용하는 게 언제나 좋다는 것도 아니요, 긍정적인 유머가 부정적이고 험담을 하는 유머보다 언제나 더 낫다는 것도 아니다. 일과 삶에서 유머를 효과적으로 사용하는 열쇠는 그것을 얼마나 잘 사용하느냐다. 그들은 일부러 웃기려고 노력하지 않는다. 그보다는 유머를 어떻게 사용할지, 그 유머에 타인이 어떻게 반응하는지, 자신이 전하려는 내용이 어떤지에 더 주의를 기울인다. 이 모두가 말하기에 달렸다."

모두가 말하기에 달렸다면 발표나 강연에서 웃긴 말을 어떻게 해야 좋을까? 첫 단계는 반직관적으로 들릴 수 있겠지만 나를 믿기 바란다. 이 단계는 매우 중요하다. 바로 '웃기려고 하지 말라'는 것이다. 특히 농담은 금물이다. 머리 나쁜 금발 여성에 대한 농담을 하는 순간 당신은 이미 죽은 목숨이다. 종교인에 관한 농담도 마찬가지다. 전문 코미디언들만이 이런 농담을 안전하게 다룰 수 있다.

당신은 제리 사인펠드가 아니다. 사인펠드조차도 새로운 코미디를 짤 때는 농담의 3분의 2가 관중을 얼려버릴 수 있는 쓰레기라고 고백한다. 그는 제대로 된 우스갯소리 하나를 만들기 위해 수년간 공을 들인다. 〈뉴욕 타임스〉 웹사이트의 한 동영상에서 그는 '팝타르트(Pop-Tart, 미국 과자 상표 – 옮긴이) 농담'을 무려 2년 동안 만들었다고 말했다(http://www.youtube.com/watch?v=YmCTUBEluSE&feature=youtu.be). "한번 웃고 마는 것에 투자하기에는 긴 시간입니다. 하지만 그게 제 일이고, 사람들이 제가 하길 바라는 일입니다."7 그리고 그는 자신이 만들어낸 농담을 해체해 보였다. "첫 줄부터 바로 웃기는 게 좋겠죠. '제가 아이였을 때 팝타르트라는 과자가 나왔어요. 머리 뚜껑이 확 열렸죠.' 이렇게 [우스갯소리를] 시작합니다. 제 머리의 특정 부분이 확 열리면서요. 그냥 머리가 아니라……." 다음 5분 동안 사인펠드는 농담의 각 부분을 절개했다. 문장을 하나씩 다 떼어냈다. 만일 어느한 문장이 너무 길면 글자를 쳐내고 음절을 세어가며 딱 적당한 길이로 맞추었다.

제리 사인펠드의 동영상은 일류 코미디언의 머릿속 통찰을 투명하게 보여준다. 여기서 나는 두 가지를 배웠다. 첫째, 코미디는 힘든 일이다. 둘째, 발표나 강연에서 사용하는 유머와 그 유머를 어떻게 전달할지 면밀히 고려하고 공들여 다듬어야 한다.

하지만 농담을 입에 담지 않고 어떻게 재미있는 이야기를 할 수 있을까? 내 의뢰인들은 하나같이 "난 재미있는 사람이 아니다"라고 말한다. 이런 말을 들을 때마다 돈을 받았다면 난 부자가 됐을 것이다. 유머 있는 사람이 되기 위해 일부러 재미있을 필요는 없다. 재미있는 발표나 강연을 짜는 숙제를 할 의지만 있으면 된다. 다음은 발표나 강연에 딱 적당한 분량의 유머를 더하는 다섯 가지 방법이다. 농담 하나를 2년간 공들여 만지지 않아도 된다.

일화, 관찰, 개인적 이야기를 곁들인다

TED 무대에서 청중의 웃음을 이끌어낸 강연자는 십중팔구 본인이나 지인과 관련된 일화를 말했거나 세상에 대한 관찰 혹은 개인적 이야기를 했다. 스스로 경험한 어떤 일 때문에 웃음을 지었다면 그 이야기를 들은 다른 사람도 그럴 공산이 크다. 켄 로빈슨 경의 강연도 유머 대부분이 일화나 본인과 가족의 이야기였다.

이런 종류의 유머가 비즈니스 발표에서도 보통 가장 잘 먹힌다. 일화와 관찰 결과는 짧은 이야기거나 실제 사례다. 이것의 목적은 폭소를 끌어내기 위함이 아니다. 그보다는 청중의 얼굴에 미소를 띠게 하고 그들의 호감을 얻기 위함이다. 예를 들어 에이즈 기금 마련을 위한 자전거 타기 행사 '에이즈 라이즈(AIDS Rides)'를 기획한 댄 팰로타 (Dan Pallotta)는 TED 2013에서 자신의 역할에 대해 관찰한 내용을 이야기했다. "저는 게이이기도 합니다. 게이이면서 동시에 세 쌍둥이를 키우죠. 이것은 제가 여태껏 해온 일 중에 가장 사회 혁신적이고, 사회적 기업을 닮은 일이다."[8]

질 볼트 테일러 박사는 자신이 실제로 뇌졸중을 경험한 순간을 회상하며 농담을 해서 큰 웃음을 주었다. 앞서 Chapter 1에서 사례로 들었던 그녀의 이야기를 다시 들어보자. "뇌졸중이란 걸 알았죠. '이런 젠장, 뇌졸중이라니! 내가 뇌졸중이라니!' 그런데 그다음에 든 생각이 뭐였는지 아세요? '와! 이거 끝내주는데! 뇌과학자 중에서 자기 뇌를 직접 연구할 기회를 가져본 사람이 몇이나 되겠어?'"[9] 질 박사는 이어 코미디언 뺨치는 완벽한 박자로 이렇게 말했다. "문득 이런 생각이 스쳤죠. '하지만 난 아주 바쁜 여자야! 뇌졸중에 허비할 시간은 없어!'"

관찰에서 나온 유머로 발표나 강연을 시작하는 것은 바람직하다. 하지만 초입에 바로 큰 웃음을 터뜨리려고 해서는 안 된다. 기회는 나중에도 많다. 시작 직후에 무리해서 유머를 꺼내놓으면 오히려 참사가 일어날 수도 있다. 위험을 떠안을 이유는 없다. 게다가 참사가 너무 일찍 일어나버리면 회생이 불가능하다.

과거에 먹혔던 걸 기억해내라. 일화나 이야기, 관찰이나 통찰 등 당신과 동료들을 미소 짓게 했던 내용을 다시 떠올려보자. 전에도 재미있었고 발표나 강연에도 적합하다면 구성에 넣어서 잘 전달할 수 있도록 연습한다.

비유와 은유를 사용한다

비유는 두 가지 다른 것들 사이의 유사성을 비교하는 것이다. 이것은 복잡한 화제의 설명을 돕는 훌륭한 수사적 기술이다. 인텔에서 우리는 반도체(컴퓨터 칩)가 "컴퓨터의 두뇌에 해당한다"는 전통적 기술 비유를 사용했다. 인텔이 첫 듀얼코어(dual-core) CPU를 출시했을 때는 단순히 이렇게 말했다. "컴퓨터 한 대가 두 개의 두뇌를 갖는 셈입니다." 인텔의 저장기기 쪽 책임자는 이렇게 말했다. "2020년께 전 세계의 컴퓨터 데이터 용량은 40제타바이트(zetabyte)가 될 겁니다. 세상에 있는 모래알을 다 합친 것보다 57배나 많은 양입니다. 카민 씨, 세상에 이 엄청난 정보를 다 어디다 저장하죠?"

이 저장기기 전문가는 데이터를 모래알에 비교함으로써 어마어마한 통계에 하나의 관점을 입혔다. 그녀는 모래알 비유를 마음에 들어 했다. 그래서 나는 프레젠테이션도 그런 방향으로 시작하면 좋겠다고 조언했다. 그녀는 내 말을 따랐고, 내외부 사람들 모두로부터 좋은 반응을 얻었다.

반드시 사람들을 웃기거나 농담을 해야 한다고 스스로를 압박할 필요는 없다. 일상적인 대화에서도 하지 않는 뭔가를 무대에서 해야 한다고 생각하는 것은 실패의 지름길이다. 실제로 사람들은 아주 간단한 비유만으로도 웃음을 짓는다. 인기 있는 TED 강연자들도 비유를 써서 웃음을 이끌어낸다. 다음 사례들을 살펴보자.

- "크리스 앤더슨(TED 큐레이터)이 부탁하더군요. 25년간의 빈곤 퇴치 운동을 10분 TED 강연으로 정리하면 좋겠다고요. 영국인이 아일랜드인에게 간결하게 해달라고 한 거죠."_보노
- "인터넷 전문가라는 사람들이 나와서 이건 이렇고 저건 저렇게 될 거라고 말합니다. 이런 말은 의심을 품고 들어야 합니다. 경자학자들이 경제를 전망하거나 기상 캐스터가 날씨를 예측하는 것과 마찬가지이기 때문입니다."_대니 힐리스, 발명가, TED 2013
- "인간관계 없이 의회 활동을 하는 것은 엔진오일 없는 자동차를 모는 것과 같습니다. 정치인들이 모든 걸 동결하는 게 당연하죠?"_조너선 하이트, 사회심리학자, TED 2012
- "아메리칸 드림을 좇고 싶은 미국인은 덴마크로 가야 합니다."_리처드 윌킨슨, 노팅엄대학 교수, TED글로벌 2011

인용구를 적절히 넣는다

코미디언이 되거나 농담을 하지 않고도 웃음소리를 이끌어내는 방법은 다른 사람의 재미있는 말을 인용하는 것이다. 유명인 혹은 무명인, 가족이나 친구 등 누구라도 좋다. TED 강연자들도 가족과 친구, 지인들의 말을 즐겨 인용하곤 한다. 카르멘 애그라 디디(Carmen Agra

Deedy)는 엄마를 인용했다. "창피한 거? 그런 거 몰라. 팬티스타킹이랑 함께 버렸지. 둘 다 너무 갑갑하단 말이야." 로리 브렘너(Rory Bremner) 같은 강연자는 다른 이의 말을 인용한 다음에 자기 의견을 촌철살인처럼 덧대서 그 안의 유머를 강조했다. "2006년에 미국 주택담보대출 은행협회 대표가 말했습니다. '미국 경제를 집어삼킬 만한 위협은 절대 없습니다. 분명합니다.' 이 사람이 은행권 대표랍니다." 2년 뒤 주택담보대출 부실로 인한 금융위기가 닥쳐 미국에서만 여러 개의 주요 금융사가 파산했다. 1930년대 미국 대공황 이후 최악의 경제 불황이었다.

미국에서는 매일 2,200만 건의 휴대폰 문자 메시지가 전송된다. 컬럼비아대학교의 언어학자 존 맥호터(John McWhorter)는 이 현상을 색다른 눈으로 살펴봄으로써 TED 2013에 참석한 청중들에게 새로운 관점을 제공했다. 그는 10대들이 문자를 주고받을 때 쓰는 줄임말의 문법 파괴 현상에 혀를 찰 필요가 없다고 주장했다. 오히려 이는 구어(口語) 진화의 맥락에서 '언어적 기적'이라는 것이다.

맥호터는 다섯 장의 슬라이드를 연이어 보여주었다. 각 화면에는 인용문이 적혀 있었다. 젊은이들이 말하는 방식이 마음에 들지 않은 누군가의 푸념이었다. 인용문 자체는 웃기지 않았다. 청중을 웃게 만든 건 맥호터가 자신의 주장을 전하기 위해 슬라이드를 사용한 방식이었다. 그는 먼저 1956년 한 영문학 교수의 말을 인용했다. "알파벳이나 구구단도 모르는 경우가 태반이고, 문법에 맞지 않는 글을 쓴다." [10] 청중은 웃지 않았다. 맥호터도 웃음을 기대하지 않은 듯 차분히 두 번째 슬라이드를 띄웠다. 1917년 코네티컷 주의 한 학교 교사가 쓴 글이었다. "모든 고등학교가 절망적이다. 학생들이 기초도 모르고 너무 무식하다." 누구도 웃지 않았다. "더 과거로 가보죠." 맥호터가 말했다. 세 번째 슬라이드는 1871년에 하버드대학 총장 찰스 엘리엇(Charles Eliot)이 한 말이었다. "철자법은 다 틀리고 문장은 엉터리다. 게다가 채신머리없기까지 하다. (…) 대학의 수업을 받을 만한 젊은 청년들은 드물다고 아니 말할 수 없다." 청중은 알아듣기 시작했다. 조금씩 웃음이 터져 나왔다.

맥호터는 슬라이드를 이어가며 더 이전과 그 이전의 인용구를 보여주었다. 마침내 서기 63년까지 거슬러 올라갔다. 사람들이 라틴어를 말하는 방식에 관한 한 남자의 통탄이었다. 그가 분통을 터뜨린 그 언어는 훗날 프랑스어가 되었다. 여러 개의 인용문을 본 청중들은 그의 요지를 이해했다. 그들은 인용구에 웃었고, 또 맥호터의 관점에서 언어의 진화를 보지 못한 허탈함에 웃었다. 사람들은 항상 젊은이들의 언어 사용 방식을 마음에 들어 하지 않는다. 하지만 "세상은 계속 돌고 있다"고 맥호터는 말했다.

강연이나 발표에서 슬라이드 중간중간에 창의적으로 인용구를 집어넣으면 듣는 사람은 잠시 정신적 휴식을 취할 수 있다. 하지만 어디서 들어본 것 같은 인용구는 피해야 한다. 인터넷 명언집을 보고 필요한 분야에서 무작위로 좋은 말을 뽑아내서는 안 된다. 당신이 쓸 유머와 인용문에 대해서는 스스로 생각하라. 그리고 전하려는 내용과 관련성이 있는지 검토하라. 나는 협회나 기업 콘퍼런스의 기조연설을 부탁받으면 해당 조직의 일원이나 설립자들, 혹은 현장에 청중으로 있을 기업 CEO들이 했던 말을 인용하곤 한다. 인용은 웃음을 끌어내며, 청중과 이어지도록 돕는다. 좋은 인용구를 쓰려면 약간의 숙제를 해야 한다. 유명한 명언을 넣는 것은 쉽다. 하지만 별로 창의적이지도 효과적이지도 않다. 조금 힘들어도 더 생각하라. 좋은 인용구를 찾도록 노력하라.

TED note

좋은 인용구를 찾아라. 발표나 강연의 분위기를 띄우거나, 전하려는 복잡한 내용을 풀어줄 제3자의 말을 찾아라. 유명인의 말을 고집할 필요는 없다. 발자국 없는 길을 가라. 가족이나 친구, 지인의 말은 의외로 많은 재미와 공감을 준다.

동영상을 보여준다

유튜브의 트렌드 매니저 케빈 앨로카는 2011년 TEDx 유스 무대에서 짧은 유튜브 동영상 세 편을 틀어서 큰 웃음을 유발했다. 동영상 내용은 무지개를 보고 좋아서 괴성을 지르는 남자, 최악의 뮤직비디오로 조롱을 받은 〈프라이데이(Friday)〉, 황당한 컴퓨터그래픽 애니메이션 〈냥 고양이(Nyan Cat)〉였다. 하지만 앨로카의 주제는 전혀 우습지 않았다. 그는 이 동영상들이 왜 폭발적 인기를 끌었는지(세 편의 동영상 모두 수억 건의 조회수를 기록했다)에 대한 세 가지 통찰력 있는 이유를 제시했다. 첫째, 트렌드 리더가 발견해 전파했다. 둘째, 패러디 영상 같은 자발적 참여가 있었다. 셋째, 허를 찌르는 뜻밖의 내용이었다. 앨로카는 동영상 한 편이 끝나면 해당 동영상에 대한 그래프와 통계를 보여주었다. 바보 같은 동영상 덕분에 무미건조한 통계가 청중의 웃음을 끌어낸 것이다.

발표나 강연에서 동영상을 보여주는 사람은 거의 없다. TED 강연도 마찬가지다. 하지만 동영상은 유머를 넣는 아주 효과적인 방법이다. 웃음을 주려면 어깨에 힘부터 빼야 한다.

한번은 애플스토어와 고객 서비스를 주제로 기조강연을 하며 동영상 두 편을 보여준 적이 있었다. 첫 동영상에서는 한 코미디언이 나와 애플스토어에서 정말 무엇이든 할 수 있는지 시험해본다. 그는 매장에 염소를 데리고 들어가고, 그곳에서 피자를 배달시켜 먹고, 심지어 악사들을 동원해 아내와 춤판을 벌이기도 한다. 두 번째 동영상은 애플스토어에서 춤 삼매경에 빠진 한 젊은 여성을 보여준다. 하지만 매장 점원들은 그저 하던 일을 계속할 뿐이다.

두 동영상은 모두 애플스토어 직원들이 '물건을 파는' 게 아니라 '삶의 질 향상'을 위해 일한다는 것을 강조한다. 그리고 사람들은 애플스토어에서 행복하다는 사실을 확인시켜 준다. 이렇듯 재미있는 동영상은 언제나 좋은 웃음을 이끌어낸다. 무엇보다 좋은 건 스스로 코미디언이 될 필요가 없다는 점이다. 동영상 속 누군가가 그 일을 대신하기 때문이다.

사진을 보여준다

대학 시절을 떠올려보자. 유머 있는 교수님의 수업은 항상 인기가 많다. 경제학 수업을 들으며 웃어본 사람은 아마도 많지 않을 것이다. 하지만 후안 엔리케스(Juan Enriquez) 교수에게 배웠다면 많이 달랐을 것이다. 경제학자인 그는 TED 무대에서 즐거운 경제학 강연을 펼쳤다.

엔리케스는 네 번의 TED 강연을 했다. 그는 복잡한 경제학 내용에서 벗어나기 위해 유머를 더했다. 이때 그는 사진을 주로 활용했다. 그가 보여준 쉽고 재미있는 사진은 복잡한 경제학적 주제를 이해하기 쉽게 만들어주었다. 사진을 통해 어려운 내용이 모두가 이해할 수 있는 문맥으로 바뀐 것이다.

2009년 TED에서 엔리케스는 이렇게 말문을 열었다. "경제라는 방에 진짜 큰 코끼리가 한 마리 있습니다. 이 얘길 먼저 해보죠. 요즘 경제가 어떤지 사진으로 한번 보여드리고 싶군요."[11] 화면 구석에 '경제'라는 글자가 떴다. 나머지 부분은 다 깜깜했다. 2009년 미국 경제는 심각한 불황에 빠져 있었다. 더 이상 어떤 설명도 필요치 않았다. 깜깜한 화면은 깜깜한 경제를 말했다. 청중은 바로 웃음을 터뜨렸다.

엔리케스는 이야기를 계속했다. "진짜 큰 문제 몇 개가 아직도 버티고 있습니다. 첫째는 레버리지(차입자본 이용)입니다. 이놈의 레버리지 문제 때문에 지금 미국 금융계의 꼴이 딱 이렇습니다." 그는 화면에 새 사진을 띄웠다. 간이 풀장에서 남자들이 물놀이를 즐기고 있었다. 물에 둥둥 뜬 탁자에는 라디오가 있었는데, 전원 코드를 꽂은 콘센트가 물에 뜬 슬리퍼에 받쳐져 있었다. 이번에도 엔리케스는 따로 사진 설명을 하지 않았다. 빚잔치의 위험성을 비유한 장면이었다. 레버리지란 결국 돈으로 하는 불장난이다. 과도한 부채는 치명적 결과로 이어질 수 있다. '경제 레버리지'의 기술적 정의는 "동일 자산 내 무차입 투자의 변동성에 대한 자기자본 변동성의 격차"다. 하지만 엔리케스는 이런 말은 입에 담지도 않았다. 말해봐야 청중은 한 귀로 들고 한 귀로 흘리다가 결국은 잠이 들 게 뻔하기 때문이다. 대신에 그는 재미난 사진을 보여주었다. 청중은 웃었다. 그리고 생각했다.

엔리케스는 또 다른 사진들을 보여주며 말했다. "한편 정부는 무슨 산타클로스라도 되는 양 행동해왔습니다. 물론 우리는 모두 산타클로스를 좋아합니다." 이 지점에서 그는 사진을 띄웠다. 크리스마스 철에 쇼핑센터에서 흔히 보는 산타의 모습이다. "그런데 이 산타의 문제가 뭐냐 하면, 이 친구들이 그동안 해오고 약속한 일들, 그러니까 [정부 재정지원 혜택의] 의무적 지출 예산을 들여다보면 지불 시한은 코앞에 닥쳤는데, 산타들이 이젠 그다지 귀엽지 않다는 겁니다." 그러자 하얀 턱수염의 뚱뚱한 남자가 홀딱 벗은 채 중요한 부분만 모자이크 처리되어 골프장 카트(전기 차)를 타고 있는 사진이 나타났다. 청중은 말 그대로 '뿜었다.' 그들은 요지를 이해했다. 정부 돈을 쓸 때는 좋았지만 그 지출의 결과가 드러나니 당혹스러운 것이다.

코미디언들은 다양한 청중을 대상으로 농담을 시험한다. 반응을 보기 위해서다. 나도 같은 방식으로 이야기와 사진들을 내놓곤 한다. 한번은 기조연설을 하면서 고객 서비스와 의사소통에 관한 부분에서 리츠칼튼 호텔의 사진들을 사용했다. 이야기는 다음과 같았다.

직원들이 고객을 위해 올바른 일을 하도록 재량권을 부여받을 때 마법과 같은 일이 일어납니다. 미국 플로리다 주 어밀리아 섬(Amelia Island)의 리츠칼튼 호텔에서 한 가족이 휴가를 보냈습니다. 집에 도착하고서야 어린 아들이 몹시 아끼는 동물 인형 '조시'를 객실에 두고 왔다는 걸 알았죠. 아빠가 호텔에 전화를 걸었습니다. 다행히 직원은 방에서 인형을 찾았어요. 택배로 보내주겠다고 했죠. "그전에 부탁 하나만 해도 될까요?" 아빠가 물었습니다. "아들이 안심하도록 사진을 찍어서 보내주셨으면 해요. 가능할까요?" 그런데 리츠칼튼의 직원은 그 이상의 일을 했습니다. 인형 조시가 호텔에서 휴가를 즐기는 모습을 연출한 사진을 여러 장 찍어서 보내준 겁니다. 풀장의 조시, 해변의 조시, 골프 카트를 탄 조시, 마사지를 받는 조시 등 다양한 사진을 보내주었지요.

지금 이 이야기를 글로만 본다면 고객 서비스의 진가는 느껴질지언정 웃지는 않을 것이다. 하지만 사진을 직접 보면 폭소가 터진다. 봉제인형이 눈에 오이를 올리고 마사지 침대에 누워 있고, 사람의 손이 인형 어깨를 주무르고 있다(http://www.huffingtonpost.com/chris-hurn/stuffed-giraffe-shows-wha_b_1524038.html). 사진을 보면 그야말로 빵 터진다. 사람들은 폭소를 터뜨린 사진을 기억한다. 그리고 사진 때문에 전하려는 요지가 힘을 얻는다. 이 점이 가장 중요하다. 위 이야기에서 핵심은 직원에게 재량권을 주어 고객의 기억에 남는 순간을 만들라는 것이다.

리츠칼튼 사례에서 보듯이 사진은 웃음을 이끌어낸다. 농담을 밀어붙여 청중을 웃게 만들라는 얘기가 아니다. 유머는 자연스럽고 진정성이 있어야 한다. 내가 아닌 다른 뭔가가 되려고 노력할 필요가 없다. 어쩌면 당신에게는 코미디언의 재능이 전혀 없을지도 모른다. 하지만 발표와 강연을 알차고 재미있게 하는 것은 전혀 다른 문제다.

동영상과 사진으로 발표나 강연을 가볍게 만들어라. 파워포인트 프레젠테이션이 십중

팔구 지겨운 이유는 정서적 감흥이 없기 때문이다. 재미있는 사진이나 동영상으로 분

위기를 띄워라.

지금까지 살펴본 다섯 가지 기술은 나도 발표와 강연에서 늘 사용

하는 것이다. 나는 결코 농담을 잘하는 사람이 아니다. 코미디를 좋아

하고 코미디언의 재담을 즐기긴 하지만 그 농담을 잘 기억하지도 못

할뿐더러 똑같이 따라 하는 것은 젬병이다. 하지만 나는 잘 웃고(또 자

주 웃고) 거의 모든 상황에서 유머를 찾아낸다. 연사로서 경력을 쌓아

가면서 나는 청중을 깔깔 웃게 만들지 않아도 된다는 사실을 깨달았

다. 내가 해야 할 일은 어떤 특정 상황에서 유머를 꺼내는 것이다. 항

상 웃음을 얻으려고 애쓰지 않아도 된다. 하지만 적어도 미소는 끌어

내려고 애써야 한다.

> "정신적 즐거움 뒤에는 육체적 반응인 웃음이 따릅니다. 웃으
> 면 두뇌는 응당 엔도르핀을 분비하는데, 이 엔도르핀은 경계
> 심을 누그러뜨리기 때문에 세상을 다른 눈으로 보게 됩니다.
> 이는 분노나 공포, 당황 같은 투쟁-도피 반응의 기전과 정반
> 대로 작동하죠. 투쟁-도피의 경우에는 아드레날린이 분비됩
> 니다. 아드레날린은 엔도르핀과는 반대로 경계심을 쭉 끌어
> 올립니다. 사람의 방어심이 극에 달하는 분야가 인종, 종교,

정치, 성 문제 같은 건데 코미디는 이런 분야에서 아드레날린을 억제하고 엔도르핀을 끌어낼 수 있습니다. 엔도르핀이 분비되면 웃음의 연금술은 방문을 창문으로 바꿉니다. 신선하고 생각지 못했던 시야가 열리는 것이죠."[12]

– 크리스 블리스(Chris Bliss), TEDx

똥 얘기 좀 합시다

일반인 수준에서 쉽게 이해하기 힘든 주제를 설명할 때는 항상 유머를 넣으려고 노력하라. 듣는 이에게 생소한 내용이거나, 설령 알더라도 이해도가 낮다면 유머는 꼭 필요하다. 또한 유머는 논쟁과 갈등을 피하거나 마음의 상처를 보듬는 좋은 방법이기도 하다. 9.11 이후 텔레비전과 신문, 인터넷에 넘쳐나는 끔찍한 장면에 파묻혀 지냈던 많은 미국인들이 마음의 위안을 얻기 위해 〈새터데이 나이트 라이브(Saturday Night Live)〉 같은 코미디 프로그램을 열심히 시청했다. 코미디언 윌 페렐(Will Ferrell)은 한 개그 코너에서 미국 국기가 인쇄된 끈 팬티를 입고 나왔다. 그가 민망하게 드러낸 엉덩이를 보고 사람들은 다시 크게 웃어도 좋다는 걸 알았다. 그렇다. 잊지는 말되, 정신적 상처에서 머리를 좀 쉬게 해주어야 했다.

로즈 조지(Rose George)는 똥에서 유머를 본다. 이 영국인 저널리스트는 하루는 화장실 변기에 앉아 있다가 이런 의문이 들었다. '이것들은 다 어디로 가는 걸까?' 기자이자 작가인 그녀는 스스로 대답을 찾아보기로 했다. 그 후 10년 동안 그녀는 공중위생의 세계에 푹 빠져 지냈다. 즉, 제3세계에서 적절한 공중위생이 어떻게 생명을 구하는가를 주제로 기사와 책을 쓴 것이다. 조지는 이 주제를 진지하게 다룬다. 하지만 너무 진지한 태도를 취하지는 않는다. 가슴 아픈 사진을 본 청중은 정신적 휴식이 필요하다. 이 사실을 잘 아는 그녀는 TED 2013에서 진지함과 유머를 조합한 강연으로 청중의 머리와 가슴 모두를 얻었다.

공공장소 배변은 기분 좋은 화제가 아니다. 그래서 그녀는 충격과 유머를 신중하게, 창의적으로 혼합했다. 첫 슬라이드 화면에서는 예쁜 여성 모델이 최첨단 화장실을 보여주는 장면이 나왔다. 세계화장실기구(World Toilet Organization)의 대회장이었다. "세계화장실기구의 줄임말은 세계보건기구와 똑같은 WTO입니다." 조지가 말했다.

조지는 "수세식 화장실을 당연한 권리로 생각하며" 자랐다고 했다. "하지만 전 세계 25억 명에게는 적절한 화장실 시설이 없습니다."[13] 다음 슬라이드가 떴다. 어린 소년이 사람들이 다니는 길가에서 '응가'를 하고 있다. 이것이 제3세계 국가들의 현실이다.

조지는 똥에 병원균이 있는 게 문제라고 말했다. 이 때문에 설사를 비롯한 많은 문제들이 생긴다. "우리에게 설사는 우스꽝스러운 일에 더 가깝죠." 조지는 그렇게 말하며 다음 슬라이드로 넘어갔다. 재미난 사진이 떴다. "이미지 자료 사이트에서 '설사'라는 검색어를 쳐보니까 이런 사진이 나오더군요." 비키니 차림의 백인 여성이 화장실 문틀을 잡고 눈을 감은 채 서 있었다. 누가 보더라도 급한 볼일을 참느라 얼굴을 찡그린 거였다. 폭소가 터졌다. 그때 조지가 갑자기 다음 사진을 띄웠다. "여기 설사에 관한 다른 사진이 있어요. 태어난 지 9개월 된 아기 마리아 세일리(Maria Salie)입니다. [이때 청중은 들판에 서서 울고 있는 한 남자의 사진을 본다.] 사진에서는 보실 수 없습니다. 라이베리아의 한 작은 마을에 있는 풀밭에 묻혔거든요. 사흘 전에 설사로 죽었습니다. 그런데 그날 죽은 건 그 아이만이 아니었어요. 4,000명의 아이들이 설사로 죽었습니다. (…) 대량학살 수준입니다."

이제 당신은 조지의 강연 방식이 어떤지 확실히 알았을 것이다. 바로 유머와 충격, 통계다. 통계 자체는 수면제나 다름없다. 그리고 지나치게 충격적인 내용에는 사람들이 고개를 돌린다. 또, 유머만 너무 많으면 주제의 진지한 함의가 다 날아간다. 이 세 가지 요소를 조지는 솜씨 좋게 버무려 청중을 설득하는 마법의 요리를 만들어냈다.

로즈 조지가 유머를 섞어 주제를 말할 수 있다면 당신도 그러지 못할 이유가 없다. 일단 말하려는 내용을 너무 진지하게 가져가지 말아야 한다. 당신의 태도도 마찬가지다. 천재 이론물리학자 스티븐 호킹은 겨우 두 살에 루게릭병 진단을 받았다. 지금 70세인 그는 인생의 대부분을 휠체어에 갇혀 살았고, 1985년부터는 의사소통을 컴퓨터에만 의존했다.

이런 환경에도 불구하고 그가 보여주는 편안한 유머는 놀랍기 그지없다. 심지어 주변 사람들을 무장해제하는 능력이 있다. 2003년 짐 캐리가 영화 〈덤 앤 더머〉 홍보 차 코넌 오브라이언의 TV 프로그램에 출연했다. 인터뷰 중간에 캐리의 휴대전화가 울렸다. 호킹의 전화였다. 호킹과 캐리는 즉각 만담을 시작했다. "에크파이로틱 우주 이론(ekpyrotic universe theory, 빅뱅이론, 평행이론 등과 함께 주창되는 우주 탄생 이론. 에크파이로틱은 고대 그리스어로 '불덩이'라는 뜻이다 – 옮긴이)에 캐리 씨가 감동했다니 얼마나 고마운지 모릅니다."[14] 두 남자는 서로가 더 천재라며 칭찬을 주거니 받거니 했다. 방송이 나간 후 호킹에게 전화 출연을 한 연유를 묻자 그는 재미있을 것 같아서 응했단다. 그 역시 너무 진지한 태도는 취하지 않는다.

호킹은 자신의 강연에서도 유머를 사용한다. 청중이 그의 이론을 이해하려다 자칫 머리가 곤죽이 될 수도 있다는 걸 알기 때문이다. 그의 이런 가벼운 태도는 논의에 정말 필요한 웃음을 더해준다. 2008년 2월 호킹은 TED 무대에 섰다. 그는 다음과 같은 큰 질문을 던졌다. "우리는 어디에서 왔을까요? 우주는 어떻게 존재하게 되었나요? 우리는 우주에서 혼자일까요? 다른 외계 생명체가 있을까요? 인류는 미래에 어떻게 될까요?" 꽤 무거운 주제다. 그는 일단 외계인이 지구를 찾는다는 주장은 틀렸다고 말한다.

외계인이 지구를 방문하는 것 같지는 않아 보입니다. 저는 UFO에 대한 보고는 무시하고 있어요. 왜 꼭 그들은 괴짜들 앞에만 나타나는 걸까요? 혹시 외계인의 존재를 숨겨서 발전된 외계 과학 기술을 독차지하려는 정부의 음모가 있다면 지금까지 몹시 비효율적인 작전을 펼쳐온 셈입니다. 또한 SETI 프로젝트로 외계 생명체를 광범위하게 탐색했음에도 불구하고 외계인이 방송하는 텔레비전 퀴즈 쇼 같은 건 보지도 듣지도 못했습니다. 이 말은 어떤 외계 문명도 인류와 같은 수준의 발전을 이뤄내지 못했다는 뜻일 겁니다. 적어도 수백 광년 범위 안

에서는 말이죠. 외계인에게 납치당할 것에 대비한 보험 상품을 만들어 팔면 짭짤할 겁니다.[15]

▮ 여섯 번째 비밀: **진솔한 유머**

유머에는 위험이 따른다. 그래서 대부분의 사람들은 그럴 용기를 내지 못한다. 비즈니스 발표가 끔찍이도 무미건조하고 지루한 이유가 여기에 있다. 빈틈을 보이기 위해서는, 즉 당신 자신과 당신의 이야기를 기분 좋은 웃음거리로 만들기 위해서는 용기가 필요하다. 진정성을 갖는 것이 열쇠다. 당신 자신이 아닌 다른 누군가가 되려고 노력할 필요는 없다. 당신을 웃게 만든 뭔가가 있다면 그것은 다른 사람도 웃게 만들 공산이 크다.

만일 유머가 정말 발표나 강연에 도움이 될지 여전히 확신할 수 없다면 이런 식으로 생각해보자. 연구에 따르면 유머는 건강에 좋다. 웃음은 혈압을 낮추고 면역력을 높인다. 호흡을 개선시키고 활력을 제공하며 기분을 좋게 한다. 기분이 좋다면 발표나 강연을 더 잘 전달할 것이고, 그러면 그것이야말로 웃을 일이 아닐까?

기억에 남는다

자신의 직감과 생각에 정말로 용기를 가져야 한다.
그렇지 않으면 결국 굴종하여, 기억할 만한 것들을 잃을 것이다.
― 프랜시스 포드 코폴라(Francis Ford Coppola)

18분의 법칙

전 도전과 흥분을 모두 즐깁니다. 지금 전 여러분에게 뭔가를 돌려드릴 수 있다는
사실에 흥분하고 있습니다. 그리고 짧아도 50시간 강연을 하는 제가
18분 안에 강연을 끝내야 한다는 도전에 임하고 있습니다.

– 토니 로빈스, TED 2006

워털루대학의 경제학 교수 래리 스미스는 세 시간짜리 강의를 한다.
2011년 11월 그는 한 TEDx 무대에서 15분짜리 강연을 했다. 그 동
영상 조회수가 150만 건 가까이 될 줄은 그도 정말 몰랐다. "강연 내
용을 18분으로 압축하는 것은 개인적인 도전이었죠. 제자들이 그런
부탁을 한 이유는 아마도 제가 죽길 바란 것 같아요."[1] 스미스는 농담
을 섞어 말했다.

"왜 18분 법칙이 잘 작동한다고 보시나요?" 나는 물었다.

"생각하는 것은 힘든 일입니다. 18분이면 강력한 주장을 펴고 사람
들의 주목을 끌 수 있습니다."

그렇다. 생각은 힘든 일이다. 생각을 전하는 데 18분 법칙이 아주
중요한 이유가 이 때문이다. TED 강연은 18분 분량을 초과해서는 안

된다. TED 강연자라면 예외 없이 지켜야 하는 기본 원칙이다. 래리 스미스든, 빌 게이츠든, 토니 로빈스든 다 마찬가지다. 18분이 최대 시간이다.

▌일곱 번째 비밀: **18분의 법칙**

18분은 강연과 발표의 이상적인 분량이다. 만일 시간을 이보다 길게 가져가야 한다면 10분마다 (이야기, 동영상, 시연 같은) 기분 전환 거리를 넣어라.

작동 원리 연구에 따르면 정보가 너무 많아서 '인지 밀림(cognitive backlog)' 현상이 발생하면 생각이 잘 전달되지 않는다고 한다. TED 큐레이터 크리스 앤더슨은 이렇게 설명한다.

이는[18분은] 진지하기에 충분히 긴 시간이고, 사람들의 주의가 흐트러지지 않을 만큼 충분히 짧은 시간입니다. 또한 온라인에 최적화된 시간 분량입니다. 커피를 마시며 잠시 쉬는 시간 길이와 비슷합니다. 그러니 좋은 강연을 보고 두세 명에게만 전송해도 아주 쉽게 입소문을 타는 겁니다. 또, 18분 분량은 트위터가 글자 수 제한을 두는 방식과 몹시 흡사한 작용을 합니다. 45분 분량에 익숙한 강연자는 18분 분량을 강요받으면 자신이 정말 하고픈 말이 무엇인지 진지하게 고민하게 됩니다. 정말로 전하고픈 핵심이 뭔지 생각하는 것이죠. 그래서 이야기를 단순명료하게 만드는 효과가 있습니다. 일종의 훈련입니다.[2]

듣는 것의 고통

미국 텍사스 기독대학교(Texas Christian University)의 폴 킹(Paul King) 박사는 30년간 의사소통 분야를 연구해온 영향력 있는 학자다. 그는 '듣는 행위의 불안 상태'에 대한 연구 결과를 설명했다. 불안은 무대나 단상에 선 사람에게만 해당된다는 게 일반적인 생각이다. 하지만 킹 박사는 청중 역시 불안을 느낀다는 사실을 밝혀냈다.

"대학생들을 대상으로 연구를 했습니다. 시험을 본다는 언질을 주고 계속 정보를 듣게 했습니다. 시간이 흐르자 불안 상태 수치가 올라갔습니다. 시험을 치를 때까지 올라가고 또 올라갔죠. 시험이 끝나자 불안 수치는 확 떨어졌습니다."[3] 킹에 따르면 정보의 축적은 인지 밀림을 야기한다. 이것은 마치 역기에 바벨을 끼우는 것처럼 정신적 짐을 계속 쌓아서 더 무겁게 만든다. "기억할 필요가 있는 것들이 많아질수록 압력도 커지고, 곧 전부 다 떨어뜨리게 됩니다."

킹은 인지 처리 과정, 즉 생각하고 말하고 듣는 일이 육체적 부담이 큰 활동이라고 주장했다. "고등학교 때 토론부 활동을 했어요. 농구부에도 있었고요. 농구장에서 종일 뜀박질을 해도 끄떡없는 체력이었죠. 첫 토론대회에서 결승까지 갔습니다. 토론이 세 차례 이어졌어요. 그걸 다 끝내고 났더니 완전히 파김치가 되었습니다. 노란색 낡은 스쿨버스에 가까스로 기어올라 그대로 곯아떨어져서 집에 도착할 때까지 잤습니다. 이상한 경험이었죠. 정말로 집중해서 비판적으로 듣는 것은 육체적으로 고단한 경험입니다. 듣는 이의 역할이라는 게 생각보다 훨씬 더 힘든 일입니다."

킹은 듣는 일이 진이 빠지는 활동이라고 말한다. 왜냐하면 청자의 두뇌는 나중에 기억될, 즉 상기할 내용을 계속해서 더해가기 때문이다. 인지 밀림이 발생하는 것이다. 듣는 시간이 길어지거나 듣는 정보의 양이 많아질수록 인식에 걸리는 부하도 커진다. 5분짜리 발표나 강연의 경우 인지 밀림 현상은 비교적 미약하다. 18분짜리는 약간 더 늘어난다. 하지만 60분짜리가 되면 인지 밀림 현상이 아주 심해져서 청중의 머리를 곤죽으로 만들 수도 있다. 이를 방지하는 방법은 이야기나 동영상, 시연 혹은 초대 손님을 등장시키는 것 같은 기분 전환 거리로 청중의 관심을 붙잡는 것이다.

발표나 강연이 길어질수록 듣는 이가 정리하고 파악하고 기억해야 할 내용도 많아진다. 그런 정신적 부담이 늘어날수록 불안도 커진다. 그들은 점점 낙담한다. 심지어는 분노하기까지 한다. 킹은 기억 처리 과정에 대한 연구가 요즘 많이 진행되고 있다면서, 그 연구들에 따르면 공부를 하루에 몰아서 벼락치기하는 것보다 짧은 시간 동안 두세 번에 나눠서 하는 편이 더 낫다고 했다. "어떤 요점을 귀에 못이 박히도록 말하는 것은 바람직하지 않다는 게 제 생각입니다. 이런 방식은 상대방의 두뇌가 들은 내용을 잘 처리하고 장기적 기억으로 저장하는 데 도움이 안 됩니다. 정말로 말이죠."

킹은 대학원생 수업을 통해 이런 연구 결과를 확인했다. 대부분의 대학원생들은 선택권이 있다면 50분짜리 수업 세 번보다는 세 시간짜리 수업 한 번을 듣는 편을 택한다. 하지만 킹이 수업을 일주일에 한 번 했을 때 다음 수업에 들어온 학생들은 지난주에 배운 내용을 거의 다 잊고 있었다. 킹은 같은 수업 내용을 세 번으로 쪼갠 시간표가 학습에 더 효과적이라는 사실을 발견했다. 월요일, 수요일, 금요일 식으로 말이다. 학생들의 반대에도 불구하고 그는 세 번의 짧은 수업을 고집했고, 그 결과 학생들의 점수가 올랐다. 더불어 학생들은 복잡한 수업 내용도 더 잘 기억했다.

에너지 먹깨비, 두뇌

래리 스미스와 폴 킹은 우리가 듣고 배우는 데 소모하는 에너지의 양을 넌지시 언급한다. 두뇌는 쉽게 지친다. 새 직장에 첫 출근한 날은 기진맥진한다. 복잡하고 낯선 설명서를 놓고 몇 시간 몰두하고 나면 머리가 곤죽이 된다. 미국 대학입학시험(SAT)을 치른 고등학생들은 이런 상태를 'SAT 숙취'라고 표현한다. 이처럼 새로운 정보를 처리하는 데는 에너지가 든다.

학습은 중노동일 수 있다. 평균적인 성인 두뇌의 무게는 단 1.4킬로그램 정도에 불과하다. 하지만 두뇌는 에너지 먹깨비다. 포도당과 산소, 혈류를 과도할 만큼 소비한다. 두뇌가 새로운 정보를 처리하는 과정에서 신경 단위인 뉴런들이 대단위로 한꺼번에 활성화되는데, 이 불길이 에너지를 태우고 이는 피로와 고갈로 이어진다.

사회심리학자 로이 바우마이스터(Roy Baumeister)는《의지력의 재발견(Willpower)》에서 사람은 매일 한정된 양의 의지를 갖는다고 설명한다. 두뇌의 에너지 소모가 많으면 의지도 고갈된다. 그는 서로 전혀 연관 없는 두뇌 활동들(초콜릿 안 먹고 참기, 수학 문제 풀기, 발표나 강연 듣기)이 같은 에너지원을 사용한다는 사실을 발견했다. 이것이 두뇌의 피로를 설명한다. 특히 오전 내내 중요한 결정을 내리거나 점심에 파이를 먹고 싶은 유혹을 억누르려고 노력한 날 오후에 몹시도 피곤한 까닭을 말해준다.

범인은 포도당이다. 정확히 말하면 포도당 부족이다. 포도당은 그냥 당(糖)이다. 우리의 몸은 우리가 먹은 온갖 음식으로 포도당을 만든다. 포도당은 혈류를 타고 돌면서 심장과 간, 두뇌를 포함해 근육의 연료로 쓰인다. 그리고 포도당은 신경전달물질로 바뀌어 두뇌로 들어간다. 신경전달물질은 뇌세포들이 신호를 주고받는 데 쓰는 화합물이다.

바우마이스터는 일련의 실험 결과를 공개했다. 피험자들에게 간단한 과제를 주고 그 전후의 포도당 수치를 측정한 것이다. 피험자들은 화면 하단에 자막이 보이는 동영상을 시청했다. "일부에게는 자막을 보지 말라고 지시했다. 다른 사람들에게는 편안히 쉬며 자막을 보든 말든 하고 싶은 대로 하라고 했다. 동영상 시청을 끝내고 포도당 수치를 다시 쟀더니 큰 차이가 있었다. 편안한 상태로 시청한 사람들의 수치는 일정하게 유지되었으나 자막을 보지 않으려고 노력한 사람들의 경우는 큰 폭의 하락을 보였다. 다소 자제력을 발휘한 일이 두뇌의 연료인 포도당 수치를 크게 떨어뜨리는 데 작용한 것으로 보인다."[4]

혼란스럽고 중구난방인 장시간의 발표나 강연은 듣는 이의 두뇌를 혹사하여 많은 에너지를 소비하게 한다. 뇌세포는 우리 몸의 다른 세포들보다 두 배나 많은 에너지를 필요로 하며, 정신적 활동은 포도당을 빠르게 고갈시킨다. 발표나 강연 분량으로 18분이 가장 적당한 이유다. 청중의 두뇌에 약간의 힘과 포도당을 남기는 것이다. 그래야 당신이 전한 내용을 다시 생각하고, 타인과 나누고, 거기에 부합하는 행동을 할 수 있다.

이야기를 너무 오래 들으면 정신은 내용을 떠나 산만해진다. 대학생들이 세 시간짜리 강의를 듣고 학구열에 불타는 모습을 본 적이 있는가? 강의를 듣자마자 기숙사로 달려가서 관련 서적을 독파하는 모습을 본 적이 있는가? 그런 일은 없다. 그보다는 가까운 피자집이나 맥줏집에 가서 긴 강의의 피로를 풀며 다른 이야기를 한다. 18분은 생각을 자극한다. 그러나 세 시간은 정신을 무감각하게 만든다.

18분 법칙 뒤에 있는 과학을 설명하기 위해 이번 장의 상당한 지면을 할애한 이유는 꼭 필요하다고 생각해서다. 대부분의 CEO와 전문가들에게 발표나 강연을 짧게 가져가라고 권하면 반대가 만만치 않다. 그들은 일단 손사래를 친다. 그러고는 이렇게 말한다. "하지만 카민 씨, 전달해야 할 정보가 너무 많아요!" 그러나 18분 법칙 뒤의 과학과 논리 및 기분 전환의 개념을 이해하고 나면 기꺼이 발표나 강연의 길이를 줄인다. 그리고 그 과정에서 창의력이 흘러나온다. 창의성은 제약 아래 꽃피운다.

창의성은 제약 아래 꽃피운다

제약은 창의적 발표와 강연의 열쇠다. 나는 종종 이런 질문을 받는다. "프레젠테이션 시간을 얼마나 길게 가져가야 합니까?" 나는 TED

와 똑같은 18~20분 사이가 중용의 길이라고 믿는다. 너무 짧지도 길지도 않으며, 청중을 설득하기에 딱 적합하다. 이보다 짧으면 듣는 사람들(특히 투자자와 의뢰인, 고객)은 정보를 충분히 제공받지 못한다고 느낄 것이다. 반대로 이보다 조금이라도 길면 듣는 사람들의 주의는 산만해진다.

발표와 강연의 길이에 대한 좋은 사례로, 존 F. 케네디 대통령의 취임 연설을 들 수 있다. 그는 15분짜리 취임 연설로 미국 국민을 북돋았다. 그는 연설문 작성자 테드 소런슨(Ted Sorensen)에게 간결하게 쓸 것을 지시했는데, 그 이유는 "수다쟁이로 보이고 싶지 않아서"였다. 그 결과 역사상 별로 유래가 없을 만큼 짧은 취임 연설이 탄생했다. 단 1,355개 단어(미국 대통령 취임 연설의 평균 분량은 2,300단어)로 이루어진 연설이었다. 케네디는 공들여 잘 쓴 문장을 상식적인 선에서 짧고 강력하게 전달할 때 청중의 상상력을 붙잡는다는 사실을 알고 있었다.

케네디 대통령의 취임 연설은 짧고 영감을 주는 내용 전달의 훌륭한 본보기다. 그의 또 다른 연설 역시 좋은 사례인데 모르는 사람이 많다. 1962년 9월 12일 라이스대학교에서 한 연설로, 여기서 케네디는 달 탐험이라는 비전의 윤곽을 그렸다. 그는 1960년대 말까지 "달에 가야 한다"며 미국인의 도전 의식을 고취했다. 미국의 수천 과학자들, 수백만 국민이 달 탐험에 시간과 노력을 쏟아붓도록 집단 상상력에 불을 지핀 연설이었다. 이것은 미국 역사상 가장 중요한 연설 중 하나가 되었다. 연설 시간은 17분 40초였다. 오늘날이라면 TED닷컴의 최고 인기 강연이 되었을 수도 있겠다.

혹자는 이렇게 주장한다. "할 말이 너무 많아요. 모든 정보를 20분 안에 전달하는 건 현실적으로 불가능합니다." 하지만 어쨌든 20분 안에 전달하도록 노력해야 한다. 연습을 통해 더 짧고 인상 깊은 강연을 하도록 노력하라.

매튜 메이(Matthew May)는 《빼기의 법칙(The Laws of Subtraction)》에서 거두절미의 과학을 설명한다. 메이에 따르면 "창의력은 지적 제약 아래 꽃피운다."[5] 그는 발표나 강연에 경계나 제한을 둠으로써 창의성을 꽃피울 초점과 뼈대가 생긴다는 주장을 설득력 있게 펼쳤다. "최근의 연구는 대중의 믿음과 상반된 증거를 제시한다. 상상력, 즉 창의력의 몸통은 억눌리지 않은 자유를 요구하지 않는다. 그보다는 오히려 한계와 장애에 의존한다."

메이는 빼기의 법칙이 단지 강연과 발표, 연설뿐만 아니라 우리 삶의 거의 모든 측면에 긍정적인 영향을 준다고 믿는다. 없는 것이 종종 있는 것을 이긴다. "정확한 대상을 정확한 방식으로 치워낼 때 대개는 뭔가 좋은 일이 생긴다." 메이의 말이다.

TED 강연의 온라인 조회수는 10억 건이 넘는다. 길기만 한 요령부득의 강연보다 '제약된' 강연이 더 영감을 주고 창의적이며 청중의 참여를 이끌어낸다는 사실을 증명한 셈이다. 길게 말하면 듣는 사람은 지겹고 잘 모르겠고 머리만 복잡하다.

> "사람들은 창의력을 오해하곤 한다. 창의력을 예술적 작업 측면에서만 생각하는 것이다. 사람들은 창의력이 아름다운 결과를 내는, 속박되지 않고 지도받지 않는 노력이라고 생각한

다. 하지만 잘 살펴보면 아주 큰 영감을 주는 예술 형태도 제약투성이라는 사실을 알 수 있다. 하이쿠, 소나타, 종교화 등이 그렇다."

– 마리사 메이어(Marissa Mayer), 야후! CEO

단순해지려면 용기가 필요하다

어떤 한 분야의 대가들은 복잡한 주제를 쉽게 설명한다. 그리고 청중도 그렇게 느낀다. 앨버트 아인슈타인은 "간단하게 설명하지 못한다는 것은 완벽하게 장악하지 못했다는 의미"라고 했다. 아인슈타인이 살아 있다면 아마도 데이비드 크리스천을 자랑스러워했을 것이다. 그는 2011년 3월 TED 무대에서 우주의 역사를 처음부터 끝까지 단 18분(정확히 말하면 17분 40초) 만에 들려주었다.

크리스천은 세계사 수업을 한다. 빅뱅이 있었던 130억 년 전부터 현재까지 우주의 전 역사를 살펴보는 것이다. 미국의 평생교육업체 더티칭컴퍼니(The Teaching Company)는 이런 거대사 수업을 48시간짜리 강의로 제공한다. 크리스천이 이를 18분으로 압축할 수 있었던 것은 자신의 주제를 깊이 이해했기 때문이다. 18분이라는 분량은 청중의 주의를 흐트러뜨리지 않고 지구라는 연약한 행성을 더 아끼도록 북돋우기에 딱 적합했다. 크리스천은 이렇게 말했다. "20년간 거대사를 가르쳤습니다. 마음대로 주무를 수 있을 만큼 편합니다. 그 말은 여러 가지 다양한 방식으로 강의를 할 수 있다는 겁니다."[6]

《작은 것이 아름답다(Small Is Beautiful)》를 쓴 E. F. 슈마허(E. F. Schumacher)는 이렇게 말했다. "똑똑한 바보는 일을 크고 복잡하게 만들 수 있다. 하지만 그 반대로 하기 위해서는 일말의 천재성과 많은 용기가 필요하다." 용기가 핵심이다. 단순하려면 용기가 필요하다. 파워포인트 슬라이드에 읽기도 힘든 깨알 같은 글자 대신 사진 한 장을 넣으려면 용기가 있어야 한다. 프레젠테이션 슬라이드 숫자를 줄이려면 용기가 있어야 한다. 길게 횡설수설하는 대신 18분만 말하고 끝내려면 용기가 있어야 한다. 레오나르도 다빈치는 이렇게 말했다. "정교하고 복합적인 것의 극상은 단순함이다."

"우리는 사소한 것들에 인생을 낭비한다. 단순하고 또 단순하게 살아라."

– 헨리 데이비드 소로

3의 법칙

간결함의 중요성을 뒷받침하는 과학적 원리들은 흥미롭다. 하지만 구슬이 서 말이라도 꿰어야 보배라는 말이 있듯이, 이런 원리들을 당신의 발표나 강연에 응용하지 않는다면 소용이 없다. 그러면 당신이 전하려는 지식을 어떻게 18분으로 압축할 수 있을까? '3의 법칙'을 알면 도움이 된다. 3의 법칙은 간단하다. 사람들은 세 조각의 정보를 정말로 잘 기억한다는 것이다. 항목이 셋보다 많으면 두뇌의 파지(把

持), 즉 기억 능력은 큰 폭으로 떨어진다. 이는 글쓰기와 의사소통 분야에서 아주 중요한 개념이다. 나는 CEO와 리더들에게 소통 자문을 하면서 3의 법칙을 소개해왔다. 이는 거의 모든 산업 분야에서 항상 성공적으로 적용되었고, 일부 인기 있는 TED 강연자들도 3의 법칙을 사용한다.

닐 패스리차(Neil Pasricha)의 블로그를 살펴보자. 이 블로그는 '1,000가지 멋진 일'을 포스팅한다. 이를테면 크리스마스에 내리는 눈이나 주말과 겹친 생일, 혹은 누군가가 내 이름을 따서 아이의 이름을 짓는 것 같은 일들이다. 이 간단한 발상에서 시작된 블로그로 패스리차는 책 출간 계약을 했고 트위터 팔로어 2만 5,000명이 생겼으며, 토론토의 TEDx 무대에 섰다. 강연 동영상은 100만 건이 넘는 조회수를 기록했다. 강연에서 패스리차는 인생의 소중한 1,000가지를 모두 다루려는 시도는 하지 않았다. 대신에 정말로 보람 있는 삶을 살기 위한 세 가지 비밀에 초점을 맞췄다. 비밀 세 가지는 모두 알파벳 'A'로 시작한다. 그래서 강연 제목도 '정말 멋진 세 가지 A(The 3 A's of Awesome)'였다.

정말 멋진 세 가지 A

패스리차는 매우 개인적인 이야기를 꺼냈다. 2008년에 겪은 일들이었다. 그해에는 일이 정말 잘 풀리지 않았다. 하루는 아내가 말했다. "여보, 우리 이혼해요."[7] 청천벽력 같은 소리였다. 한 달이 흘렀다. 더 나쁜 소식을 들었다. "크리스라는 친구가 정신질환으로 고생이 심했는데 (…) 스스로 목숨을 거두었습니다."

먹구름이 그의 머리 위를 맴돌았다. 패스리차는 컴퓨터를 켜고 작은 웹사이트를 시작했다. 억지로라도 긍정적인 생각을 하기 위해서였고, 순전히 기분 전환을 위해 시작한 일이었다. 호응이 있을 것이라는 생각은 아예 하지도 않았다. 그는 매일 새로운 블로그가 5만 개씩 생성된다는 사실을 잘 알고 있었다. 하지만 놀랍게도 그의 블로그(1000awesomethings.com)는 빠르게 인기를 모았다.

하루는 이런 전화를 받았다. "'세계 최고의 블로그 상' 수상자로 선정되셨습니다." "보이스피싱일 거라고 생각했죠." 패스리차의 말에 청중은 웃었다. 전화 사기는 아니었다. 그는 최고의 블로그에 주는 웨비상(Webby Award)을 받았다. 토론토에 있는 집으로 돌아온 그는 쏟아지는 전화를 받느라 정신없었다. 10명의 작가 대리인이 계약서를 들이밀었고, 결국《행복 한 스푼(The Book of Awesome)》이라는 제목으로 책이 나왔다. 이 책은 20주 연속 베스트셀러를 기록했다.

패스리차가 TEDx 무대에서 전한 정말 멋진 세 가지 A는 '태도(Attitude)'와 '깨어 있음(Awareness)', '진정성(Authenticity)'이었다. 그는 하나씩 간략히 설명했다. 먼저 태도에 관해 패스리차는 덜컹이는 길을 만날 때 어떻게 대응할지에 대한 두 가지 선택지가 있다고 했다. "여러분은 우울한 감정에 마구 휘둘리며 영원히 암울하고 암담하게 살 수 있습니다. 아니면 슬퍼하고 나서 새롭게 맑아진 눈으로 미래를 직시할 수 있습니다. 후자를 선택하는 게 훌륭한 태도입니다. 물론 정말 많이 힘들고 눈물 나는 고통이 있겠지만 앞으로 나아가는 편을 선택해서 미래를 향해 걸음마라도 떼는 것입니다."

깨어 있음에 관해서 그는 우리 안의 세 살짜리를 깨우라고 독려했다. "그 세 살짜리 남자아이가 여전히 여러분 안에 있습니다. 그 세 살짜리 여자아이도 여전히 여러분 안에 있고요. 다들 세 살이었던 때가 있었죠. 세상에 태어나 모든 걸 처음으로 본 그때의 느낌을 기억하는 게 바로 깨어 있음입니다."

진정성에 관해서는 이렇게 말했다. "여러분 자신으로 사는 것, 멋진 사람이 되는 겁니다. 진정성이 있는 사람은 자신의 가슴을 따릅니다. 사랑하며 즐길 수 있는 장소와 상황에 있으려 하며, 그런 대화를 합니다. 대화가 즐거운 사람들을 만나고 꿈꿔왔던 장소에 갑니다. 그리고 결국은 인생의 충만함을 느낍니다."

마법의 수 7±2

패스리차는 3의 법칙이라는 강력한 소통 기술을 직관적으로 이해하고 활용했다. 간단히 말하면 인간의 정신은 단기 기억(short-term memory) 혹은 작업 기억(working memory)에서 정보를 단지 세 '덩어리' 정도밖에 소비할 수 없다. 목록에 항목이 많아질수록 평균적인 사람은 점점 기억하기가 힘들어진다. 네 개 항목은 세 개 항목보다 기억하기가 약간 더 힘들다. 다섯 개 항목은 심지어 더 힘들다. 일단 목록의 항목 수가 여덟 개에 이르면 대체로 인간은 전체 배열을 거의 기억하지 못한다.

1956년 벨연구소(Bell Labs)는 하버드대학의 조지 밀러(George Miller) 교수와 손을 잡았다. 그는 '마법의 수 7±2(The Magical Number Seven, Plus or Minus Two)'라는 제목의 유명한 논문을 발표했다. 밀러는 대부분의 사람들이 새로운 정보를 일곱 조각 이상은 기억하기 힘들어한다는 사실을 알아냈다. 전화번호가 보통 일곱 개 숫자로 이루어진 까닭이 여기에 있다. 하지만 오늘날 과학자들은 단기 기억에서 쉽게 상기할 수 있는 항목의 수는 서너 개의 정보 덩어리라는 설명이 더 정확하다고 한다. 생각해보자. 당신의 음성사서함에 전화번호가 남겨져 있다. 그러면 아마도 이것을 두 개의 덩어리로 기억할 것이다. 국번 세 개 숫자와 나머지 번호 네 개 숫자로 말이다.

세상만사 속 3의 법칙

7월 4일은 미국의 독립기념일이다. 양도할 수 없는 인간의 세 가지 권리, 즉 생명, 자유, 행복의 추구를 공표하며 독립선언을 한 날이다. 생명과 자유, 그리고 행복은 아마도 미국 역사상 가장 중요한 단어로 자리매김하기에 충분할 것이다. 그만큼 대중을 감화하는 울림이 큰 단어다.

위키피디아에 해당 항목이 있는 것도 당연하다. 위키 백과의 내용을 조금 옮겨보자. "영어의 언어 역사상 가장 잘 쓴 영향력 있는 문장"이다. 그래서일까. 이 세 단어는 다른 여러 나라에도 영감을 주었다. 프랑스가 대표적이다. 프랑스 국민들은 억압을 떨치고 일어나 자유를 구하고, 시민의 권리를 세 가지로 말끔히 정리했다(프랑스의 이념인 '자유, 평등, 박애'의 기원은 프랑스혁명으로 거슬러 올라간다). 이처럼 미국 독립선언에 직접적으로 영감을 받은 나라는 아주 많다. 나는 '생명, 자유, 행복'이 인류 역사상 가장 중요한 세 단어로 자리매김해도 무리가 없다고 생각한다.

제퍼슨은 왜 이 세 단어를 골랐을까? 어쩌면 열두 가지를 말했을 수도 있는데 말이다. 제퍼슨은 솜씨 좋은 작가였다. 그의 유명한 이 구절은 고대 그리스까지 거슬러 올라가는 수사 기술을 반영한 것이다. 바로 하나의 생각을 세 단어로 표현하는 연설 형태다.

또한 3의 법칙은 우리 생활 곳곳에 녹아 있다. 아기 돼지 삼형제와 삼총사 이야기가 있다. 마법 램프를 문지른 알라딘은 세 가지 소원을 허락받았다. 화가들은 삼원색에 익숙하며 이차색(원색 두 가지를 섞은 색 – 옮긴이) 세 가지도 그렇다. 과학에서 뉴턴은 세 가지 운동법칙을 발견했다. 현대 과학자들은 원자를 이루는 세 가지 입자(양성자, 중성자, 전자 – 옮긴이)를 찾아냈다.

서구의 식탁에는 포크와 나이프, 스푼이 있다. 미국 국기도 세 가지 색깔이다. 영국과 프랑스, 이탈리아, 아르헨티나, 러시아연방, 네팔 등 많은 나라들의 국기도 세 가지 색깔이다. 심지어 올림픽 메달도 금, 은, 동 세 종류다. 예수도 성부와 성자와 성신이라는 삼위일체의 한 부분이다. 3의 법칙은 미국 대통령 버락 오바마의 당선도 도왔다. 유권자들은 이렇게 외쳤다. "예스, 위, 캔(Yes we can)!" 알파벳 3개로 된 이름을 지닌 ING, UPS, IBM, SAP, CNN, BBC 등은 세계적 브랜드다. 이렇듯 3은 어디에나 있다.

글쓰기와 말하기에서 3은 다른 어떤 숫자보다 의미가 있다. 우리 주변이 온통 3인 것도 우연은 아니다. 제퍼슨은 3을 활용했다. 세상의 다른 위대한 작가들도 3의 덕을 보았다. TED 강연자들도 마찬가지다. 질 박사의 강연 '긍정의 뇌'는 TED 역사상 두 번째로 큰 인기몰이를 했다. 그녀는 강연을 세 부분으로 나누어 각 6분씩 할애했다. 그렇게 함으로써 그녀는 강연을 더 쉽게 기억하여 전달할 수 있었고, 당연히 청중도 더 쉽게 강연을 따라왔다. 다음은 TED 강연에서 3의 법칙이 적용된 다른 몇 가지 사례다.

TED 강연 속 3의 법칙

Chapter 6에서 만난 유튜브의 트렌드 매니저 케빈 앨로카를 떠올려보자. 그는 동영상을 보면서 인기 동영상이 급속히 입소문을 타는 원리를 연구한다. 앨로카는 유튜브에 매분 48시간 분량의 동영상이 올라온다며, 그중 오직 극소수만이 빵 터진다고 했다. 단기간에 수백만 건의 조회수를 올린다는 의미다.

"어떻게 그런 일이 일어나는 걸까요? 바로 세 가지 때문입니다. 트렌드 리더, 자발적 참여, 뜻밖의 내용입니다."[8] 케빈 앨로카는 그렇게 시작해서 10분이라는 강연 시간 동안 마케터들에게 가치 있는 정보를 제공했다. 그 역시 강연을 세 부분으로 나눠 내용을 기억하기 쉽게 했다.

TED 강연에서 내용을 셋으로 나눈 사람이 앨로카만은 아니다. 돈 노먼(Don Norman)은 사람을 행복하게 하는 디자인의 세 가지 방법을 설명했다. 톰 우젝(Tom Wujec)은 두뇌가 의미를 만드는 세 가지 방법을 말했다. V. S. 라마찬드란(V. S. Ramachandran)은 두뇌를 이해하기 위한 세 가지 실마리를 보여주었고, 팀 레베레히트(Tim Leberecht)는 브랜드가 정체성 통제를 잃어버리는 세 가지 길을 알려주었다. 릭 엘리아스(Ric Elias)는 비행기가 추락했을 때 배운 세 가지를 이야기했으며, 미코 히포넌(Mikko Hypponen)은 사기꾼들이 디지털 정보를 훔치는 세 가지 방식을 청중에게 알려주었다. 댄 애리얼리는 버니 매도프

(Bernie Madoff) 사건(미국 나스닥 회장까지 지낸 버니 매도프가 벌인 500억 달러 규모의 다단계 사기 사건 - 옮긴이)에서 배울 수 있는 세 가지 비이성적 교훈을 설명했다.

심지어 3분짜리 TED 강연인 '3분 TED'도 있다. 아리아나 허핑턴 (Arianna Huffington)과 〈뉴욕 타임스〉의 기술 칼럼니스트인 데이비드 포그(David Pogue), 테리 무어(Terry Moore) 같은 사람들은 한입 거리 군것질 같은 영감과 지식을 제공한다. 테리 무어는 최초로 3분 TED 강연을 했다. 신발 끈을 매는 더 좋은 방법에 관한 내용이었다. 이 '신발 강연'은 150만 건 이상의 조회수를 기록했다. 사람들은 뭔가 새로운 것을 배우길 원한다. 하지만 배우기 위해 너무 오래 기다리는 것은 원치 않는다.

세 개의 이야기, 세 개의 메시지

TED 무대를 비롯한 여러 곳에서 수준급 강연과 발표를 펼치는 많은 이들이 세 가지 이야기로 전체적인 구성의 꼴을 잡는다. 3의 법칙을 따른 것이다. 먼저 친환경 사업 분야의 전문가인 마조라 카터의 강연 사례를 살펴보자. 그런 다음 강연과 발표의 밑그림을 그리는 법에 대해 자세히 알아보자.

친환경 사업가의 세 가지 이야기

마조라 카터는 모든 꿈이 실현되고 확산될 수 있는 환경을 만들고 싶다고 말한다. 그녀는 녹색사회 기반시설 분야에서 전문가로 명성을 쌓아왔다. 뉴욕 브롱크스 남부와 시카고 남부, 뉴올리언스의 나인스 워드(Ninth Ward) 같은 도심 빈민가를 어떻게 소생시킬 것인가가 그녀의 화두다. 카터의 2006년 강연 제목은 '게토를 푸르게(Greening the Ghetto)'라는 것이었다. 이는 TED닷컴 초기에 올라온 강연들 중 하나였다. 4년 뒤 카터는 TEDx 미드웨스트 무대에 서달라는 초청을 받았다. 주제는 친환경 사업이었다. 시간이 18분밖에 없었으므로 그녀는 세 가지 이야기를 들려주기로 정했다. 서로를 모르지만 "공통점이 끔찍이도 많은"9 세 사람의 이야기였다.

카터는 먼저 브렌다 팜스파버(Brenda Palms-Farber)의 이야기를 꺼냈다. 팜스파버는 꿀로 화장품을 만들어 파는 사업을 시작하면서 이른바 '고용 부적격자'들을 고용했다. 양봉과 꿀 채취 업무를 하는 다수의 직원들이 전과가 있었다. 그녀의 제품은 미국의 친환경 슈퍼마켓 홀푸즈(Whole Foods)에서 팔린다. 여기서 주목할 만한 사실은 전과가 있는 직원들 중 다시 감옥에 가는 비율이 4퍼센트가 채 안 된다는 것이다.

카터의 다음 이야기에는 로스앤젤레스에 사는 한 남자가 등장한다. 앤디 립키스(Andy Lipkis)라는 이 남자는 수백만 달러를 들여 깐 아스팔트를 뜯어내고 도심의 학교에 풀과 나무를 심도록 시(市)를 설득했다. "나무와 사람들, 기술을 결합해서 더 살기 좋은 도시를 만든다"는 것이다.

카터의 마지막 이야기는 석탄 광부의 딸이 주인공이었다. 〈광부의 딸〉이라는 전기 영화로 유명한 미국 가수 로레타 린(Loretta Lynn)이 아니라 주디 본즈(Judy Bonds)라는 여성이었다. 그녀는 웨스트버지니아 주의 고향 마을 산꼭대기에 풍력발전소를 세우려고 노력했다. 본즈의 계획을 설명한 카터는 잠시 말을 멈추고 나쁜 소식을 전했다. "주디는 몇 달 전 폐암 3기 진단을 받았습니다. 암세포가 뼈와 뇌까지 전이되었습니다. 그래서 주디가 나쁜 돌가루와 석탄 먼지를 날리며 산꼭대기를 깎아 석탄을 캐지 말고 그곳에 풍력발전소를 짓자고 주장하는 겁니다. 그녀의 꿈인 콜리버 산 풍력발전소(Coal River Mountain Wind)는 그녀의 유산이 될 겁니다. 아마도 주디는 풍차 날개가 돌아가는 모습을 보지 못할지도 모릅니다. 하지만 그녀는 선언문 같은 것을 작성하기보다는 꿈을 현실로 만들 수 있는 사업계획서를 작성하고 있습니다."

여기까지 말한 카터는 세 가지 이야기를 꿰뚫는 중심 주제를 말했다. "돈을 어떻게 생산적으로 지역 경제로 보내서 기존 시장의 요구를 충족시키고 현재의 사회적 문제를 줄일지, 미래의 새로운 문제를 어떻게 예방할지 이 세 사람은 모두 이해합니다."

메시지 지도를 만드는 참 쉬운 3단계 방법

나는 〈포브스〉에 〈15초 만에 어떤 설득도 해내는 법(How to Pitch Anything in 15 Seconds)〉[10]이라는 칼럼을 썼다. 여기서 독자들에게 '메시지 지도'라는 유용한 도구 하나를 소개했는데, 이는 사업 설명이나 발표, 강연에서 성공하는 기술로서 전달하려는 내용을 간결하고 명확하게 유지하도록 돕는다. 그런데 이 지도를 제대로 쓰려면 3의 법칙을 이해해야 한다.

메시지 지도는 생각의 요점이 한눈에 들어오도록 정리한 개념도라 할 수 있다. 이는 의사소통 전투에서 반드시 갖춰야 하는 강력한 무기로서 15초만큼의 짧은 시간에 무엇(상품, 서비스, 회사, 생각)이라도 설득해낼 수 있도록 도우며, 18분짜리 강연처럼 시간적 여유가 더 있는 경우라면 구성의 뼈대를 짜는 데 유용하게 쓸 수 있다. 다음은 메시지 지도를 사용해 이기는 설득을 해내는 세 단계 과정이다. 일단 연습장이나 화이트보드 칠판을 준비한다. 아니면 워드프로세서 화면이나 파워포인트 슬라이드를 띄운다.

1단계: 트위터식 헤드라인

Chapter 4의 트위터식 한 줄 정리를 떠올려보자. 헤드라인은 전체 내용을 한 문장으로 포괄하는 표제로서 당신이 궁극적으로 전달하고자 하는 내용이다. 스스로 이렇게 물어보자. "내 [상품, 서비스, 브랜드, 생각]에 대해 듣는 이가 알았으면 하는 단 하나의 가장 중요한 것은 무엇인가?" 메시지 지도의 제일 위에 동그라미를 그리고 이 질문의 답을 적어 넣어보자. 이것이 당신의 헤드라인이다. 헤드라인은 반드시 트위터에 쓰기에 적합(140자를 넘지 않는)해야 한다는 사실을 기억하라. 어떤 상품이나 생각을 140자 이내로 설명할 수 없다면 문장을 다시 고민하도록 한다.

2단계: 헤드라인을 지지하는 핵심 메시지 세 가지

앞서 언급한 대로 인간 정신의 단기 기억은 단지 세 조각 정도의 정보만 처리할 수 있다. 따라서 발표나 강연의 윤곽을 짤 때는 전체적 주제를 지지하는 세 가지 내용을 포함시킨다. 질 박사가 TED 강연 '긍정의 뇌'를 각 6분씩 세 부분으로 나눈 걸 기억할 것이다. 두뇌의 신경회로, 뇌졸중에 걸린 날, 뇌졸중 경험에서 얻은 삶과 세계와 자신에 관한 통찰이었다.

3단계: 이야기와 통계 및 사례로 세 가지 메시지를 강화한다

3단계에서는 헤드라인을 지지하는 세 개의 메시지 각각에 보기 항목을 더한다. 보기로 들 내용을 메시지 지도에 전부 기록할 필요는 없다. 생각이 바로 떠오를 만한 단어 한두 개 정도만 적어놓으면 된다. 메시지 지도는 반드시 한 페이지에 완성해서 전체가 한눈에 들어오

스티브 잡스의 2005년 스탠퍼드대학교 졸업식 연설

좋아하는 일을 하라		
점들을 잇는다	사랑하고 잃는다	죽음
리드칼리지	차고에서 설립한 애플	암 진단
서체 수업	해고	시간은 한정되어 있다
매킨토시	복귀	맨손으로 갈망하고 바보처럼 도전하라

Created by Gallo Communications Group, www.carminegallo.com

도록 한다.

왼쪽 그림은 스티브 잡스의 유명한 2005년 스탠퍼드대학교 졸업식 연설을 3단계 메시지 지도로 그려본 것이다. 졸업식 연설은 15분 짜리였다. TED 강연 분량과 비슷하다. 주제는 '좋아하는 일을 하라'로서 트위터식 한 줄 정리에 적합한 헤드라인이다. 이것은 세 가지 핵심 메시지(점들을 잇는다, 사랑하고 상실한다, 죽음)로 나뉘며 각 부분은 다시 보기 항목 세 개의 뒷받침을 받는다. 이처럼 메시지 지도는 청중에게 전하려는 내용의 골자를 한눈에 명확히 보여준다. 이는 당신의 발표나 강연을 너무 길거나 산만하지 않게 하는, 효율적이고 효과적이며 확실한 방법이다.

메시지 지도 개념도

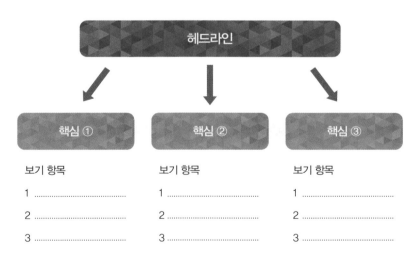

Created by Gallo Communications Group, www.carminegallo.com

앞 개념도를 활용해서 당신의 메시지 지도를 작성해보자. 맨 위 항목에는 앞서 Chapter 4에서 만들어본 헤드라인을 넣는다. 이제 당신의 3의 법칙은 무엇인가? 헤드 라인을 중심으로 당신이 전할 상품, 서비스, 브랜드, 생각 등을 고민하고 이를 지지할 핵심 메시지 셋을 만들어낸다. 만일 핵심 메시지가 셋 이상이라면 내용을 세 부류로 나 눈다. 메시지 지도 중간에 있는 항목 세 개에 핵심 메시지를 적어 넣는다. 이제 각 부류 의 하위 항목을 만들어볼 차례다. 보기 항목은 앞서 살펴보았듯이 이야기와 사례, 일화, 의미 있는 통계들을 포함시킨다. 이렇게 완성된 메시지 지도는 어떤 생각이나 상품, 서 비스, 회사에도 적용할 수 있으며 당신에게 아주 유용하고 가치 있는 의사소통 도구가 될 것이다.

❙ 일곱 번째 비밀: **18분의 법칙**

중언부언에 배배 꼬인 긴 발표나 강연은 지루하고 재미없으며, 청 중을 잃는 확실한 길이다. 18분 법칙은 단순히 발표나 강연을 간명하 게 하기 위함이 아니다. 듣는 이에게 너무 많은 정신적 짐을 지우지 않기 위한 필수 요건이다. 제약된 조건의 발표나 강연은 더 많은 창의 력을 요구한다는 사실을 기억하라. 없는 것이 있는 것을 훨씬 강하게 만든다!

복합적 감각 경험으로 머릿속 그림을 그린다

말로만 설명하는 것보다 말과 함께 그림을 보여주는 편을 권합니다.
— 리처드 메이어(Richard Mayer) 박사, 심리학자

물은 감정적으로 생생하지 않다. 그러다 물이 부족해지면 온통 물 생각만 하게 된다. 마이클 프리처드(Michael Pritchard)는 2004년 인도양 쓰나미와 2005년 허리케인 카트리나 재난을 보고 휴대용 정수기를 발명했다. 당시 이재민들은 안전한 음용수가 부족해 죽거나 심각한 질병에 걸렸다. 프리처드는 휴대용 라이프세이버(LIFESAVER) 필터를 발명했다. 이것은 더러운 물을 마셔도 되는 물로 바꿔주었다. 2009년 프리처드는 자신의 발명품을 들고 TED 무대에 올랐다. 300만 명 이상이 그의 강연을 보았다. 다른 사업가들이 시샘할 만한 주목을 받은 것이다.

프리처드의 강연은 넝마를 입은 한 남자아이의 사진으로 시작한다. 소년은 진흙탕에서 역하고 더러운 물을 바가지로 퍼 담고 있다.

"모두들 지난 며칠 동안 제공된 생수를 잘 마셨으리라 생각합니다. 마셔도 좋은 안전한 물이라는 데 의심의 여지가 없으셨을 겁니다."[1] 그는 청중에게 질문을 던진다. "그런데 그렇지 않다면요? 사진 속 장소에서 떠온 물이라면 어땠을까요? 만약 그랬다면 실제로 여기 계신 분들 중 절반 정도는 설사로 고생하고 계실 겁니다. 통계적으로 그렇습니다." 프리처드는 강연을 시작하자마자 단순하지만 생각을 하게 만드는 사진과 듣는 이를 아연실색케 하는 통계(탄성의 순간)로 청중의 관심을 잡았다. 하지만 그것은 시작에 불과했다.

강연을 시작한 지 3분 후 프리처드는 무대에 세워둔 어항으로 갔다. 인근 템스 강에서 길어온 물이 4분의 3 정도 채워져 있었다. 대체로 깨끗했고 약간 탁한 정도였다. "생각해보니 만일 우리가 방글라데시의 홍수 지역에 있다면 물이 이럴 것 같지는 않더군요. 그래서 넣을 것을 좀 가져왔습니다." 프리처드는 그의 연못에서 떠온 물을 더 부었다. 하수도에서 퍼온 물도 부었다. 청중이 정말로 생생한 감정을 갖게 만드는 시연이었다. 그는 마지막으로 "친구의 토끼가 준 선물(토끼 똥 – 옮긴이)"을 더했다.

프리처드는 이 물을 유리 주전자 한가득 떠서 그의 정수 장치에 넣었다. 그리고 펌프질을 몇 번 하자 마셔도 좋은 깨끗한 음용수가 나왔다. 유리컵에 물을 담아 그가 직접 마시고, 무대 옆에 있던 TED 큐레이터 크리스 앤더슨도 마시게 했다. 시연은 총 3분을 넘지 않았다. 프리처드의 강연은 사진과 통계, 시연으로 구성되었다. 그중 어느 한 가지만이 특히 인상적이었던 것은 아니었다. 세 가지 모두가 인상적이었고 강연을 기억에 남게 했다.

▌여덟 번째 비밀: **복합적 감각 경험으로 머릿속 그림을 그린다**

발표나 강연을 시각, 청각, 촉각, 미각, 후각 등 듣는 이의 감각을 하나 이상 건드리도록 구성하라.

작동 원리 우리의 뇌는 지루한 것에 관심을 두지 않는다는 사실을 기억하라. 시선을 잡아끄는 그림과 사진, 동영상, 흥미로운 무대 소품, 멋진 언어 표현, 초대 손님으로 생명력을 불어 넣은 무대는 지루할 틈이 없다. 당신의 발표나 강연에 다감각적 요소를 넣으라고 떠미는 사람은 없다. 하지만 다감각적 무대를 경험한 청중은 말 그대로 홀딱 반한다. 두뇌는 다감각적 경험을 갈구한다. 청중은 당신의 발표나 강연이 그토록 재미난 이유를 아마도 잘 모를 것이다. 그냥, 작은 비밀로 남겨두자.

멀티미디어와 학습 능력

몇 해 전 리처드 메이어 박사와 대화를 나누었다. 캘리포니아대학교 샌타바버라 캠퍼스의 심리학자인 메이어 박사는 멀티미디어 학습의 강력한 주창자다. 〈멀티미디어 학습 인지 이론(A Cognitive Theory of Multimedia Learning)〉이라는 논문에서 그는 개념을 설명할 때 청각과 시각, 신체 운동 등 다양한 감각을 자극하면 훨씬 큰 효과를 볼 수 있다고 밝힌다. 메이어는 멀티미디어 사용이 학생들의 학습을 얼마나 개선할 수 있는지 이해하는 것이야말로 인지심리학 분야의 가장 중요한 연구 중 하나라고 믿어 의심치 않는다.

메이어는 실험에서 학생들에게 글과 그림(사진), 애니메이션, 동영상 등 복합적 감각 환경에 가끔이 아니라 계속 노출시켰다. 그들은 대조군으로 선정된 학생들, 즉 같은 정보를 오직 듣거나 읽어서 이해한 학생들에 비해 정보를 더 정확히 기억했다. 메이어는 이것이 당연한 결과라고 했다. 두뇌가 하나의 설명에 대해 음성언어 모델과 시각 모델이라는 두 가지 정신적 표상을 만들 수 있을 때 정신적 연결은 단지 조금 강해지는 것이 아니라 훨씬 더 강해진다. 여기에 촉각까지 더한다면 게임 끝이다!

정보를 배우는 사람들, 즉 '청중'이 해당 내용에 대한 사전 지식이 부족할 때 (청각적 학습과 시각적 학습이라는) 두 종류의 학습 차이는 더 커진다. 사전 지식이 많은 학생들은 단순히 듣거나 읽는 동안에도 나름의 정신적 그림을 그릴 수 있었다.[2]

당신이 해야 할 중요한 발표나 강연을 생각해보자. 아마도 당신의 강연을 듣는 대상은 전달하려는 정보에 대한 사전 지식이 별로 없는 경우일 것이다.

- 새로운 생각, 상품, 회사, 캠페인 운동을 설명하기
- 새로운 규칙, 과정, 방침이나 지침을 설명하기
- 수업 첫날 학생들을 가르치기
- 직원이나 판매원에게 새로운 도구나 고객 서비스 계획을 훈련시키기
- 고객에게 완전히 생소한 상품을 팔기

- 유일무이하고 혁명적인 제품이나 서비스 출시하기
- 기업을 키우기 위한 자금을 투자자에게 요청하기

이처럼 다양한 상황에서 복합적 감각 경험은 종종 가장 좋은 결과를 이끈다. 청중은 아마도 회의적이고 설득이 힘든 사람들이 대부분일 테지만 인간의 행동을 몰아가는 심리는 그들도 어쩔 수 없다. 사람은 시각적, 청각적, 촉각적 자극물에 반응한다.

대중 연설에 능한 이들은 이런 사실을 안다. 그들은 하나의 우세한 감각을 위주로 발표나 강연을 만들어가면서 적어도 하나나 두 개의 다른 감각적 경험을 섞는다. 보고 듣고 만지는 것, 그리고 냄새와 맛 등을 추가하는 것이다. 냄새와 맛의 감각을 발표나 강연에 포함하는 일은 비교적 까다롭다. 하지만 프리처드는 TED 무대에서 청중에게 실제로 냄새를 맡거나 맛을 보게 하지 않고도 이 두 감각을 성공적으로 자극했다(물 냄새나 맛이 어떨지 상상한 사람은 마치 실제로 물 냄새를 맡거나 마신 것처럼 두뇌의 동일한 영역이 활성화된다). 따라서 냄새와 맛은 일단 제쳐두고 시각과 청각, 촉각에 초점을 맞춰 강연을 구성하는 법을 살펴보자.

시각은 다른 모든 감각을 앞선다

프레젠테이션 슬라이드에는 가능한 한 글자 대신 시각 자료를 쓴다. 글자와 그림을 결합해 정보를 전달하면 글만 있을 때보다 듣는 이가 훨씬 잘 기억한다. 시각은 다른 모든 감각을 앞선다. 그래서 이번 장의 많은 부분을 시각적 발표와 강연을 하는 기술에 할애할 생각이다. 청중의 머리에 그림을 그려 그들의 참여를 이끌어내는 기술은 일부는 예술이고 일부는 과학이다. 생각을 설득력 있는 시각적 이미지로 바꾸려면 창의적 사고를 해야 한다. 지난 30년간 세계 최고의 지성들은 강력하고 마음을 끌고 영감을 주며 기억에 남는 이미지로 전세계 TED 청중들을 사로잡아왔다. 이것이 그들이 생각을 퍼뜨리는 방법이다.

기후 변화 운동에 불을 댕긴 멀티미디어 강연

미국 부통령을 지낸 앨 고어는 2007년 노벨평화상을 탔다. 지구온난화의 위험을 알린 공로였다. 앞서 2006년 그는 몬터레이의 TED 무대에 섰다. 그리고 그해 강연회의 슈퍼스타가 되었다. 당시 사용한 강연 슬라이드 일부가 아카데미상을 받은 다큐멘터리 영화 〈불편한 진실(The Inconvenient Truth)〉에도 그대로 쓰여 호평을 받았다. 앨 고어의 노벨평화상 수상 소식이 전해지자 TED닷컴 블로그는 현장에서 그의 강연을 본 테드스터들에게 강연이 어떤 충격을 주었으며 그들의 삶을 어떻게 바꾸었는지 물었다. 그들에게 들은 몇 개의 대답을 옮겨본다.

- "앨 고어의 TED 강연이 제 눈을 틔웠죠. 손자 손녀 세대를 위해서 어떤 일을 해야 할지 알게 되었어요. 이제 저는 벤처기업에 투자할 때 지구가 받을 충격도 함께 고려합니다."_하워드 모건, 벤처투자자
- "기후 위기를 말하는 고어의 강연에서 눈을 뗄 수 없었습니다.

영감을 받았어요. 그의 열정은 대단했죠. 그 강연을 아이들에게도 보여주었어요. 이제 열한 살인 큰아들 찰리는 지구온난화의 위험을 알리는 홍보대사를 자처하고 있습니다. 파워포인트로 자기 나름의 강연을 짜서 이 사람 저 사람에게 들려주고 있죠."_제프 레비, CEO

• "앨 고어의 2006년 TED 강연은 제 삶의 전환점이었습니다."_데이비드 S. 로즈, 창업투자자[3]

이것은 빙산의 일각이다. 수많은 사람들이 앨 고어의 강연을 보고 지구온난화의 위협과 그 원인을 알게 되었고, 자신이 할 수 있는 일이 무엇인지 고민하게 되었다.

앨 고어의 강연 슬라이드는 키노트 프로그램으로 만든 것이었다. 정보의 시각적 구현이 행동을 촉구하는 데 얼마나 큰 힘을 갖는지 정말 잘 보여준 사례였다. 2006년 2월 몬터레이에 모인 TED 청중은 몇 달 뒤에 나올 동명의 다큐멘터리 영화의 예고편을 본 셈이었다.

〈불편한 진실〉의 뒷이야기는 그보다 2년 전으로 거슬러 올라간다. 2004년 5월 27일 기상 이변으로 인한 재앙을 다룬 영화 〈투모로우(The Day After Tomorrow)〉가 개봉되어 뉴욕에서 상영되던 동안, 고어는 뉴욕 시청에서 열린 한 관련 회의에서 기후 변화에 대한 10분짜리 짧은 강연을 했다. 청중 중에는 프로듀서 로리 데이비드(Laurie David)도 있었다.

"이런 걸 처음 봤어요. 어안이 벙벙했죠."[4] 데이비드는 말했다. "그 날 저녁 강연이 끝나자마자 앨 고어를 만나서 뉴욕과 로스앤젤레스의 리더와 친구들에게 정식 강연을 해줄 수 없겠냐고 물었죠. 그가 스케줄만 낼 수 있다면 제가 기획자로 나설 참이었습니다. 고어의 강연은 제가 경험한 강연 중에서도 지구온난화에 관한 가장 강력하고 명확한 설명이었죠. 이를 주변의 모든 사람에게 알리는 일은 제 임무가 되었습니다."

'제가 경험한 강연에 지구온난화에 관한 가장 강력하고 명확한 설명'이라는 로리 데이비드의 언급을 생각해보자. 만일 고어가 슬라이드를 사용해 지구온난화라는 주제를 시각화하지 않았더라면 데이비드에게 그렇게 큰 영감을 주지도 못했을 것이고, 〈불편한 진실〉이라는 영화도 탄생하지 않았을 것이다. 데이비드가 큰 영감을 받은 이유는 멀티미디어 체험을 했기 때문이었다. 그것은 평범한 강연이라기보다 한 편의 영화에 더 가까웠다.

> 〈포브스〉 칼럼을 쓰기 위해 버진그룹 창업자 리처드 브랜슨 경을 인터뷰했을 때의 일이다. 리더십과 소통에 관한 이야기를 나누었는데, 나는 그에게 몹시 인상 깊게 본 프레젠테이션이 있느냐고 물었다. 그러자 그는 바로 앨 고어의 지구온난화 강연이라고 답했다.
> "그[앨 고어]는 망가지기 쉬운 지구에서는 아무리 일상적인 사업을 해도 되돌릴 수 없는 영향을 끼친다는 사실을 보여주었죠. 화석연료를 사용하는 사업[비행기, 기차](버진그룹은 항공과 철도 사업을 운영한다 – 옮긴이)을 하는 한 사업가가 어떻게 청정기술 시장을 열지, 어떻게 새로운 방식으로 더 나은

사업을 할 수 있을지에 대해 우리는 건설적인 대화를 나누었습니다. 그래서 저는 버진이 운송 사업으로 벌어들인 수익의 100퍼센트를 청정에너지에 쓰기로 약속했습니다. 그리고 사업의 우선순위를 사람과 지구, 이윤에 동등하게 두게 되었죠."[5]

만일 고어가 시각적 보조 자료 없이 그냥 말만으로 강연을 했다면 영감을 받거나 흥미를 느낀 사람은 별로 없었을 것이다. 그의 생각은 주목받지 못했을 것이며, 아무리 의미가 있다고 해도 환경 문제에 특별히 관심이 있는 극소수에게만 의미가 있었을 것이다. 복잡한 정보를 시각적으로 전하면 주제가 선명히 드러나고 개념 파악이 쉬워진다. 다음 표에서도 보겠지만 고어는 지구온난화의 기초과학을 시각적으로 설명했다. 강연 무대에서 그가 한 말과 당시 화면에 뜬 시각 자료를 보면 그가 얼마나 효과적으로 청중의 관심을 사로잡았는지 알 수 있다. 그는 특히 애니메이션 효과를 주어서 청중의 몰입도를 높였다.

고어는 복잡한 내용을 간단히 설명해야 한다는 것을 알고 있었다. 그리고 다량의 시각 자료가 개념 이해를 돕는다는 사실도 알았다. Chapter 4에서 만난 타이태닉호 탐험가 로버트 밸러드를 떠올려보자. 그는 2008년 TED 강연에서 57장의 슬라이드를 썼다. 그중 글자가 박힌 것은 단 한 장도 없었다! 밸러드는 자신이 발견한 놀라운 바닷속 세계를 사진과 예술적인 무대 연출로 잘 보여주었다. 하지만 글자는 없었다. 왜일까? "이야기를 해주려는 거지, 강의를 하러 온 게 아니니까요"라고 밸러드는 말했다.

앨 고어의 말과 슬라이드 화면

말	슬라이드
지구 생태계의 가장 취약한 부분은 대기입니다. 취약한 이유는, 그것이 아주 얇기 때문이죠. (…) 너무 얇아서 우리가 대기 구성을 바꿀 수도 있습니다. 여기서 지구온난화의 기초 과학이 시작됩니다. 태양 복사가 광파(光波)의 형태로 들어와서 지구를 덥힙니다.[6]	지구와 태양, 그리고 태양이 내뿜는 노란색 광선의 그림
흡수된 복사열은 지구를 덥히지만 그 일부가 적외선 복사의 형태로 우주로 재방사됩니다.	적외선 복사를 의미하는 빨간색 화살표가 지구의 대기를 뚫고 나가는 모습을 애니메이션으로 구현
우주로 나가려던 적외선 복사 일부가 대기층을 뚫지 못하고 대기 내부에 갇힙니다.	빨간색 화살표 하나가 우주로 나가지 못하고 꺾여서 얇은 대기 안으로 다시 들어오는 장면
이것은 좋은 일이죠. 지구의 온도를 일정 범위 내로 유지해줍니다. 그래서 기온이 비교적 꾸준히 유지되고 살기 적합한 겁니다. 문제는, 얇은 대기층이 지구온난화를 유발하는 온갖 공해 때문에 두꺼워지고 있다는 겁니다. 공해가 하늘에 걸려 있는 셈이죠. 공해는 대기층을 두껍게 합니다. 그러면 우주로 나가려던 적외선이 더 많이 갇히고, 세계는 더 뜨거워집니다.	연기를 내뿜는 공장 지대의 사진

앨 고어의 〈불편한 진실〉 강연에서 고어가 한 말과 그에 상응하는 슬라이드 화면.

앨 고어의 지구온난화 강연 슬라이드를 만든 낸시 두아르테 (Nancy Duarte)는 프레젠테이션 디자이너다. 그녀는《공감으로 소통하라(Resonate)》라는 책도 썼다. 나는 낸시를 아주 잘 안다. 우리는 슬라이드 디자인의 미학과 세상을 바꾸는 프레젠테이션의 철학을 논의한다. 두아르테는 한 TEDx 무대에서 이렇게 말했다. "하나의 생각에서 큰 파도가 일어날 수 있습니다. 커다란 운동의 시발점이 되는 거죠. 실제로 우리 미래를 다시 쓰는 겁니다. 하지만 그 생각이 여러분 안에만 머문다면 무용지물이겠죠. (⋯) 반향을 불러일으키는 방식으로 생각을 전달한다면 변화가 일어날 겁니다."[7]

우리가 아는 파워포인트의 종말

TED 강연은 우리가 아는 파워포인트의 종말을 알린다. 죽을 만큼 지루한 파워포인트 프레젠테이션은 범죄 행위에 가깝다. 이번 기회에 확실히 끝내자. 파워포인트라는 도구를 쓰지 말자는 얘기가 아니다. 글자와 땡땡이 표시로 어수선한 기존 방식의 파워포인트 구성을 끝내자는 것이다. 파워포인트 사용자는 대체로 슬라이드 한 장당 평균 40단어(영어 기준)를 쓴다. 하지만 TED 강연에서 40단어가 들어간 슬라이드는 눈을 씻고 찾아봐도 없다. 세계 최고의 강연 무대로 꼽히는 TED 강연에서 말이다.

휴스턴대학교 사회복지대학원의 연구교수인 브레네 브라운의 TED 강연 '취약성의 힘'은 동영상 조회수 700만 건을 넘었다. 브라운은 파워포인트 한 장에 평균 40단어를 쓰는 일반적 경향을 따르지 않았다. 글자만 많은 어수선한 슬라이드는 내용 전달을 방해하기 때문이다. 그녀의 슬라이드는 그림으로 글자를 대체해 이야기 서술을 보완했다. 그래서 슬라이드 25장을 넘겼을 때의 총 단어 수는 40개였다. 이는 평균적인 파워포인트 사용자가 슬라이드 단 한 장에 쓴다는 단어 수와 같다.

브라운은 과거 박사과정 학생 때의 경험담으로 강연을 시작했다. 그녀의 첫 연구교수는 "계측할 수 없다면 존재하지 않는 것과 같다"는 말을 하곤 했다. 다음 2분간 그녀가 말을 하는 동안에는 화면에 교수의 그 말만 떠 있었다. 다음 슬라이드는 아기 손을 쥔 엄마 손을 찍은 사진이었다. 이때 그녀는 개인 간 '교감'을 공부한 이야기를 했다. 브라운의 슬라이드는 말로 전하려는 이야기의 대체물이 아니라 배경막이었다. 이런 슬라이드 사용은 청중의 호응을 얻는다. 브라운의 강연에 대해 사람들이 TED닷컴에 남긴 의견을 몇 개 옮겨본다.

- "특별하고 힘이 넘치는 강연. 한 마디 한 마디가 주옥같다."_멜라니
- "강력한 메시지다."_빌
- "때우기 위한 강연이 아닌 진실한 내용이었다."_줄리엣

브라운의 강연은 주제와 내용, 이야기 구조로 사람들을 사로잡았다. 만일 청중이 그녀의 말을 귀로 들으면서 눈으로는 글자가 많은 슬라이드를 읽어야 했다면 머리에 남는 게 없었을 것이다. 두뇌는 우리가 생각하는 것만큼 '멀티' 능력이 없기 때문이다.

2012년 TED 무대에 선 브레네 브라운
Courtesy of James Duncan Davidson/TED(http://duncandavidson.com)

다중작업의 신화

"집중력이 필요한 일에서 멀티태스킹은 불가능하다."[8] 미국 워싱턴 의과대학의 발생분자생물학자인 존 머디나에 따르면 그렇다. 머디나는 집중도가 높지 않은 일이라면 두뇌가 확실히 다중작업을 할 수 있다고 한다. 이를테면 우리는 걸으면서 얘기할 수 있다. 하지만 강의나 대화, 발표를 집중해 들으면서 비슷한 정도의 집중력을 갖고 다른 활동을 하는 것은 두뇌의 능력 측면에서 가능하지 않다. "총론으로 말하자면, 다중작업을 할 수 없다는 게 연구 결과다. 생물학적으로 인간은 주의를 기울여야 하는 작업을 하나 이상 동시에 처리할 수 없다."

잘 생각해야 할 대목이다. 당신은 청중에게 불가능한 짐을 지우고 있는 건 아닌가? 청중이 귀를 기울이길 바라면서 동시에 파워포인트 슬라이드의 긴 문장을 읽으라는 건 무리한 요구가 아닌가? 양쪽을 다 할 수는 없다! 그렇다면 어떻게 접근해야 할까? 교감을 하면서 주의를 흩트리지 않고 집중하게 만들려면 말이다. 신경과학이 다시 한 번 해답을 준다. 바로 '그림 우위 효과(Picture Superiority Effect, PSE)'를 이용하는 것이다.

그림 우위 효과

사람은 말보다 그림을 통해서 개념을 접할 때 더 잘 기억한다. 이와 관련된 과학적 증거는 수없이 많다. 즉, 그만큼 시각 자료가 중요하다는 것이다. 정말로 중요하다. 가령 어떤 정보를 듣기만 하면 사흘 뒤에는 10퍼센트 정도만 기억한다. 하지만 그림을 함께 보면 정보를 기억할 확률은 65퍼센트까지 치솟는다. 다시 말해 그림을 함께 보면 말만 들을 때보다 여섯 배나 더 많은 정보를 기억하는 것이다.

머디나는 "인간의 PSE는 정말 놀랍다"[9]고 썼다. "기존의 실험을 통해 밝혀진 바에 따르면 사람은 2,500장 이상의 그림을 보고 며칠이 지나도 90퍼센트 이상 정확히 기억할 수 있다. 피험자가 그림을 본 시간은 10초 정도에 불과했다. 하지만 1년 뒤에 기억의 정확도는 여전히 63퍼센트 정도나 되었다. (…) 이런 다양한 실험을 통해서 다른 형태의 소통과 비교가 이루어졌다. 비교 대상은 주로 글이나 말로 전하는 프레젠테이션이었고, PSE가 양쪽 모두를 완파한다는 게 일반적인 결과였다. 여전히 그렇다."

우리의 두뇌는 그림, 즉 시각적 정보를 처리할 때 몹시 흥분한다. 글자나 소리의 경우와 많이 다르다. 두뇌에서 그림은 한 경로가 아니라 여러 경로로 처리된다. 그럼으로써 해당 정보를 훨씬 더 심원하고 의미 있게 부호화한다. 과학자들은 이런 효과를 '다수단(multimodal)' 학습이라고 한다.

'이중 부호화(dual-coding)' 이론은 웨스턴온타리오대학교의 심리학 교수 앨런 파이비오(Allan Paivio)가 처음 소개했다. 이론에 따르면 시각 정보와 음성언어 정보는 우리의 기억에 따로 저장된다. 이는 영상이나 문장으로, 혹은 양쪽 모두로 저장될 수 있다. 그림 형태로 배운 개념은 시각과 음성언어 모두로 부호화된다. 반면 말은 오직 음성언어로만 부호화된다. 다시 말해 그림이 말보다 두뇌에 훨씬 풍부하게 각인되며, 따라서 상기하기도 더 쉽다는 것이다.

예를 들어 당신이 '개(犬)'라는 말을 머리에 넣을 때 두뇌는 이것을 음성언어 부호로 등록한다. 그런데 당신이 개의 사진을 보며 '개'라는 말을 기억하려고 한다면 그 개념은 시각적, 음성언어적으로 기록된다. 그럼으로써 해당 개념을 다시 떠올릴 가능성을 크게 높인다. 한편 개는 익숙한 개념이다. 익숙한 개념은 기억 능력을 높인다. 하지만 TED 강연에서 접할 새로운 정보처럼 익숙하지 않은 내용이라면 개념을 그림과 언어로 저장하는 편이 훨씬 효과적이다.

파이비오의 연구는 fMRI 기계를 사용한 실험으로 입증되었다. 그림과 언어로 정보를 접한 학생들은 글자만 본 학생들보다 정보를 훨씬 생생하게 떠올렸다. 학계에서는 이를 '멀티미디어 원리(multimedia principle)'라고도 한다. 파지, 즉 기억 유지 능력을 높이려면 언어만이 아닌 언어와 그림을 함께 접해야 한다는 것이다. 이는 최선의 발표와 강연을 구성하고 전달하는 방법을 밝힐 훌륭한 실마리다. 청중의 영감을 북돋아 그들을 설득하고 행동을 촉구하려면 어떻게 해야 할지 알려줄 중요한 단서인 것이다.

이야기를 대신하는 돌직구 슬라이드

빌 게이츠는 마이크로소프트를 떠나 자선 사업에 헌신한 이후로 줄곧 복잡한 주제를 간단히 소통할 방법에 대해 고민했다. 게이츠는 탄소 배출량 감소에서부터 세계 빈곤층 20억 명(어린이가 대부분인)이 더 나은 삶을 살도록 돕는 교육 개혁에 이르기까지 다양한 주제를 다룬다. 사실 이런 문제는 복잡하기도 하거니와 그 해결도 복잡하다. 하지만 게이츠의 슬라이드는 복잡하지 않다. 단순명료한 그의 슬라이드는 그림 우위의 본보기다.

2010년 TED에서 게이츠는 '탄소 제로를 향한 혁신!(Innovating to Zero!)'이라는 제목의 강연을 했다. 강연은 인기몰이를 했다. U2의 보컬 보노는 이 강연이 자신이 가장 좋아하는 TED 강연이라며 "희망을 주었다"고 말했다. 앞서 얘기했듯이 일반적인 파워포인트 사용자는 슬라이드 한 장에 평균 40단어를 담는다. 하지만 게이츠는 슬라이드 15장에 총 40단어를 담았다. 글자 대신에 그는 그림과 사진을 보여주었다.

게이츠는 첫 슬라이드로 아프리카 작은 마을의 가난한 아이들을 보여주며 강연을 시작했다. "이들에게 에너지와 기후는 말도 못 하게 중요합니다. 사실 어느 누구에게보다도 중요하죠. 기후가 나빠지면

2010년 TED 강연에서 빌 게이츠가 CO_2 공식을 적은
슬라이드를 다시 만든 것
Created by Empowered Presentations @empoweredpres

여러 해 동안 작물을 재배하지 못합니다. 비가 너무 많을 수도, 충분치 않을 수도 있겠죠. 그들의 취약한 환경이 버텨낼 수 없는 방향으로 변화가 일어날 수도 있습니다. 그 결과 기아가 발생하고, 그로 인해 불확실하고 불안한 상황이 닥칠 겁니다. 그렇습니다. 기후 변화는 그들에게 무시무시한 겁니다."[10]

게이츠는 복잡한 내용을 쉽게 전하는 일에 몹시 뛰어나다. 그는 지구온난화를 7초 만에 설명했다. 그리고 그 내용을 '돌직구'로 정리해 화면에 띄웠다. 게이츠는 "CO_2가 배출되면 기온이 상승하고 기온 상승은 몹시 부정적인 결과로 이어진다"고 말했다. 슬라이드는 하늘 사진 배경 위에 이 말을 공식으로 정리해서 보여주었다. 앞에 제시된 슬라이드는 게이츠의 슬라이드와 비슷하게 다시 만들어본 것이다.

때론 이상한 동영상이 어려운 설명을 돕는다

빌 게이츠는 데이비드 크리스천의 '18분 세계사(The History of Our World in 18 Minutes)'를 TED닷컴의 명강연 중 하나로 꼽는다. 크리스천의 강연은 다양한 감각을 활용해 청중을 즐겁게 한다. 특히 보는 재미가 있다. 처음 2분 30초 동안에는 글자가 있는 슬라이드는 전혀 등장하지 않는다. 무대에 오른 크리스천은 다짜고짜 이렇게 말했다. "첫 동영상을 보시죠."[11] 그러자 달걀을 휘저어 풀고 있는 것 같은 화면이 나타났다. 동영상이 거꾸로 재생되고 있다는 게 곧 드러났다. 완전히 풀어진 달걀은 노른자와 흰자가 되었고, 이것은 위로 솟아 달걀 껍질 안으로 들어가더니 온전한 달걀이 되었다.

크리스천은 청중에게 이 동영상을 보는 게 다소 불편하고 어색했을 거라고 말했다. 자연스럽지 않기 때문이다. 그는 우주도 이런 식으로 움직이지 않는다고 말했다.

> 달걀을 깨서 휘저으면 곤죽이 됩니다. 달걀은 아름답죠. 이 정교하고 복잡한 달걀은 그보다 더 정교하고 복잡한 것을 탄생시킬 수도 있습니다. 바로 닭이죠. 우리는 우주가 곤죽에서 복잡한 것으로 이행하지 않는다는 걸 마음속 아주 깊은 곳으로부터 압니다. 사실 이런 육감은 중요한 물리학 법칙인 열역학 제2법칙으로 나타납니다. 엔트로피 법칙이죠. 우주의 일반적 경향은

질서와 구조로부터 질서의 결여, 구조의 결여로 나아가는, 즉 곤죽이 되는 것입니다. 이 동영상이 약간 이상하게 느껴지는 까닭이 여기에 있습니다.

TED닷컴에는 크리스천의 강연이 '흥미진진하다', '놀랍다', '충격적이다'라는 댓글들이 달린다. 하지만 슬라이드와 영상, 애니메이션이 없다면 결코 따라잡기 만만한 내용이 아니다. 여기서 슬라이드는 이야기를 대신하는 게 아니라 보완하는 기능을 한다.

> "입에 담은 말을 화면에 또 띄우지 말지니, 화면으로 말을 드높여라."
>
> ─ TED 십계명 중에서

'슬라이드 하나에 통계 하나'를 고수하라

TED 강연에서 성(性)적 농담은 록 스타에게 맡기자. U2의 보컬 보노가 극심한 빈곤(하루 생활비 1달러 25센트)이 인류의 노력 덕분에 감소하고 있음을 보여주는 자료를 꺼내던 참이었다. "극심한 빈곤은 등골을 부러뜨리고 영혼을 망가뜨리죠. 이런 삶을 사는 사람들이 차츰 줄고 있습니다. 1990년 세계 인구의 43퍼센트였던 게 2000년 33퍼센트가 되었고, 2010년에는 21퍼센트가 되었습니다."[12] 그가 서 있는 무대 뒤 화면에 통계가 나타났다. "만일 여러분이 하루 1달러 25센트 이하로 산다면 숫자가 숫자에 불과하다는 말은 하지 못할 겁니다. 숫자는 전부입니다. 이처럼 빠른 변화는 절망에서 벗어나 희망의 길로 접어드는 것입니다. (…) 이 추세가 이어진다면 2030년 즈음에는 하루 1달러 25센트로 사는 사람이 한 명도 남지 않을 겁니다. 우리같이 수치를 따지는 사람에게 0으로 수렴한다는 건 마치 성감대를 건드리는 것과 같죠." 그러자 청중은 깔깔대며 박수를 쳤다.

보노의 슬라이드는 전문 디자이너가 만들었다. 핵심적 발표를 다수의 사람들 앞에서 한다거나 투자 유치 혹은 신규 모객처럼 아주 중요한 일일 때는 나도 그렇게 하기를 권한다.

TED닷컴에서 보노의 무대를 보면 좋은 발표나 강연 구성에 공통적인 기술 하나를 그 역시도 사용하고 있음을 알게 된다. 슬라이드 한 장에 하나의 내용만 넣는 것이다. 발표나 강연에서 자료를 제공할 때 슬라이드 한 장에 숫자와 차트를 몰아넣는 경우를 왕왕 본다. 하지만 보노는 통계를 전달할 때 항상 해당 숫자들만, 그리고 오직 그 숫자들만 화면에 띄웠다. 그리고 슬라이드 한 장에 수치 자료 하나라는 원칙을 지켰다. 극심한 빈곤이 2000년 이후 절반으로 줄었다는 말을 했을 때 화면에는 간단히 '극심한 빈곤 반 토막'이라고만 떴다. 수치와 자료가 한눈에 들어오도록 하는 기술이다. 이는 청중이 강연 배경으로 나온 통계에 신경 쓰고 관심을 갖도록 하는 데 효과적이다.

보노는 전 세계 가난한 사람들의 삶이 나아지고 있음을 보여주는 장황한 수치를 계속 전달했다.

2000년 이후 목숨을 살리는 약품을 얻은 에이즈 환자는 800만 명이 더 늘어났습니다. 아프리카 사하라 이남 8개국에서 말라리아로 인한 사망률은 75퍼센트나 줄었습니다. 5세 이하 아동

TED 2013에서 강연하는 보노
Courtesy of James Duncan Davidson/TED(http://duncandavidson.com)

의 유아 사망률은 1년에 285만 명씩 줄었습니다. 매일 7,256명
의 어린이가 목숨을 구한 꼴입니다. 대단하죠? 지난 한 주간 저
숫자만큼 중요한 것을 어디서 읽어보셨나요?

위 인용문을 그냥 읽고 끝낸다면, 신경과학자들의 말마따나 지금
부터 사흘 뒤에는 내용의 약 10퍼센트 정도만 기억할 것이다. 하지만
시각 자료를 함께 보면 해당 정보에 대한 파지 능력은 65퍼센트까지
올라간다. 이것이 바로 보노가 한 일이었다. 그는 강연 내용을 구두로

전하고 이를 보강하기 위해 주로 시각적 형태의 멀티미디어 자료를 사용했다.

보노의 멀티미디어 강연에는 애니메이션으로 만든 차트와 그래프, 그리고 사진이 있었다. 물론 차트에 이어 또다시 차트만 나오면 그 차트가 얼마나 깔끔하건 간에 눈은 피로를 느낀다. 그래서 보노는 슬라이드 중간중간에 눈에 휴식을 주기 위해 이야기와 사진을 더했다. 그리고 자료 뒤에 실제로 존재하는 사람들의 이야기를 가져와 수치에 생명을 불어넣었다.

"하루 7,000명의 아이들[의 생명이 구해졌습니다]. 여기 그중 두 명입니다. 마이클과 베네딕타입니다. 이 아이들은 오늘 살아 있습니다. 퍼트리샤 아사모아(Patricia Asamoah) 박사의 보살핌에 힘입은 바 큽니다. 그리고 글로벌펀드(Global Fund) 덕분입니다." 보노는 이 말을 하면서 두 장의 사진을 보여주었다. 처음 사진은 웃고 있는 두 아이를 가까이서 찍은 것이었다. 마이클과 베네딕타였다. 다음 사진은 작은 마을을 배경으로 아사모아 박사를 보여주고 있었다.

이처럼 슬라이드 하나에는 하나의 통계나 주제만 담도록 한다. 그 뒤에 사진이나 그림을 배치한다. 단조로운 그래프와 표, 차트에서 벗어나 두뇌에 휴식을 주기 위해서다. 보노의 강연은 물론 이야기만으로도 좋았다. 하지만 시각 자료를 솜씨 좋게 사용했기에 청중의 마음에 정말로 닿을 수 있었다.

숫자 뒤의 감정을 '느끼게' 만든 사진 작품

사진작가 크리스 조던(Chris Jordan)은 바비 인형을 가지고 논다.

2008년 2월 TED 무대에서 그는 바비 인형 50개 정도를 동그랗게 배치해 찍은 사진을 보여주었다. 조던의 다음 화면은 앞서 본 사진을 멀찍이서 잡은 것이었다. 바비 인형 수천 개가 있었다. 동그란 모양이 바비 인형을 모아놓은 건지 모르는 사람은 아름다운 꽃 그림쯤으로 여길 터였다. 그다음 화면은 더 멀찍이서 찍은 것으로, 사진은 여성 유방의 윤곽을 드러내고 있었다. "가장 멀리서 본 마지막 사진에는 3만 2,000개의 바비 인형이 있습니다. 매달 미국에서 유방확대수술을 받는 여성의 숫자와 같습니다. 대부분이 21세 이하 여성입니다."[13] 조던은 말했다. "유방확대수술은 대학 입학을 앞둔 고등학교 졸업생들 사이에서 가장 인기 있는 선물로 유행하고 있습니다." 자료를 시각적으로 설득력 있게 포장한 것이다.

조던은 이번에는 위로 쭉 포개 쌓은 하얀 종이컵 사진을 보여주었다. 그러면서 우리가 따뜻한 음료, 주로 커피를 담기 위해 하루에 쓰는 종이컵이 4,000만 개에 이른다고 말했다. "화폭에 종이컵 4,000만 개가 들어가지는 않지만 41만 개는 가능하더군요. 이 사진은 종이컵 41만 개를 쌓아 올린 모습입니다." 길게 쌓은 종이컵은 마치 하얀 선(線)처럼 보였다. "이것이 15분 만에 소비되는 양이죠." 그는 덧붙였다. 마지막 화면은 하루치 종이컵을 보여주었다. "42층 빌딩 높이입니다. 비교해볼 수 있도록 자유의 여신상을 넣어봤습니다." 조던은 화면에 자유의 여신상 사진을 띄웠다. 어마어마한 양의 종이컵에 비하면 왜소해 보였다.

매년 흡연으로 사망하는 사람의 숫자를 시각화한 작품도 선보였다. 첫 사진은 빽빽이 쌓인 담뱃갑을 확대해 보여주었다. 조던은 이번에도 시야를 뒤로 당겨 전체를 드러냈다. 그러자 사진은 빈센트 반 고흐의 1886년 작품 〈담배 피우는 해골(Skull of a Skeleton with a Burning Cigarette)〉이 되었다. 담뱃갑 수천 개로 재구성한 것이었다.

조던은 일반인이 어마어마한 숫자의 통계를 보고 어떤 의미를 도출하기란 쉽지 않다고 본다. 하지만 이런 통계는 우리 사회의 매우 심각한 다양한 문제들을 반영한다. 그래서 이것을 시각적, 창조적으로 제시할 때 사람들 마음의 아주 깊은 곳을 울릴 수 있다.

사진을 이용한 조던의 강연은 보노가 자료를 다루는 방식과도 몹시 흡사하다. 조던은 우리가 큰 수치를 '느낌'으로써 어떤 일을 할 수 있다고 믿는다. "저는 요즘 공포를 느낍니다. 우리가 하나의 문화 공동체로서 충분히 느끼지 못한다고 보기 때문입니다. 현재 미국은 일종의 마취 상태입니다. 분노, 화, 슬픔과 같은 감정을 잃어버렸습니다. 지금 우리 문화에서 어떤 일이 일어나고 있는지, 미국에 무슨 일이 벌어지고 있는지, 전 세계에서 우리의 이름으로 자행되고 있는 잔혹 행위들에 대해 아무런 느낌이 없습니다. 느껴질 않습니다. 감정이 사라져버렸습니다."

조던의 강연은 심심한 통계에서 심심한 공감을 이끌어낸 좋은 사례다. 개중에는 우리가 귀에 못이 박히게 들어왔던 통계도 있다. 하지만 그는 이런 자료에 시각적 형태의 멀티미디어 요소를 더해서 생명을 불어넣는다. 전하려는 요점을 시각적으로 강화해서 청중이 통계 숫자 뒤의 감정을 '느끼도록' 돕는 것이다. 한번은 미국의 시인 마야 안젤루(Maya Angelou)가 그에게 말했다. "사람들은 당신이 한 말을 잊을 겁니다. 당신의 행동도 잊을 겁니다. 하지만 당신이 준 느낌은 결코 잊지 않을 겁니다." 발표나 강연을 준비하며 무엇을 알릴지만 생각해서는 안 된다. 그들에게 어떤 느낌을 줄지도 생각해야 한다.

낡은 프레젠테이션은 버려라

비즈니스 인맥 사이트 링크드인(LinkedIn)이 주식 상장을 아홉 달 앞둔 때였다. 당시 링크드인의 마케팅 이사는 기존에 쓰던 파워포인트 슬라이드가 마음에 들지 않았다. "쓸데없이 복잡하고 군더더기가 많다"는 것이다. 그는 내게 영업과 마케팅 직원 130명을 대상으로 한 워크숍 교육을 부탁했다. 새롭고 더 설득력 있는 프레젠테이션을 할 수 있도록 슬라이드 작성의 개념을 잡아달라고 했다. 그럼으로써 법인 고객의 광고를 따내고 링크드인을 통한 채용을 유도한다는 목표였다. 나는 기존의 슬라이드는 싹 다 지우고 TED식 슬라이드로 갈아타라고 했다. 땡땡이 표시가 없고 글자보다는 사진과 볼거리가 많은 형태로 말이다. 만일 어떤 통계 숫자를 강조할 필요가 있거든 슬라이드에 숫자 하나만 띄우되, 링크드인 사이트 사진이나 기타 연관 이미지를 함께 넣으라고 조언했다.

내가 강조한 핵심 개념 하나는 슬라이드를 설명하는 말과 화면에 띄우는 시각 자료로 듣는 이의 머리에 그림을 그리라는 것이었다. 예를 들어 프레젠테이션에서 가장 중요한 슬라이드에는 '70,000,000'이라는 통계 숫자 하나만 띄웠다. 그리고 여기에 디자이너가 작업한 링크드인의 로고를 동반했다. 사람들이 모여서 로고 형태를 이룬 그림이었다. 그들은 링크드인 회원을 나타냈고 7,000만이라는 숫자는 당시 링크드인의 회원 수였다(현재 회원 수는 2억 명 이상이다). 설명이 이어졌다. "지금 링크드인 회원은 7,000만 명입니다. 매달 300만 명씩 신규 가입하고 있습니다. 30일마다 우리의 네트워크에 샌프란시스코 인구만큼의 회원이 새로 유입되는 겁니다."

링크드인의 마케팅과 영업 담당자들은 새로운 프레젠테이션 슬라이드를 마음에 들어 했다. 그들은 이것을 주식상장 전까지 아홉 달 동안 사용했다. 기업공개 결과는 놀라웠다(주식은 상장 첫날부터 가격이 두 배로 뛰어 시가총액 90억 달러가 되었다). 이제 많은 세계적 기업의 CEO와 영업 및 마케팅 책임자들은 기존의 낡은 파워포인트 프레젠테이션을 던져버리고 시각적 여행 같은 프레젠테이션을 선호한다.

"총싸움에 칼자루를 쥐고 나가서는 안 된다"는 옛 격언이 있다. 꼭 유념할 말이다. 현대의 기업 전장에서 낡은 형식의 파워포인트 슬라이드를 가지고 나간다는 건 자살행위나 다름없다. 시대의 흐름을 쫓아가지 못하고 낙오되면 당신의 꿈은 경쟁자의 군홧발에 짓밟히고 말 것이다.

TED note

콘텐츠를 시각화하라. 차트, 도표, 그래프 따위에 그림을 넣거나 배경을 더하라. 글자는 첫 10장의 슬라이드에 도합 40단어를 넘지 않을 것을 권한다. 불필요하고 집중력을 빼앗는 글자로 슬라이드를 채우지 말고, 기억에 남고 공감 갈 이야기를 창의적으로 전할 방법을 고민하라. 슬라이드에서 땡땡이 표시는 쓰지 않는 것을 원칙으로 한다. TED 강연에서 땡땡이 표시를 본 적이 있는가? 글자와 땡땡이 표시는 정보를 가장 빨리 잊어버리게 하는 방법이다. 피치 못할 경우도 있을 것이다. 하지만 줄이려는 노력 자체가 좋은 연습이 된다. 글자가 많은 슬라이드를 지양하기로 일단 마음먹고 나면 프레젠테이션을 얼마나 재미나게 짤 수 있는지 깨닫게 된다. 분명한 사실은 듣는 이도 그 프레젠테이션을 좋아할 것이라는 점이다.

소리는 듣는 이의 영혼을 건드린다

시각이 우리의 가장 우세한 감각이긴 하지만 사람은 다양한 감각을 동시에 자극받을 때 정보를 훨씬 잘 상기한다. 청각도 아주 강력한 감각이다. 어떻게 말하느냐(목소리의 높이, 속도, 크기, 강도, 정확성)에 따라 듣는 이의 영혼을 건드릴 수도, 그러지 못할 수도 있다.

화술로 강력한 무대를 완성하라

리사 크리스틴은 25년 넘게 세계 오지를 여행했다. 아름다운 풍광과 함께 원주민의 비참한 현실을 카메라에 담기 위해서였다. 그녀의 TEDx 강연으로 다시 돌아가 보자. 이번에는 청중의 마음을 사로잡은 그녀의 언어 사용 방식에 초점을 맞출 것이다.

강연에서 크리스틴은 시각적 여행을 안내하는 가이드 역할을 했다. 화면에 자신이 찍어온 사진을 띄우자 객석은 조용히 얼어붙었다. 그녀는 완벽한 타이밍으로 무대를 극적으로 만들었다. 사진을 함께 보며 설명하는 대신에 목소리로 먼저 이야기를 시작하고 나서 사진 화면을 띄운 것이다. 이야기 속 인물을 사진으로 보기에 앞서 일단 그녀의 말에 귀를 기울이게 만든 화술이다. 다음은 크리스틴이 강연의 도입부에 한 말과 해당 구절이 끝나고 나타난 사진에 대한 설명이다.

리사 크리스틴의 말과 사진 화면

말	사진
저는 가나의 불법 광산, 45미터 지하의 수직 갱도에 있습니다. 공기는 열기와 먼지로 가득합니다. 숨 쉬기도 힘듭니다. 어둠에서 땀에 젖은 몸뚱이들이 옆을 지나는 걸 느낍니다. 하지만 그 외에 볼 수 있는 것은 없습니다. 말소리가 들립니다. 하지만 갱도는 남자들의 기침 소리, 그리고 원시적인 도구를 가지고 돌을 깨는 소리로 시끄럽습니다.[14]	웃통을 벗은 채 원시적인 채굴 도구를 든 광부의 흑백사진. 깜깜한 배경에서 몸통은 윤곽만 보인다. 낡은 머리띠에는 불빛이 시원치 않은 작은 전등이 고정되어 있다.
저도 다른 이들과 마찬가지로 깜빡이는 싸구려 전등을 머리에 매고 있습니다.	수직 갱도를 기어 내려가는 광부의 흑백사진.
저는 90센티미터짜리 사각 구멍의 벽을 지탱하는 미끌미끌한 나뭇가지를 붙잡고 수직 갱도를 빠져나오려고 애씁니다. 발밑은 허공입니다. 바닥은 보이지도 않습니다.	어둠 속 광부의 얼굴이 클로즈업된다. 머리에 고정한 전등의 불빛만이 그의 이목구비를 비춘다.
손이 미끄러집니다. 순간 며칠 전에 만난 한 광부가 떠오릅니다. 저처럼 손이 미끄러졌다가 갱도 아래로 추락했습니다. 여러분께 강연을 하고 있는 지금 이 순간에도 그들은 여전히 저 구멍 안에 있습니다. 목숨을 걸고 일하지만 임금도, 어떤 보상도 없습니다. 많이 죽습니다.	광산을 기어서 올라오는 크리스틴의 사진.

> 저는 구멍을 기어 올라왔습니다. 집에 가야 하니까요. 하지만 그들은 절대 집에 가지 못 할 겁니다. 현대판 노예이기 때문입니다.
>
> 크리스틴이 갱도 입구를 빠져나오도록 돕는 광부의 사진.

2012년 TEDx 마우이(Maui) 강연에서 리사 크리스틴의 말과 그에 상응하는 사진 화면.

크리스틴의 강연에서 첫 2분은 내가 본 강연 시작 중에서 가장 발군이었다. 슬라이드에는 글자 없이 사진만 있었다. 이야기는 주목하지 않을 수 없었고, 전달 과정은 주의 깊고 면밀했다. 그녀는 사진으로 청중의 시선을 빼앗았지만 목소리를 사용해서 무대를 완성했다. 청각을 자극해서 줄 수 있는 충격도 시각적인 것만큼 강력하다.

언어로 머릿속 그림을 그리다

크리스틴의 강연이 그토록 뛰어난 이유는 그녀의 말이 지닌 힘이 결정적인 사진들과 맞아떨어졌기 때문이다. 그녀는 인도의 벽돌 가마를 방문한 경험을 다음과 같이 들려주었다.

> 이상하고 놀라운 광경이었어요. 마치 고대 이집트나 단테의 지옥으로 걸어 들어가는 느낌이었죠. 주변의 온도는 섭씨 55도에 달했습니다. 남자와 여자, 어린이, 아니 전 가족이 먼지를 두껍게 뒤집어쓴 채 여기 갇혀 있었죠. 머리 위로 벽돌을 한 번에 18개까지 기계적으로 쌓아올려서 이것을 뜨거운 가마에서 수백 미터 떨어진 트럭까지 운반합니다. 단조로운 노동과 체력

고갈로 죽음에 내몰리면서도 그들은 침묵 속에서 일합니다. 하루 16~17시간 그 일을 반복합니다. 밥을 먹거나 물을 마실 시간은 없습니다. 심각한 탈수 증상 때문에 소변도 안 나옵니다. 너무 심한 열기와 먼지로 카메라가 만질 수 없을 만큼 뜨거워지기도 했고 작동을 멈추기도 했습니다. 20분마다 한 번씩 제 차로 돌아가서 장비를 닦고 에어컨 바람을 쐬어 다시 살려내야 했죠. 그렇게 차에 앉아 생각한 건, 제 카메라가 그들보다 훨씬 나은 대우를 받고 있더라는 겁니다.

크리스틴의 이런 강연 방식을 패스케일 미셸런 박사는 "사람의 정신에 시각적 각인을 찍는 것"이라고 설명한다. 신경과학자들의 연구에 따르면 인간 두뇌의 시각 피질은 진짜인 것과 상상한 것의 차이를 분간할 수 없다. 만일 뭔가를 생생하게 생각할 수 있다면, 즉 정말로 잘 상상한다면 마치 그 일을 실제로 보고 있을 때와 같은 두뇌 영역이 활성화된다. 은유와 비유와 풍부한 상상이 마음의 눈에 그림을 그리는 강력한 방법인 까닭이다. 어떤 경우에는 심지어 실제로 보는 것보다도 효과적이다.

"기억을 증대시키려면 말 정보를 가능한 한 시각 정보로 바꿔야 합니다."[15] 미셸런의 제안이다. "그러기 위해서는 시각 자료를 쓰거나 말하는 방식을 달리해야 합니다. 사례를 들어 듣는 이의 머릿속에 그림을 그리는 것이죠." 패스케일은 구체적인 예를 가능한 한 많이 사용하라고 권한다. 간단히 말하면 두뇌는 원래 추상적 개념에 약하게 만들어졌다. 영업 현장에서조차도 구체적 사례를 들어 고객이 마음의 눈으로 그림을 그릴 수 있도록 해야 한다. 이는 추상적인 말로 판매 전략을 늘어놓는 것보다 훨씬 효과적이다. "사람은 말보다 그림을 더 잘 기억합니다. 말을 듣는 상대방이 심상을 그리도록 한다면 그 정보를 추상적인 말로 전달할 때보다 훨씬 잘 기억하게 됩니다." 패스케일의 말이다.

그림 없이 머릿속 그림을 그린다

두뇌는 실제로 보는 것과 상상하는 것의 차이를 분간하지 못한다. 앞서 Chapter 3의 부상당한 크로스컨트리 스키 선수 재닌 셰퍼드를 다시 만나보자. 그녀는 TEDx 강연에서 청중들의 머릿속에 그림을 그렸다. 하지만 그 과정에서 슬라이드나 사진은 단 한 장도 사용하지 않았다.

셰퍼드는 이야기를 시작했다. 그녀는 동계올림픽을 준비하는 오스트레일리아 국가대표 스키 선수였다. 그런데 자전거 훈련 도중 삶이 송두리째 바뀌었다. 그녀는 그 과정을 말로 생생히 묘사함으로써 청중을 상상 속 현장으로 데려갔다.

> 완벽한 가을날이었습니다. 시드니 서쪽의 멋진 블루마운틴 산맥을 자전거로 오르고 있었죠. 햇살, 유칼립투스 나무 향기, 그리고 꿈. 삶은 아름다웠습니다. 다섯 시간 반 정도를 달려서 제가 정말 좋아하는 곳에 도착했습니다. 언덕이었죠. 전 그 언덕을 참 좋아했거든요. 자전거 안장에서 엉덩이를 떼고 일어서서 양다리로 힘껏 페달을 밟기 시작했죠. 산악의 차가운 공기

를 빨아들였습니다. 폐가 타는 듯했어요. 하늘을 올려다보니 햇살이 제 얼굴에 내리쬐더군요. 그리고 갑자기 모든 것이 깜깜해졌죠.[16]

소형 트럭이 셰퍼드를 친 것이다. 그녀는 심한 부상을 당했다. 응급 구조 헬기가 시드니의 척추병원으로 그녀를 이송했다. 하반신에 부분 마비가 왔다. 강연의 나머지 시간 동안 그녀는 지난한 재활 과정을 들려주었다. 그리고 곧 핵심 주제로 이어졌다. '당신은 당신의 몸이 아니다'라는 것이다. 셰퍼드는 의사들이 틀렸음을 보여주기 위해 새로운 꿈을 좇았다. 바로 비행이었다. 그녀는 사고 후 1년도 안 돼서 조종사 면허를 땄고, 마침내 곡예비행 교관이 되었다.

셰퍼드의 강연은 100만 건 이상의 조회수를 올렸다. 비슷한 처지의 사람들이 이메일을 보내왔다. 어려운 상황에도 용기를 잃지 않게 해주어 고맙다는 내용이었다. 한 이메일은 그녀의 강연 동영상이 자신을 살렸다며 이렇게 썼다. "지난 몇 주간 상황이 너무 안 좋았습니다. 자살을 고민했죠. 하지만 오늘 당신의 동영상을 보고 한 줄기 희망을 보았습니다. 저도 지금부터 여행을 시작합니다."

매일 1초씩

시저 쿠리야마(Cesar Kuriyama)는 나이 서른에 광고 일을 그만둬도 될 만큼 충분한 돈을 모았다. 그래서 이듬해에는 1년 동안 여행을 다니면서 모든 시간을 개인적인 작업에 쓰기로 했다. 그는 자신의 일상을 동영상으로 찍었다. 단, 매일 1초씩만 찍었다. 그는 TED 무대에서 말했다. "영상은 기억을 떠오르게 하는 실마리입니다. (…) 단 1초일지라도 이 1초는 그날 일어난 다른 모든 일까지 떠오르게 해줍니다."[17]

반복되는 어구는 진정성을 더한다

수사학적 장치로도 청각을 자극할 수 있다. 마틴 루터 킹의 '나는 꿈이 있습니다(I have a dream)' 연설을 예로 들어보자. 현대사에서 손꼽을 만큼 유명하고 또 자주 인용되는 명연설이다. 킹은 파워포인트를 사용하지 않았다. 프레지도, 애플 키노트도 없었다. 대신에 그는 말로써 듣는 이의 마음에 그림을 그렸다. 그렇게 반세기 넘게 회자되는 명연설이 탄생했다. 킹은 '어구 반복(anaphora)'이라는 대중 연설 기법을 사용했다. 연속된 구나 절을 시작할 때 동일한 단어나 문장을 반복하는 것이다. 연설에서 '나는 꿈이 있습니다'라는 구절은 여덟 번 연이어 쓰인다.

U2의 보노 역시 강연에서 차트와 애니메이션 효과와 사진을 활용하는 한편으로 어구 반복을 매우 효과적으로 사용해서 감각을 한층 자극했다. 다음 두 사례를 보자.

진실은 자유롭기를 갈망합니다. 사람과 마찬가지입니다. 진실이 풀려날 때 자유가 가까이 옵니다. 극빈층에게까지 말이죠. 진실은 타성에 젖게 하는 냉소와 무관심에도 도전장을 내밉니다. 진실은 무엇이 효과가 있고 무엇이 효과가 없는지 우리에게 알려주어 그것을 고치게 합니다. 진실은 넬슨 만델라가 지난

2005년 우리에게 내준 숙제를 풀 열쇠입니다. 진실에 관심과 주의를 기울인다면 우리는 인간성을 가장 끔찍하게 위협하는 극심한 빈곤을 극복한 위대한 세대가 될 수 있을 것입니다.

와엘 고님(Wael Ghonim)을 생각합니다. 카이로 타흐리르 광장(Tahrir Square) 시위를 주도한 페이스북 그룹 중 하나를 만들었죠. 그로 인해 감옥에 갔지만 저는 그의 말을 머릿속에 새겼습니다. "우리는 정치 같은 건 모르기 때문에 이길 것입니다. 우리는 더럽게 놀지 않기 때문에 이길 것입니다. 우리는 정치 선전을 하지 않기 때문에 이길 것입니다. 우리 눈이 흘리는 눈물은 우리 가슴의 눈물이기에 이길 것입니다. 우리에게는 꿈이 있고, 그 꿈을 기꺼이 지키려 하기에 이길 것입니다." 와엘이 옳습니다. 우리가 하나로 일어선다면 우리는 이길 것입니다. 민중의 힘이 권력자들의 힘보다 훨씬 더 세기 때문입니다.[18]

보노는 이 마지막 문단을 말하면서 아무런 슬라이드도 보여주지 않았다. 눈여겨볼 대목이다. 그는 듣는 이가 청각 정보, 즉 그의 말에만 집중하길 바랐다. 말을 하는 보노의 눈에는 눈물이 맺혔다. 자신이 하고 있는 말이 진심임을 드러내는 것이었다. 힘 있고 잘 다듬은 말은 우리 안의 깊은 감정을 휘젓는다. 슬라이드 한 장은 오히려 그 순간을 망칠 수도 있다. 보노의 진심 어린 이야기를 들은 TED 청중은 천둥과 같은 기립 박수로 그에게 화답했다. 당연했다. 말로써 듣는 이의 감각을 일깨워주었기 때문이다.

다양한 감각은 청중의 집중력을 높인다

영화평론가 로저 이버트(Roger Ebert)는 암(癌)으로 목소리를 잃었다. 2013년 4월에는 끝내 목숨까지 잃었다. 하지만 2011년 3월 그는 TED 무대에서 1,000명이 넘는 청중에게 '말'을 했다. "지금 듣고 계신 것은 제 말이지만 제 목소리는 아닙니다. 알렉스(Alex)입니다. 제가 찾아낸 최고의 컴퓨터 음성이죠. 모든 매킨토시 컴퓨터에 기본으로 내장된 기능입니다."[19] 청중은 디지털 음성을 들었다. 의자에 앉은 이버트는 무릎에 맥북을 올려놓고 있었다.

그는 영화평론가였다. 카메라 앞을 수십 년 경험했고, 영화 제작 기법에 대한 전문 지식도 있었다. 그는 청중의 흥미를 붙잡는 것이 얼마나 어려운 일인지를 알았다. 그래서 마련한 계획이 바로 다감각적 청각 경험이었다.

이버트는 먼저 약 1분간 청중에게 디지털 목소리를 들려주었다. 그리고 이렇게 말했다. "단조로운 컴퓨터 음성을 장시간 들으면 지루해집니다. 그래서 제 원고를 대신 읽어줄 TED 친구들의 도움을 받기로 했습니다." 다른 세 명이 무대에 이버트와 함께 앉아 있었다. 그의 아내 채즈(Chaz), 딘 오니시(Dean Ornish), 존 헌터(John Hunter)였다. 아주 감동적인 18분이었다. 특히 이버트와 채즈는 서로에 대한 깊은 애정을 드러냈다.

이버트가 그의 목소리를 다시 만든 이야기는 흥미롭다. 하지만 이버트의 생각은 정말로 옳다. 디지털 목소리를 18분간 듣는 것은 너무 단조롭다. 그래서 그는 한 명이 아니라 다른 네 명(컴퓨터 포함)을 골라 자신을 대신해 말하도록 했다. 다양한 목소리도 '다감각'이다. 나는 이버트가 디지털 목소리를 단조롭다고 말한 것이 다소 역설적이라고 생각한다. 왜냐하면 이버트의 컴퓨터 목소리보다도 훨씬 단조롭고 생기 없이 말하는 발표자와 강연자가 수두룩하기 때문이다!

Chapter 7에서 나는 18~20분 강연이 항상 60분짜리를 이긴다고 말했다. 그런데 내 기조강연의 대다수가 한 시간 정도 이어진다. 나는 위선자일까? 아니다. 나도 이버트처럼 다른 사람들과 무대를 나눈다. 강연에서 나는 동영상 화면을 통해 영감을 주는 리더들의 다양한 목소리를 소개한다. 이런 동영상은 두 가지 감각을 '일타쌍피'로 잡는다. 바로 시각과 청각이다.

만지고 건드리고 느끼게 하라

최고 수준의 프레젠테이션은 청중을 다른 장소로 데려간다. 물론 정보의 시각적 표현은 청중이 그것을 보도록 돕지만 실제로 뭔가를 만지거나 건드려야 진정한 여행이 완성되는 게 아닐까? 발표나 강연을 브로드웨이 연극이라고 생각해보자. 수준 높은 무대라면 멋진 이야기와 호기심 동하는 등장인물, 그리고 어울리는 무대 장치와 소품이 등장한다. 이는 훌륭한 프레젠테이션에도 모두 있어야 하는 요소다. 간단한 무대 소품은 청중이 신체적 느낌을 상상하게 해준다.

우유 상자 하나로 끝낸 비즈니스 프레젠테이션

Chapter 3에서 만난 펑크록 가수 어맨다 파머를 기억할 것이다. 그녀의 TED 2013 강연 동영상은 온라인에 등록된 지 일주일도 안 되어 조회수 100만 건 이상을 올렸다. 파머의 주제는 간단하고 솔직했다. 사람들이 음악에 돈을 지불하게 하지 말자는 것이다. 파머는 디지털 콘텐츠가 이미 흔하고 공유가 가능하므로 예술가가 팬들에게 직접 후원을 부탁해야만 한다고 제안한다. 그녀의 강연을 본 사람들 중에 거리의 삶을 경험해본 이는 드물 것이다. 하지만 파머는 어렵던 과거에 길거리 공연을 했었다.

TED 무대에 오른 파머는 말 한마디 없이 바닥에 우유 상자를 놓았다. 그리고 상자에 올라섰다. 왼팔에 면사포를 걸치고, 오른손에는 꽃을 쥔 채로 팔을 벌렸다. 천천히 두 번 심호흡을 하고 잠깐 움직임 없는 자세를 취하더니 입을 뗐다.

제가 늘 음악으로 밥벌이한 것은 아닙니다. 괜찮은 대학을 졸업하고 5년간 낮에 한 일은 바로 이것이었습니다. '팔 척(尺) 신부(新婦)'입니다. 전 살아 있는 석고상으로 일하는 자영업자였습니다. 사람들에게 그 석고상이 저였다고 말하는 걸 좋아하는데요, 실제로 이런 일을 하는 별종이 대체 누군지 다들 궁금해하거든요. 그게 접니다. 그날도 온몸을 하얗게 칠하고 상자에 올라섰습니다. 발밑에는 모자나 깡통을 두고 행인들이 주는 돈을 모았습니다. 누군가 돈을 주면 저는 꽃을 건네고, 우리는 진한 눈 맞춤을 했습니다. 만일 꽃을 안 받고 가면 걸어가는 뒷모습을 보며 슬픈 갈망의 몸짓을 했습니다.[20]

파머는 강연의 첫 3분을 우유 상자에 올라서서 전달했다. 그러면서 자신의 경험과 그녀에게 돈을 준 사람들을 다시 떠올렸다. "이 상자에

서서 그 일을 한 게 음악 사업을 위해 얼마나 훌륭한 경험이었는지 그때는 전혀 몰랐습니다." 그녀의 밴드는 마침내 충분한 돈을 벌게 되었고, 파머는 거리 예술가를 그만두었다. 석고상 일을 그만두었다고 말하며 파머는 상자에서 내려갔다. 상자는 강연 내내 무대에 그대로 있었다. 상자는 그녀의 이야기를 위한 하나의 은유로서 역할했다.

저는 언제든지 가능하면 온라인에서 제 음악을 무료로 나눠주기로 결심했습니다. (…) 그리고 다운로드와 공유를 장려하는 한편 도움을 구하기로 했습니다. 길거리 공연 때도 그렇게 해서 먹고살았으니까요.

음악가로서 저는 상자에 섰을 때와 같은 방식으로 인터넷으로도 사람들을 만나기 위해 애써왔습니다. 블로그나 트위터에 공연 일정과 새 뮤직비디오를 올리는 일 외에도, 우리의 작업과 예술, 두려움과 숙취와 실수, 그리고 어떻게 하면 팬과 직접 만날 수 있을지를 적었습니다. 서로를 직접 보고 나면 서로를 돕고 싶어진다는 게 제 생각입니다.

파머는 도발적인 제안을 던지면서 강연을 끝맺었다. "저는 사람들이 틀린 질문을 고집한다고 생각합니다. '음악에 어떻게 돈을 지불하게 할 것인가?'를 묻지 말고 '음악에 돈을 지불할 마음을 어떻게 갖게 할 것인가?'에 대한 답을 구해야 한다고 봅니다." 파머는 감사하다고 인사하며 꽃을 내밀었다. 강연 시작부에 사용한 꽃이었다. 손을 뻗어서 청중에게 꽃을 건네고, 객석으로도 던졌다. 청중은 자리에서 일어나 15초간 기립 박수를 쳤다. 가수 파머는 노래 한 소절 안 부르고 일생일대의 무대를 선보였다.

TED닷컴에 파머의 강연 동영상이 올라오자 일주일 만에 댓글이 500개 넘게 달렸다. 조디 머리(Jody Murray)는 이렇게 썼다. "삐딱한 내 마음은 이 강연을 싫어하라고 말한다. 이런 내가 실망스럽다. 하지만 결국은 그럴 수 없다. 놀라운 강연이다. 아름다운 생각을 깨닫게 해준다."

아름다운 생각을 깨닫게 해주는 '놀라운' 비즈니스 발표를 경험한 적이 있는가? 회사 회의실에서 자주 벌어지는 일은 아니다. 그런데 파머는 사실상 음원을 무료로 배포하라는 비즈니스 프레젠테이션을 한 셈이다. 음악업계에서 논란이 상당할 내용이다. 그녀는 그 일을 사람들이 정말로 느끼고 경험할 수 있는 방식으로 해낸 것이다.

말 한마디 없이 제품을 '느끼게' 하다

파머는 무대 소품, 즉 우유 상자에 올라섰다. 그럼으로써 가난한 길거리 음악인의 고통을 청중이 '느끼도록' 도왔다. 무대 소품과 시연은 유용한 다감각 도구다. 이것은 당신의 생각과 그것이 해결하는 문제를 청중이 마치 손에 잡듯이 이해하도록 돕는다.

나는 컴퓨터용 초고속 USB 드라이브를 소개하려는 한 기술회사의 임원을 도운 적이 있었다. 제품은 "읽기/쓰기를 초당 190/170메가바이트의 속도"로 해내는 대단한 제품이었다. 하지만 이런 설명은 그 자체로는 아주 흥미롭지도, 체감할 수 있지도 않다. 그래서 우리는 간단한 시연을 통해 듣는 이들이 그들의 현재 고통을 '느끼게' 하고, 그 고통을 신제품을 사용함으로써 느낄 즐거움과 대비할 수 있는 방법을 찾아냈다.

그 임원은 발표 무대에 올라 제품에 대한 짧은 소개와 설명을 끝마친 후 무대 왼쪽으로 걸어갔다. 그곳에는 가슴 높이의 탁자에 노트북 컴퓨터가 놓여 있었다. 그는 주머니에서 신제품 USB를 꺼냈다. 이것을 컴퓨터에 꽂고, 청중 한 명에게 초시계를 건넸다. 그러고는 그가 1.5GB 크기의 영화 파일을 컴퓨터에서 USB로 옮기는 시간을 초시계로 재달라고 부탁했다. 경과 시간은 총 10.5초였다. 그는 다시 경쟁사의 USB를 꽂고 파일을 옮겼다. 이번에도 초시계로 시간을 재달라고 했다. 전송이 진행되는 동안 그 임원과 청중은 말 한마디 없이 과정을 지켜보았다. 그들은 기다렸다. 더 기다리고, 또 기다렸다. 전송은 40초가 지나서야 완료되었다.

"USB라고 다 똑같은 USB가 아닙니다." 마침내 나온 한마디 말이었다. 만일 그 임원이 시연 동안 이야기를 했더라면 청중이 느끼는 시간은 상대적으로 더 빨리 지나갔을 것이다. 하지만 그는 침묵을 지켰다. 느린 다운로드의 고통을 이끌어낸 것이다.

듣는 이의 오감을 자극하라

"저는 소아과 의사이자 마취 전문의입니다. 아이들을 재우는 게 제일이죠. 게다가 저는 학자입니다. 여러분과 같은 청중을 무료로 재워드립니다."[21] 엘리엇 크레인(Elliot Krane)은 이렇게 2011년 TED 강연을 시작했다. 그는 스탠퍼드대학의 패커드 아동병원(Packard Children's

Hospital)에서 통증관리 클리닉을 운영한다. 통증은 보통 몸이 어딘가 잘못되었을 때 나타나는 증상이다. 하지만 몇몇 아이들의 경우에 통증은 사라지지 않고 질병이 된다.

크레인은 TED 청중에게 그런 유의 통증이 발생하는 이유와 그 치료법을 설명하기에 앞서, 먼저 그것이 어떤 느낌인지 보여주고 싶다고 했다.

> 제가 이 깃털로 여러분의 팔을 간질인다고 상상해보세요[크레인은 노란색 깃털로 자기 왼팔을 부드럽게 오르내리며 쓰다듬었다]. 이제 이걸로 그을린다고 상상해보기 바랍니다[그는 토치램프를 점화해서 팔 근처에 갖다 댔다. 사람들은 불편한 웃음을 터뜨렸다. 그것이 어떤 느낌일지 알 것 같았기 때문이다]. 이것이 대체 만성 통증과 무슨 상관일까요? 제가 이 깃털로 간질였는데 여러분의 뇌는 이것[토치램프를 손에 든다]을 느낀다면 그 삶이 어떨지 상상해보세요. 그게 만성 통증 환자들의 삶입니다. 더 나쁜 상상도 가능하죠. 제가 여러분 자녀의 팔을 이 깃털로 간질였는데 아이들의 뇌는 그걸 뜨거운 토치램프로 인식하는 겁니다.

말하려는 주제가 구체적인 물체가 아니라 생각인 경우 신체운동 감각(촉각)을 프레젠테이션에 집어넣기란 쉽지 않다. 하지만 크레인의 위 시연에서 보았듯이 약간의 상상력을 발휘한다면 딱히 불가능한 일도 아니다.

토치램프를 내려놓은 크레인은 환자들의 사진을 보여주면서 이번

2011년 TED 무대에서 토치램프를 사용하는 엘리엇 크레인

Courtesy of James Duncan Davidson/TED(http://duncandavidson.com)

에는 시각으로 전환했다. 챈들러(Chandler)는 댄서를 꿈꾸는 16세 소
녀로, 손목을 접질린 후에 이질통(異質痛, allodynia)을 얻었다. 다친 손
목은 다 나았지만 극도의 통증은 사라지지 않고 계속되고 있었다. 옷
깃만 스쳐도 불에 데는 것 같은 말도 못 할 고통이 뒤따랐다.

의료계의 학회 발표는 지루하기로 악명이 높다. 예외가 없다. 비단
내 생각만이 아니다. 어떤 의사에게 물어봐도 발표가 하나같이 말도
못 하게 지루하고 구성도 형편없다고 얘기한다. 나 역시 많은 의사들,

제약회사나 의료기기회사, 건강관리 기구를 운영하는 경영진과 일하지만 그들의 발표는 정말로 지루하다. 구글에서 '의학 발표를 잘하는 법'이라고 검색해보면 가장 먼저 TED가 나온다. 흥미롭지만 놀랍지는 않은 결과다.

요점은 다음과 같다. 사람들은 하나 이상의 감각을 자극할 때 정보를 더 생생히 기억한다. 다음에 프레젠테이션을 구성할 때는 듣는 이의 오감을 건드릴 수 있는 상상력을 발휘해보자. 이야기를 들려주고 (청각) 사진과 그림을 보여주며(시각) 무대 소품을 사용하라(촉각).

반전이 있는 선물 상자

스테이시 크레이머(Stacy Kramer)는 뇌종양을 극복했다. 대부분의 강연자들은 아마 그 사실부터 밝히고 강연을 시작할 것이다. 하지만 크레이머는 상상력을 발휘한 다감각적 접근 방식으로 주제를 드러냈다. 그녀는 예쁘게 포장된 파란색 티파니 상자의 사진을 화면에 띄우고 나서 이야기를 시작했다.

> 선물 하나를 상상해보세요. 여러분 마음속에 이것을 그려보면 좋겠습니다. 그렇게 크지는 않아요. 골프공 정도의 크기입니다. 그것이 상자에 담겨 잘 포장된 모습을 마음속에 그려보세요. 아직 내용물을 보여드리진 않겠습니다. 그렇지만 이렇게 말씀드리고 싶네요. 이것이 여러분께 믿을 수 없는 일들을 해줄 거라고요. 가족 모두를 하나로 뭉치게 해줄 것이고, 여러분이 태어나서 가장 많이 사랑받고 소중하게 여겨진다고 느끼게 해줄 것

입니다. 연락이 끊긴 친구들도 다시 보게 되고 애정과 칭찬이 쏟아질 겁니다. 그리고 자신의 삶에서 가장 중요한 것이 무엇인지 다시 생각하게 해줄 겁니다.[22]

크레이머는 깜짝 놀랄 결론을 밝히기에 앞서 다시 선물 이야기를 끌어냈다. "지금쯤 여러분은 이것이 무엇인지, 어디서 구할 수 있는지 정말 궁금하실 겁니다. 아마존에서 팔까요? 애플 상표가 붙어 있을까요? 대기자 명단에 이름을 적어야 하나요? 아닙니다. 이 선물은 다섯 달쯤 전에 제게 왔습니다. 포장을 모두 벗기니 이런 모습이었습니다. 예쁘진 않죠?['생물재해 의료폐기물'이라고 쓰인 빨간색 비닐봉지 사진]. 그리고 이 사진을 보세요. 또 이것도 보시고요[종양의 모습을 보여주는 엑스레이 사진과 종양 제거 수술 후 머리 뒷면에 길게 꿰맨 자국]. 혈관아세포종, 그러니까 뇌종양이란 이름의 희소성 있는 보석입니다. 어쨌든 제게 많은 것을 준 선물이었습니다."

청중은 처음에 본 예쁜 보석 상자와 마지막에 본 불편한 사진의 대비를 통해 충격적인 감각 경험을 한다. 크레이머는 죽음의 문턱까지 갔던 경험에서 얻은 교훈을 전하며 강연을 끝맺었다. "저는 지금 건강합니다. 하지만 이 선물을 여러분이 받기를 바라지는 않습니다. 여기 이 선물을 원하는 분은 없겠죠? 그래도 저는 제 경험을 물리고 싶지는 않네요. 그것은 제 삶을 아주 깊이 바꿔놓았습니다. 예상치 못한 방식으로요. 방금 말씀드린 그런 방식 말입니다. 그러니 혹시라도 미래에 뭔가 예상치 못한, 바라지 않았던, 불확실한 어떤 일이 닥치면 그것이 그냥 하나의 선물일지도 모른다고 생각해보세요."

'느낄 수 있는' 프레젠테이션을 하라. 이따금 슬라이드를 벗어나 시연을 하고 제품을 보여주며 참여를 유도하라. 제품 출시 때라면 수월한 일이다. 실제 제품을 직접 만져보도록 하면 된다. 하지만 전달하려는 대상이 순수한 생각이나 개념이라면 어떻게 할까? 그래도 여전히 다감각적 경험을 만들어낼 수 있다. 언젠가 나는 고객 서비스(CS)를 주제로 기조강연을 하면서 러시 비누(Chapter 2 참고) 체인 매장 이야기를 했다. 값비싼 비누다. 나는 비누 하나를 집어 들고 비누 450그램에 37달러를 낼 분 있느냐고 물었다. 손을 든 사람은 없었다. 나는 객석으로 걸어 들어갔다. 그리고 비누의 냄새를 맡고 만져보라고 했다. 그리고 같은 질문을 다시 했다. 여전히 돈을 낼 의향이 없다고 하면 그비누를 공짜로 주었다. 나는 계속해서 이야기를 보탰고, 비누를 나눠 주었다. 청중은 곧 비누에 관해 알면 알수록 자신이 비누를 사고 싶어 한다는 걸 깨달았다. 브랜드 소통과 고객 경험 향상 과정에 재미를 끌어내며 청중을 참여시킨 사례였다.

▎여덟 번째 비밀: **복합적 감각 경험으로 머릿속 그림을 그린다**

크레이머처럼 하려면 용기가 필요하다. 뛰어난 발표나 강연을 날이면 날마다 볼 수 없는 이유다. 중학생도 이해할 수 있을 만큼 쉽게 이야기를 하려면 용기가 필요하다. 글자 하나 없는 슬라이드를 만들려면 용기가 필요하다. 보노처럼 말이다. 슬라이드를 땡땡이 표시와 글자로 채우는 대신 사진을 보여주려면 용기가 필요하다. 크레인 박사처럼 깃털과 토치램프를 꺼내들면서도 우스꽝스러운 기분이 들지 않으려면 용기가 필요하다. 어맨다 파머가 그랬던 것처럼 우유 상자

위에 3분간 서 있으려면 용기가 필요하다.

용기는 두드러진다. 용기는 눈에 띈다. 용기는 가슴과 머리를 얻는다. 일생일대의 프레젠테이션을 하려면 용기가 필요하다. 당신의 안에는 용기가 있다. 용기를 찾아내 소중히 여기고 마음껏 뽐내라. 용기 있는 발표와 강연, 연설은 당신의 삶과 그것을 듣는 이들의 인생을 바꿀 것이다. 당신에게는 생각이 있다. 그것은 보이고 들리고 느껴져야 마땅하다. 목소리로 사람들을 놀래켜라. 영감을 주고, 세상을 바꿔라.

Chapter
NINE

자신의 길에 머물러라

저는 일을 일로, 놀이를 놀이로 생각하지 않습니다.
일도 놀이도 다 삶인 걸요.

— 리처드 브랜슨 경

2010년 12월 페이스북 최고운영책임자 셰릴 샌드버그가 TED 무대
에 서기 전에 대기실에서 기다리고 있었다. "그 전날 나는 딸아이를
유치원에 데려다주면서 엄마가 동부로 날아가기 때문에 그날 밤에
보지 못할 거라고 말했다. 아이는 내 다리를 껴안고 가지 말라고 애원
했다. 그 장면을 떨쳐버릴 수가 없었다. 그래서 마지막 순간에 [행사를
주최한 뉴욕 페일리센터(Paley Center)의 CEO] 팻(Pat)에게 강연에서 그
얘기를 덧붙이고 싶다고 말했다. '네, 물론이죠. 말씀하세요.' 팻은 고
개를 끄덕였다."[1]

샌드버그는 스스로의 도전과 감정에 솔직해야만 다른 여성도 도울
수 있다는 사실을 깨달았다. "심호흡을 하고 무대에 올랐다. 진정성을
가지고 내 진실을 나누려고 노력했다. 그래서 객석을 향해, 또 인터넷

으로 강연을 볼 모든 이에게 나는 여기 설 자격이 없다고 알렸다. 가슴이 후련했다. 비단 내 스스로 그걸 인정해서만이 아니라 다른 이들과 나누었기 때문이다."[2]

▌아홉 번째 비밀: **자신의 길에 머물러라**

진정성을 가져라. 자신을 투명하게 열어 보여라.

작동 원리 사람들은 가짜를 잘 알아차린다. 당신 자신이 아닌 다른 누군가나 뭔가가 되려고 한다면 청중의 신뢰를 얻지 못할 것이다.

대중 연설은 예술의 한 형태로까지 여겨진다. 그리고 설득의 예술적 요소가 신뢰할 만한 과학의 뒷받침을 받는다는 사실은 이 책을 통해 지금까지 밝혀왔다. 하지만 이제 기술과 과학은 접어두고 가슴으로부터 나오는 이야기를 해야 한다. 당신이 연기를 하고 시늉을 한다면 지금까지 우리가 말해온 모든 것이 무의미하다.

물론 연설은 다른 사람에게서 배울 수 있다. 그들의 뛰어난 대중 연설 기법을 벤치마킹할 수 있다. 하지만 당신만의 표식이 없다면 절대로 지속적인 인상을 남길 수 없다. '포스트 오프라 윈프리'가 되겠다는 한 젊은 여성에게 오프라 윈프리는 이렇게 말했다. "아니, 그러면 안 됩니다." 오프라는 사람은 자신이 있어야 하는 길이 어디인지 알고 그 길에 머물러야 한다고 했다. 성공하는 사람들은 자기 삶의 핵심 목적을 파악하고, 가차 없이 그 목적을 좇아 그들이 될 수 있는 최고의 모습으로 거듭나려 한다는 게 그녀의 설명이었다.

자신의 길에 머물려면 용기가 필요하다. 질 박사의 '긍정의 뇌' 강연은 이제 유명하다. 하지만 강연을 구성하고 있던 당시 그녀는 결정을 내려야 했다. 강연의 첫 12분은 청중의 좋은 반응을 끌어내기에 충분했지만 본인의 솔직하고 개인적인 얘기 같은 건 전혀 없었다. 질 박사는 "강연을 우주로 날려버릴" 마무리가 필요했다고 내게 말했다.

TED 무대를 일주일 앞두고 질 박사는 가장 친한 친구로부터 강연에 걸리는 부분이 있다는 얘기를 들었다. "질, 너의 솔직하고 개인적인 경험을 얘기해줘야 할 것 같아. 너만 알고 있던 그 공간으로 우릴 데려가는 거야. 함께 여행을 가는 거야. 우리는 활짝 열려 있어. 다 네편이야. 그러니 우리에게 [뇌졸중에 관해] 가르쳐줄래? 네가 경험한 그대로를 얘기해줘야만 해."³ '경험한 그대로를 얘기한다'는 것은 솔직히 드러낸다는 뜻이었다. 뇌졸중의 느낌과 그 과정에서 그녀가 배운 바를 '날것 그대로' 표현해야 했다.

질 박사는 말귀를 알아들었다. 그래서 TED 강연 일주일 전에 마무리 부분을 수정했다. 그녀는 강연을 이렇게 끝맺었다. "제 영혼은 자유롭게 솟구쳐 올랐어요. 고요한 희열의 바다를 유유히 헤엄치는 큰 고래 같았어요. 열반, 저는 열반에 이르렀습니다. (…) 제가 열반에 이르렀고 아직 살아 있다면, 살아 있는 모든 사람은 열반에 이를 수 있습니다. 저는 아름답고 평화롭고 인정 많고 사랑하는 사람들로 가득한 세상을 떠올렸어요. 언제든지 이 공간으로 올 수 있다는 것을 아는 사람들이죠. (…) 저는 이 경험이 얼마나 엄청난 선물이 될 수 있는지 깨달았어요. 우리가 인생을 어떻게 살 것인지에 대한 얼마나 뜻밖의 통찰인지를요. 뇌졸중처럼 뜻밖에 찾아온 통찰이었죠."

대부분의 과학자들은 질 박사처럼 개인적인 경험을 많은 사람들 앞에서 드러내 보이지는 않을 것이다. 설령 "영혼이 자유롭게 솟구쳐 오르고 고래처럼 헤엄쳤다"고 해도 말이다. 가까운 사람에게도 쉽게 할 얘기는 아니다. 하지만 질 박사는 자신의 영적 변화의 이야기가 뇌졸중 이야기보다 훨씬 더 의미 있다는 걸 깨달았다. 좌뇌가 기능을 멈춰 정신의 자아 부분이 소실되었을 때 그녀는 영적 각성을 경험했다. 우주는 더 이상 그녀와 분리된 것이 아니었다. 그녀는 우주와 하나가 되었다.

질 박사는 청중에게 뇌졸중을 알려 그들이 쉽게 이해하도록 했다. 그것만 했어도 좋은 강연이었을 것이다. 하지만 그녀는 한 발 더 나아갔다. 자신이 영감과 깨달음을 얻은 경험을 털어놓았다. 좋은 강연이 비범한 강연이 되었다. 질 박사는 용기를 내서 자신의 길에 머물렀고, 이것이 모든 차이를 만들었다.

미국 ABC 방송의 드라마 〈그레이 아나토미(Grey's Anatomy)〉의 한 에피소드에서 캘리 토러스(Callie Torres) 박사는 TED 강연을 준비하고 있었다. 정형외과 의사인 토러스는 자신이 준비한 강연이 마음에 들지 않았다. 그녀가 본 다른 TED 강연들에 비해 지루하게 느껴졌기 때문이다. "누가 연골에 대해 듣고 싶겠어?" 그녀는 말했다. 병원이 한바탕 아수라장이 된 덕분에 캘리는 TED 강연장으로 가는 비행기를 놓쳤다. 그녀는 차라리 잘됐다고 생각했다. 하지만 마지막 순간에 동료들이 방송 장비를 설치해서 캘리가 위성을 통해 강연을 생중계할 수 있도록 해주었다(인기 텔레비전 드라마니까 가능했다).

캘리는 강연 원고 뭉치와 함께 초초하게 앉았다. "그냥 얘기해요."

동료 의사가 말했다. "그냥 원래 모습을 보여줘요." 그 의사는 캘리에게 그녀의 길에 머물라고 말하고 있었다. 캘리는 원고를 옆으로 치웠다. 그리고 심호흡을 하고 말했다. "여러분, 안녕하세요. 저는 의사 캘리 토러스라고 합니다. 최악의 한 해를 보냈어요. 교통사고로 거의 죽을 뻔했고요……. 그 사고로 가장 친한 친구와 아이 아빠가 목숨을 잃었어요. 저는 정형외과 의사입니다. 연골 전문이죠. 그래서 모든 것이 산산이 부서질 때 우리를 붙잡아줄 것은 무엇인지 생각하며 많은 시간을 보냈습니다……."

〈그레이 아나토미〉가 비록 허구의 의료 드라마이긴 하지만 나는 깊은 인상을 받았다. TED와 관련된 일화를 쓴 이 드라마 작가들은 기억에 남는 TED 강연의 진짜 마법이 어디에서 오는지 알았던 것이다. 그것은 원고를 옆으로 치우고 가슴으로 말하는 주인공, 청중이 자신의 영혼을 엿보도록 허락하는 강연자였다. 드라마 작가들은 이야기꾼이다. TED의 마법이 강연 주제보다 더 깊은 곳에 있음을 직감적으로 알았을 것이다. 영감과 감동을 주는 강연자는 청중이 그들의 삶과 경력, 일에 대해 다르게 생각하도록 한다. 훌륭한 강연자는 청중 스스로가 더 나은 사람을 소망하게끔 만든다.

Chapter 9를 여는 인용구로 리처드 브랜슨의 말을 선택한 데는 특별한 이유가 있다. 대중에게 보여주는 가면(페르소나)과 진짜 자기 모습이 다른 사람이 정말 많기 때문이다. 나는 브랜슨을 한 번 이상 만나보고 인터뷰했다. 그는 연기를 하지 않는다. 그는 진짜다. 카메라 불이 들어올 때와 나갈 때가 같은 사람이다. 일이 곧 놀이고, 놀이가 곧 일이다. "그게 다 삶"이라는 게 브랜슨의 태도다.

많은 경영자들이 무대나 연단을 내려와 사적인 대화를 할 때는 전혀 다른 얘기를 한다. 마치 두 명의 사람처럼 말과 행동이 다르다. 그들은 자신의 길이 편하지 않다. 다른 누군가의 길을 걷고 싶어 하는 것이다. 열정적이고 유머와 열의가 있고 영감을 주지만 그건 단지 무대에 있을 때뿐, 실은 영혼 없고 지루하고 유머 없는 리더들을 얼마나 많이 만났는지는 말할 수도 없다. 그들에게 왜 그러냐고 물었더니 몇몇은 이렇게 대답하기도 했다. "프레젠테이션 중이니까요."

프레젠테이션의 목표가 '프레젠테이션 전달'이어서는 안 된다는 것을 마음에 새겨라. 목표는 청중에게 영감과 감동을 주고, 그들이 더 큰 꿈을 꾸도록 고양하는 것이어야 한다. 사람들이 당신이 진짜가 아니라고 생각한다면 그들에게 감동을 줄 수 없다. 청중이 당신을 신뢰하고 존중하고 진짜로 좋아하지 않는다면 그들에게 어떤 확신도 줄 수 없다.

TED note

같은 발표나 강연을 가까운 사람을 상대로 해본다. 나는 의뢰인이 '카메라가 켜졌을 때' 더 진정성을 갖도록 하기 위해 친구나 배우자 앞에서 미리 말해보게 한다. 구태여 가까운 관계를 맺을 필요가 없는 사람들이 아니라 실제로 친밀한 사람들에게 정보를 전달해보면 자신의 '진짜' 모습이 더 쉽게 나오곤 한다.

셰릴 샌드버그는 '여성 리더가 이처럼 적은 이유가 무엇인가?(Why We Have Too Few Women Leaders)'라는 강연에서 여성들이 직장에서 자신의 능력을 과소평가하는 경우가 많다고 말한다. 나는 영감을 주는 발표나 강연을 하는 능력과 관련해서도 이런 자신감 부족이 많은 사람들에게 영향을 미친다고 생각한다. 이것은 남녀를 가리지 않는다. 온갖 평계가 다 있다. 수줍음이 많다, 남들 앞에 서지를 못한다, 떨린다, 초등학교 때 아이들이 놀렸다, 내용이 너무 복잡하다, 한도 끝도 없다 등등. 이런 이유들은 남들 앞에서 자신 있게 말하지 못하는 이유를 아주 잘 설명해줄 것이다. 하지만 이것이 당신의 프레젠테이션을 방해할 이유는 전혀 없다.

아주 많은 사람들이, 심지어 달변가들조차도 남들 앞에서 말하는 자신의 능력을 의심한다. 이는 사실이다. 영감 가득한 설교로 유명한 조엘 오스틴 목사는 1999년 10월 첫 설교를 앞두고 "무서워서 죽을 지경이었다"고 말했다. 10년 후 그는 홈런을 쳤다. 새로 개장한 뉴욕 양키스타디움에서 열린 기도회를 매진시킨 것이다. 그가 대중 연설 기법에 통달하기까지는 10년의 시간과 수백 번의 설교가 필요했다. 오늘날 오스틴은 전 세계에서 설교를 잘하는 목사로 손꼽힌다.

리처드 브랜슨도 사업 초기에는 어디서 연설 요청이 오면 토할 것 같았다고 말했다. "마이크를 잡으면 머리가 백지가 됐죠. 횡설수설하다가 연단을 내려갔습니다. 제 삶에서 정말 지우고 싶은 '흑역사'죠. 제 얼굴도 버진 로고처럼 빨갛게 타올랐습니다."[4]

브랜슨은 이래선 안 되겠다 싶었다. 그는 연습에 매진했다. "뛰어난 연설가는 단지 운이나 재능을 타고난 사람이 아닙니다. 그들은 열심히 합니다." 또한 브랜슨은 스스로 진정성 있는 사람이 되는 법을 배웠다. "상대에게 깊은 인상을 남기기 위해서는 자신이 말하고 있는 것을 믿어야 합니다. 확신을 갖고 말하고, 그 주제에 대한 열정이 있다면 설령 실수가 나와도 듣는 이는 관대하게 넘어가죠. 당신이 진실을 말하고 있다는 믿음이 있기 때문입니다. 일단 준비를 철저히 하고, 시간을 갖고 긴장을 푸십시오. 가슴으로 말하세요."

억만장자 워런 버핏도 연단 공포가 있었다. 실제로 그는 사람들 앞에 서야 할 때면 몹시 긴장했다. 그래서 대학 강의도 발표 수업을 피해서 시간표를 짰다. 말하기 강좌에 등록한 적도 있었지만 시작도 하기 전에 지레 그만두었다. 하지만 오마하(omaha)에서 스물한 살의 나이로 주식투자를 시작했던 그는 자신의 잠재력을 최대로 끌어내기 위해 연단 공포를 극복해야만 한다고 마음먹었다.

버핏은 데일 카네기 강좌에 등록했다. 수업에는 그처럼 "일어서서 자기 이름을 잘 말하지 못하는" 사람이 서른 명 더 있었다. 한 전문직 여성 경력 관리 사이트에서 버핏과 인터뷰한 내용을 실었는데, 여기서 그는 젊었을 때 느꼈던 불안감을 얘기했다. "2, 30대에 성공의 초석을 놓기 위해 어떤 습관을 길렀습니까?"[5]라는 질문에 그는 이렇게 답했다. "인생에서 의사소통 능력은 중요합니다. 사실 말도 못 하게 중요하죠. 그런데 학교에서는 이것을 잘 배우지 못합니다. 의사소통 능력이 부족해서 자신의 생각을 잘 전할 수 없다면 그건 자기 잠재력을 포기하는 겁니다."

여러 명문 경영대학에서도 의사소통 기술은 주요 과목이 아니다. 나는 대기업에 다니는 똑똑한 MBA 출신들을 지도하며 이런 말을 수도 없이 들었다. "학교에서는 이런 걸 가르치지 않았어요. 하지만 제일에 정말 중요해요."

나는 수백만 달러의 연봉을 받는 기업 수장들과 함께 일해왔다. 우리가 일상에서 흔히 접하는 다양한 세계적 브랜드를 운영하는 이들이다. 그들 다수가 남들 앞에서 말하는 일에 영 자신이 없다고 내게 털어놓았다. 나는 그런 그들에게서 자신감을 끄집어내 그들이 청중을 사로잡을 수 있도록 도왔다. 내 방법은 그들이 자신의 '길'을 명확히 알고 왜 그 길에 열정이 있는지 확인하게 하는 것이다. 그런 다음에 발표나 강연을 구성하고 이를 시각화한 다음 충분히 연습한다. 마지막은 마음을 내려놓는 시간이다. 그리고 브랜슨의 권유처럼 가슴으로 말한다. 이것이 백전백승의 접근법이다.

TED note

시간을 들여라. 아침에 차에서 내리고 차 문을 잠갔는지 기억하는가? 정확히 기억은 안 나겠지만 잠그지 않았을 리 없다. 이처럼 강연이나 발표에서 전달할 내용도 매일매일 기회가 있을 때마다 연습해야 한다. 프레젠테이션 진행을 거의 기계적으로 할 수 있을 정도가 되어야 다른 부분에도 신경을 쓸 수 있다. 진짜 춤꾼이 큰 소리로 스텝을 세면서 춤을 추지 않듯이, 프레젠테이션 진행에 숙달되면 정신적 여유를 갖고 이야기를 흥미롭고 역동적으로, 더 중요하게는 진정성 있는 방식으로 전달할 수 있다.

▌아홉 번째 비밀: **자신의 길에 머물러라**

이제 당신의 경쟁 상대는 TED 강연자들이다. 신선하고 대담한 방식으로 정보를 전달해야만 TED 강연에 눈높이가 맞춰진 청중을 만족시킬 것이다. 그들의 정신을 고양하고 영혼을 채우며, 그들이 세상과 세상 속 자신의 역할에 대해 다르게 생각하도록 영감을 주는 방식이어야 한다.

오늘날 전 세계 인구는 TED닷컴 사이트와 유튜브, 그리고 수많은 블로그의 '퍼옴' 영상을 통해 TED 강연을 10억 회 이상 보았다. TED 큐레이터 크리스 앤더슨은 TED 2013에서 강연자들이 해를 거듭할수록 일취월장하고 있다고 평했다.

TED 강연 방식은 우리 대중문화에 널리 스며들고 있다. 전 미국 대통령 빌 클린턴이 코미디센트럴(Comedy Central) 방송의 스티븐 콜베어의 토크쇼에 출연했을 때였다. 콜베어는 클린턴이 그의 강연회인 클린턴 글로벌 이니셔티브(Clinton Global Initiative)를 TED와 합쳐서 이름을 '빌과 테드의 엑설런트 이니셔티브(Bill and Ted's Excellent Initiative)'로 하라고 제안했다(영화 〈엑설런트 어드벤처(Bill and Ted's Excellent Adventure)〉의 패러디 – 옮긴이)! 이 농담에 사람들은 너 나 할 것 없이 배꼽이 빠지게 웃었다. 하지만 시청자들이 TED를 모르거나 이런 강연 방식에 생소했다면 그냥 어리둥절했을 것이다.

TED의 강연 방식이 우리 문화에 녹아나고 있다. 앞서 여덟 개 장에서 살펴봤듯이 뛰어난 TED 강연자들에게는 확실히 공통된 강연 기법이 있다. 하지만 그 무엇보다 먼저 당신이 발표하고자 하는 주제에 대한 열정을 반드시 발견해야 한다. 청중과 진정성 있는 교감을 하려면 말이다.

중요한 것은 토니 로빈스나 질 박사, 보노, 셰릴 샌드버그, 리처드 브랜슨 등 이 책에 나온 어느 누구와도 똑같이 닮으려고 해서는 안 된다는 것이다. 그들은 자신의 길을 닦아 그 길을 아주 잘 달린 이들이다. 당신도 당신 자신의 길에 머물러라. 자신을 솔직히 드러내라. 진정성 있는 자신에게 진실하라. 당신이 될 수 있는 최고의 모습을 보여주어라.

대부분의 사람들은 자신이 상상하는 것보다 훨씬 많은 능력을 가지고 있다. 당신도 그럴 것이다. 당신에게는 감동과 영감을 주고 낙담한 자에게 희망을, 길 잃은 자에게 방향을 제시할 능력이 있다. 그들에게 정보를 제공하고 영감을 주고 전율케 할 능력이 있다. 그런데 이것은 스스로 그럴 수 있다고 믿어야만 가능한 일이다.

운명을 좇는 당신을 뒤에서 잡아당기는 부정적인 딱지를 그냥 놔두지 말라. 몇몇 사람들은 당신의 실력이 별로라고 말할지도 모른다. 경쟁력 있는 비즈니스 발표나 훌륭한 강연을 하기에 필요한 것을 갖추고 있지 않다고 말이다. 하지만 최악의 딱지는 우리 스스로가 붙이는 경우가 많다. 나는 무대에 서는 것을 불안해하는 리더들이 결국 자신에게 가장 끔찍한 말을 한다는 사실을 알게 되었다. 타인에게라면 절대로 입에 담지 않을 말을 말이다. 나는 그들이 이렇게 말하는 것을 들었다.

- "나는 말하는 게 젬병이야."
- "떨려서 다 망쳤어. 내가 생각해도 끔찍한 무대였어."
- "지루한 내 말을 누가 듣겠어."

이런 말을 날마다 반복해서 되뇐다면 무대에서 떨리지 않는 게 더 이상하다! 다른 사람이 당신에 대해 하는 말은 어떻게 할 수 없다. 하지만 그들이 한 말을 어떻게 받아들이느냐는 당신 마음이다. 더군다나 자기 자신에게 하는 말이야말로 가장 확실히 통제할 수 있다. 부정적인 생각을 되풀이하지 말고 관점을 바꾸어 생각하라. 그리고 이런 부정적인 딱지를 격려와 믿음, 힘을 주는 말들로 바꿔라.

생각은 21세기의 화폐임을 기억하자. 생각은 당신의 인생을 바꿀 것이다. 어쩌면 세상을 바꿀지도 모른다. 부정적인 딱지를 비롯해 어떤 것도 앞길을 막도록 놔두지 말라.

TED 강연자 래리 스미스와 인터뷰를 마쳤을 때 그는 이렇게 말했다. "카민 씨의 성공을 빕니다." 스미스는 "행운을 빕니다"라고 말하지 않았다. 행운은 성공과 큰 상관이 없기 때문이다. 영감을 주는 발표자나 강연자가 되는 데 행운은 필요 없다. 필요한 것은 사례와 기술과 열정과 연습이다. 용기도 필요하다. 열정을 좇을 용기, 생각을 단순명료하게 할 용기, 가슴을 뛰게 하는 것을 표현할 용기 말이다.

당신의 성공을 비는
카민 갤로

| 감사의 말 |

뛰어난 강연을 하려면 뛰어난 팀이 필요하다. 팀 구성원들의 조언과 노력, 기술이 있어야 한다. 책을 쓰고 내는 일도 마찬가지다. 팀워크가 전부라고 해도 과언이 아니다.

세인트마틴스프레스(St. Martin's Press) 출판사의 팀은 정말로 특별하다. 편집자 맷 마츠는 이 책의 기획 단계부터 함께 열정을 나눴다. 책이 나올 때까지 우리는 그야말로 일심동체였다. 그의 의견과 피드백, 판단을 고려해 이 책을 이야기체로 가져갔다. 나도 이야기체가 독자들에게 정보와 교훈, 영감, 재미를 더 잘 전달할 것이라 믿는다.

세인트마틴스프레스의 다른 이들에게도 감사한다. 모두가 이 책을 위해 힘써주었다. 특히 샐리 리처드슨, 댄 와이스, 로라 클라크, 미셸 캐시먼, 매리앤 도나토, 마이클 호크, 케리 노들링, 크리스티 다고스티니에게 감사한다. 맥밀런오디오(Macmillan Audio)의 로버트 앨런을 비롯해 헌신적인 직원들에게도 감사한다.

내 작가 대리인이자 뉴잉글랜드 출판협회(New England Publishing Associates)의 책임자이기도 한 로저 윌리엄스는 단순한 동료 이상이다. 진실한 친구이자 조언자이며 어떤 의미에서는 스승이다. 그는 꾸준히 길을 보여주었고 영감을 주었다. 그에게 감사의 말을 전한다.

브라이트사이트그룹(BrightSight Group)의 톰 닐슨과 레스 터크는 내 강연 대리인이다. 그들은 특별한 감사를 받아 마땅하다. 다양한 콘퍼런스와 회의, 행사 등에서 내가 기조강연을 통해 사람들과 생각을 나눌 수 있도록 도와주었다. 그들의 멋진 우정과 일 처리에 감사를 전한다. 브라이트사이트그룹은 열정적인 전문가 집단이다. 신시아 시토, 크리스틴 타이크먼, 제프 라이크스, 미셸 딜리지오, 마지 헤네시 등 한 사람 한 사람에게 감사의 말을 전한다.

갤로커뮤니케이션스(Gallo Communications)의 살림꾼 캐럴린 킬머는 TED 강의의 열렬한 팬이다. 그녀는 수많은 TED 강의를 보고 연구하며 그로부터 뽑아낸 대화와 주제와 기술을 구분하는 작업을 도왔다. 그녀의 작업은 방대한 양의 자료 분석에 앞서 전체적인 틀을 잡아주었다.

나는 TED 강연의 대화 기술 뒤에 깊이 숨겨진 과학적 원리를 밝혀낸 것이 특히 자랑스럽다. 하나하나의 대화 기술이 효과적인 이유는 두뇌의 작동 방식 및 두뇌가 정보를 어떻게 처리하고 기억하느냐에 바탕을 두기 때문이다. 내 친구 대니 머렁은 변호사이지만 과거 대학에서 의사소통 분야를 연구했다. 그는 내 연구에 일종의 반향판(反響板) 역할을 하면서 시시때때로 올바른 방향을 일러주었다. 그리고 내게 연구교수들과 직접 만나볼 것을 권하기도 하고 관련 주제의 새로운 학술지를 소개해주었다. 의사소통 분야에 커다란 열정을 지닌 그의 통찰에 감사한다.

아내 바네사 갤로에게는 가장 큰 감사를 전해야 할 것이다. 그녀는 TED 강의를 수없이 보면서 연구했을 뿐 아니라 원고를 출판사에 보내기 전에 편집을 해주는 등 이 책의 출간에 없어서는 안 될 도움을 주었다. 그녀는 글을 쓰고 편집하는 일에서 전문가이며 샌프란시스코 주립대학에서 심리학을 강의한 경력도 있다. 이런 배경을 바탕으로 TED 강연자의 신체 언어와 몸짓, 말 전달을 분석했다. 바네사는 이 일의 가치에 확고한 믿음을 가졌고 이것이 매일 내 삶의 힘이 되어주었다. 그녀는 우리 사업을 돌보는 동시에 딸 조세핀과 릴라를 훌륭히 키웠다. 어떻게 두 가지 일을 동시에 해낼 수 있는지 나로서는 존경스러울 따름이다. 어쨌든 아내는 둘 다 멋지게 해냈다. 진정으로 소중한 내 사람이다.

가족은 항상 든든한 힘이 되어주었다. 티노, 도나, 프란체스코, 닉, 켄, 패티에게 고마움을 전한다. 어머니 주세피나는 내 가슴에 특별한 자리를 차지한다. 먼저 떠난 아버지 프랑코도 마찬가지다. 그는 내게 믿음과 용기, 투지를 가르쳐주었다.

Mr. 카민 − 당신을 위한 프레젠테이션 코치

"커뮤니케이션의 60퍼센트는 말이 아닙니다. 보디랭귀지죠. 30퍼센트는 어투. 대화의 90퍼센트가 입에서 나오는 게 아니란 뜻입니다." (Chapter 3 '대화를 합시다'에서 이것은 사실이 아니라고 한다.) "있는 그대로 하세요. 수줍으면 수줍게, 활발하면 활발하게. 활발하지 않다고요? 괜찮아요. 한꺼번에 다 보여줄 필요는 없지만 진짜 당신을 보여줘야 해요." 위 이야기는 이른바 스피치 학원, 그러니까 프레젠테이션 잘하는 법을 배우는 화술 교습소의 수업 내용일까? 아니다. 윌 스미스 주연의 영화 〈Mr. 히치: 당신을 위한 데이트 코치(Hitch)〉(2005년)의 자막을 옮겨 적어본 것이다.

발표나 강연은 실제로 연애와 같다. 청중과 슬슬 '썸'을 타다가 어느 순간 확 상대의 마음을 빼앗아야 하는 것이다. 방법도 목적도 같다. 과정도 같다. 성공하면 박수를 받는 것도 같다. 그렇다면 그 기술도 같을 수밖에.

극 중 데이트 코치인 미스터 히치가 말하는 기본 법칙은 이렇다. "어떤 상황이든, 상대가 누구든 여자를 사로잡을 기회는 충분합니다. 방법만 안다면." 당신의 프레젠테이션 코치인 카민 갤로도 〈15초 만에 어떤 설득도 해내는 법〉이라는 칼럼을 쓴 이야기를 하며 '메시지 지도'라는 방법을 소개한다.

한편 영화에서 키 작고 뚱뚱한 데다 센스도 없는 회계사 앨버트(케빈 제임스 분)는 어처구니없게도 뉴욕 사교계의 여신으로 불리는 알레그라(앰버 발레타 분)를 짝사랑하게 된다. 연단 공포증이 있는 사람이 TED 무대에 서길 꿈꾸는 것과 비슷한 상황이다. 연설 요청이 오면 토할 것 같았다는 리처드 브랜슨이나, 대학 강의도 발표 수업을 피해서 시간표를 짰다는 워런 버핏이 속으로는 훌륭한 연설가를 꿈꾸었다는 고백이 생각나는 대목이다.

하지만 앨버트는 히치의 지도를 받으며 자신을 바꿔나간다. 히치의 조언은 간단하지만 몹시 중요하다. 예를 들면 자연스레 여성의 등에 손을 댈 때는 손 높이에 주의해야 한다. 손이 너무 높으면 '우린 그냥 친구'란 의미이고, 낮으면 '만지고 싶다'는 뜻이라는 것이다. 따라서 적절한 손 높이에서 등을 만져야만 친구나 치한이 아닌 애인이 된다. 이 책에서 카민도 프레젠테이션 시간은 18~20분이 딱 적당하다며, 이보다 짧으면 듣는 사람이 충분한 정보를 얻지 못하고 이보다 길면 주의가 산만해진다고 한다. 히치는 또 "메시지는 짧게 남겨라"라고 조언한다. 트위터식 헤드라인을 쓰라는 얘기다. 그리고 앨버트가 알레그라에게 전화할 때 히치는 옆에서 억양과 말의 빠르기, 높낮이 등을 지도한다. 우리도 Chapter 3에서 이것을 배웠다.

결국 앨버트는 알레그라와 키스를 한다. 세 번의 데이트 만에 첫 키스까지 인도해준다는 약속을 지킨 것이다. 그런데 이 데이트 코치가 누구나 다 도와주는 것은 아니다. 무엇보다 의뢰인의 마음이 진심이어야 한다. 카민도 마지막 Chapter 9에서 진정성이 없으면 이 책의 모든 기술이 다 소용없다고 말한다.

히치가 앨버트의 진심을 확인하고 그를 돕기로 한 장면에서 이런 대사가 나온다. "미켈란젤로 알죠? 시스티나 성당도? 난 미켈란젤로. 당신은 시스티나." "도와주실 건가요?" "알렉스 히친스라고 합니다. 천장화 그리러 갑시다." 당신도 카민 갤로의 도움으로 시스티나 성당의 천장화처럼 멋진 발표와 강연을 하게 되길 바란다.

마지막으로 TED 강연 동영상의 한글 자막에 관해 덧붙이고 싶다. TED닷컴에 올라와 있는 거의 대부분의 강연이 한국어 자막을 제공한다. 그런데 이것은 전문 번역가에게 비용을 주고 의뢰해서 제작한게 아니라 자원봉사자들이 재능 기부 개념으로 만든 것이다. 이 책을 번역하며 TED닷컴의 많은 강연을 보고 그 한국어 자막을 확인했다. 재능 기부로 만든 자막임을 감안할 때 대부분의 번역이 적어도 고개를 끄덕일 만은 했지만 처음부터 끝까지 심각한 오역을 해놓은 번역도 심심치 않게 있었다. 일단 번역자가 있고, 검토자가 있다. TED닷컴은 번역자가 옮긴 것을 검토자가 확인하고, 이것을 다시 번역자가 승인하면 자막을 등록한다. 한 번 등록된 자막을 바꾸는 일은 쉽지 않다. 그런데 확인 결과 번역자와 검토자가 가족이나 회사 동료처럼 서로 잘 아는 사람인 경우도 많았다. 따라서 TED 강연을 한국어 자막으로 볼 때는 심각한 오역이 있을 수 있음을 염두에 두길 바란다.

| 주 |

머리말

1. Julie Coe, "TED's Chris Anderson," Departures.com, March/April 2012, http://www.departures.com/articles/teds-chris-anderson (2013년 4월 11일 확인).

2. Daphne Zuniga, "The Future We Will Create Inside the World of TED," documentary, New Video Group, Inc., 2007.

3. Stanford University, "'You've Got to Find What You Love,' Jobs Says," Stanford Report, June 14, 2005, Steve Jobs's Commencement Address, 2005년 6월 12일 연설, http://news-service.stanford.edu/news/2005/june15/jobs-061505.html (2013년 4월 11일 확인).

4. Daniel Pink, *To Sell Is Human* (New York: Riverhead Books, 2012), 2.

5. Robert Greene, *Mastery* (New York: Viking, 2012), 12.

6. Tony Robbins, "Why We Do What We Do," TED.com, June 2006, http://www.ted.com/talks/tony_robbins_asks_why_we_do_what_we_do.html (2013년 4월 11일 확인).

Chapter ONE | 내 안의 대가를 깨워라

1. Aimee Mullins, "It's Not Fair Having 12 Pairs of Legs," TED.com, March 2009, http://www.ted.com/talks/aimee_mullins_prosthetic_aesthetics.html (2013년 4월 11일 확인).

2. Cameron Russell, "Looks Aren't Everything. Believe Me, I'm a Model," TED .com, January 2013, http://www.ted.com/talks/cameron_russell_looks_aren_t_everything_believe_me_i_m_a_model.html (2013년 4월 11일 확인).

3. Robert Greene, *Mastery* (New York: Viking, 2012), 12.

4. *Daily News*, "Buddhist Monk Is the World's Happiest Man," October 29, 2012, http://india.nydailynews.com/newsarticle/7b470adb0a9b6c32e19e16a08df13f3d/buddhist-monk-is-the-worlds-happiest-man#ixzz2ILd7tSGa (2013년 4월 11일 확인).

5. Matthieu Ricard, "The Happiest Person in the World?", Matthieu Ricard blog post,

November 12, 2012, http://www.matthieuricard.org/en/index.php/blog/255_the
_happiest_person_in_the_world/ (2013년 4월 11일 확인).

6. 마티외 리카르 스님과 2013년 3월 16일에 인터뷰한 내용.

7. 캐나다 워털루대학교의 경제학 교수 래리 스미스와 2012년 6월 26일에 인터뷰한
내용.

8. Melissa S. Cardon, Joakim Wincent, Jagdip Singh, and Mateja Drnovsek, "The
Nature and Experience of Entrepreneurial Passion," *Academy of Management
Review*, vol. 34, no. 3 (2009), 511−532.

9. Richard Branson, "Richard Branson: Life at 30,000 Feet," TED.com, October
2007, http://www.ted.com/talks/richard_branson_s_life_at_30_000_feet.html
(2013년 4월 11일 확인).

10. Cheryl Mitteness, Richard Sudek, and Melissa S. Cardon, "Angel investor
characteristics that determine whether perceived passion leads to higher
evaluations of funding potential," *Journal of Business Venturing*, vol. 27 (2012),
592−606.

11. Jill Bolte Taylor, "Jill Bolte Taylor's Stroke of Insight," TED.com, March 2008,
http://www.ted.com/talks/jill_bolte_taylor_s_powerful_stroke_of_insight.html
(2013년 5월 18일 확인).

12. Jill Bolte Taylor, "Does Our Planet Need a Stroke of Insight?", Huffington Post, TED
Weekends: Reset Your Brain, January 4, 2013, http://www.huffingtonpost.com/
dr-jill-boltetaylor/neuroscience_b_2404554.html (2013년 4월 11일 확인).

13. 세인트루이스에 있는 워싱턴대학의 부교수 패스케일 미셸런과 2013년 1월 22일에
인터뷰한 내용.

14. Howard Friedman and Leslie Martin, *The Longevity Project: Surprising
Discoveries for Health and Long Life from the Landmark Eight-Decade Study*
(New York: Hudson Street Press, 2011), 28.

15. Joyce E. Bono and Remus Ilies, "Charisma, Positive Emotions and Mood
Contagion," *Science Direct*, The Leadership Quarterly, vol. 17 (2006), 317−334.

16. Richard St. John, "Richard St. John's 8 Secrets of Success," TED.com, December
2006, http://www.ted.com/talks/richard_st_john_s_8_secrets_of_success.html
(2013년 4월 24일 확인).

17. Ernesto Sirolli, "Ernesto Sirolli: Want to Help Someone? Shut Up and Listen!"
TED.com, November 2012, http://www.ted.com/talks/ernesto_sirolli_want_to_he
lp_someone_shut_up_and_listen.html (2013년 4월 11일 확인).

Chapter **TWO** | 스토리텔링의 기술

1. Bryan Stevenson, "Bryan Stevenson: We Need to Talk about an Injustice," TED.com, March 2012, http://www.ted.com/talks/bryan_stevenson_we_need_to_talk_about_an_injustice.html (2013년 4월 24일 확인).

2. 사법 평등을 위한 변호사 모임의 설립자이자 수장인 브라이언 스티븐슨과 2012년 12월 17일에 인터뷰한 내용.

3. Ben Affleck, "Ben Affleck: 8 Talks that Amazed Me," TED.com, http://www.ted.com/playlists/32/ben_affleck_8_talks_that_amaz.html (2013년 4월 24일 확인).

4. Uri Hasson, Asif A. Ghazanfar, Bruno Galantucci, Simon Garrod, and Christian Keysers, "Brain-to-Brain Coupling: A Mechanism for Creating and Sharing a Social World," Neuroscience Institute, Princeton University, 2012, http://psych.princeton.edu/psychology/research/hasson/pubs/Hasson_et_al_TiCS_2012.pdf (2013년 4월 11일 확인).

5. Greg J. Stephens, Lauren J. Silbert, and Uri Hasson, "Speaker-Listener Neural Coupling Underlies Successful Communication," Proceedings of the National Academy of Sciences of the United States of America, July 26, 2010, http://www.ncbi.nlm.nih.gov/pmc/articles/PMC2922522/ (2013년 4월 11일 확인).

6. Brené Brown, "Brené Brown: The Power of Vulnerability," TED.com, December 2010, http://www.ted.com/talks/brene_brown_on_vulnerability.html (2014년 4월 24일 확인).

7. Andrew Stanton, "Andrew Stanton: The Clues to a Great Story," TED.com, March 2012, http://www.ted.com/talks/andrew_stanton_the_clues_to_a_great_story.html (2013년 4월 24일 확인).

8. Dan Ariely, "Dan Ariely: Our Buggy Moral Code," TED.com, March 2009, http://www.ted.com/talks/dan_ariely_on_our_buggy_moral_code.html (2013년 4월 24일 확인).

9. Chip Heath and Dan Heath, *Made to Stick: Why Some Ideas Survive and Others Die* (New York: Random House, 2007), 64.

10. 같은 책, 84.

11. Ken Robinson, "Ken Robinson Says Schools Kill Creativity," TED.com, June 2006, http://www.ted.com/talks/ken_robinson_says_schools_kill_creativity.html (2013년 5월 18일 확인).

12. YouTube.com, "Apr 29-Joel Osteen-Yes Is in Your Future," YouTube.com, May

12, 2012, http://www.youtube.com/watch?v=VJiW_H3_0S4 (2013년 5월 18일 확인).

13. Bono, "8 Talks That Give Me Hope," TED.com, http://www.ted.com/playlists/53/bono_8_talks_that_give_me_hop.html (2013년 5월 18일 확인).

14. Seth Godin, "Seth Godin: How to Get Your Ideas to Spread," TED.com, April 2007, http://www.ted.com/talks/seth_godin_on_sliced_bread.html (2013년 4월 24일 확인).

15. Ludwick Marishane, "Ludwick Marishane: A Bath without Water," TED.com, December 2012, http://www.ted.com/talks/ludwick_marishane_a_bath_without_water.html (2013년 5월 18일 확인).

16. Jonah Sachs, *Winning the Story Wars: Why Those Who Tell the Best Stories Will Rule the Future* (Boston, MA: Harvard Business Review Press, 2012), 14.

17. Malcolm Gladwell, "Malcolm Gladwell: Choice, Happiness and Spaghetti Sauce," TED.com, September 2006, http://www.ted.com/talks/malcolm_glad_well_on_sp aghetti_sauce.html (2013년 5월 18일 확인).

18. Peter Guber, *Tell to Win: Connect, Persuade, and Triumph with the Hidden Power of Stories* (New York: Crown Business, 2011), vii.

19. 같은 책, 9.

20. 같은 책, 33.

21. Annie Murphy Paul, "Your Brain on Fiction," *The New York Times*, Sunday Review/The Opinion Pages, March 17, 2012, http://www.nytimes.com/2012/03/18/opinion/sunday/the-neuroscience-of-your-brain-on-fiction.html?pagewanted=all&_r=1& (2013년 4월 11일 확인).

22. Significantobjects.com, About page, http://significantobjects.com/about/ (2013년 5월 18일 확인).

23. YouTube.com, "Kurt Vonnegut on the Shapes of Stories," YouTube.com, October 30, 2010, http://www.youtube.com/watch?v=oP3c1h8v2ZQ (2013년 5월 18일 확인).

24. Isabel Allende, "Isabel Allende: Tales of Passion," TED.com, January 2008, http://www.ted.com/talks/isabel_allende_tells_tales_of_passion.html (2013년 5월 18일 확인).

Chapter **THREE** | 대화를 합시다

1. Amanda Palmer, "The Epic TED Blog, Part One: It Takes a Village to Write a TED

Talk," Amanda Palmer and the Grand Theft Orchestra, March 7, 2012, http://amandapalmer.net/blog/20130307/ (2013년 4월 11일 확인).

2. James R. Williams, "Guidelines for the Use of Multimedia in Instruction," Proceedings of the Human Factors and Ergonomics Society 42nd Annual Meeting, vol. 42, no. 20 (1998), 1447—1451, Sage Journals online, http://pro.sagepub.com/content/42/20/1447 (2013년 5월 18일 확인).

3. Lisa Kristine, "Lisa Kristine: Photos that Bear Witness to Modern Slavery," TED.com, August 2012, http://www.ted.com/talks/lisa_kristine_glimpses_of_modern_day_slavery.html (2013년 5월 18일 확인).

4. YouTube.com, Taylor, "The Neuroanatomical Transformation of the Teenage Brain: Jill Bolte Taylor at TEDxYouth@Indianapolis," YouTube.com, February 21, 2013, http://www.youtube.com/watch?v=PzT_SBl31-s (2013년 5월 19일 확인).

5. 워싱턴D.C.에서 수사관으로 있는 모건 라이트와 2013년 4월 4일에 인터뷰한 내용.

6. Colin Powell, "Colin Powell: Kids Need Structure," TED.com, January 2013, http://www.ted.com/talks/colin_powell_kids_need_structure.html (2013년 5월 19일 확인).

7. Colin Powell, *It Worked for Me: In Life and Leadership* (New York: Harper, 2012), 243.

8. Ernesto Sirolli, "Ernesto Sirolli: Want to Help Someone? Shut Up and Listen!" TED.com, November 2012, http://www.ted.com/talks/ernesto_sirolli_want_to_help_someone_shut_up_and_listen.html (2013년 4월 11일 확인).

9. Jennifer Granholm, "Jennifer Granholm: A Clean Energy Proposal—Race to the Top," TED.com, February 2013, http://www.ted.com/talks/jennifer_granholm_a_clean_energy_proposal_race_to_the_top.html (2013년 5월 18일 확인).

10. Bob M. Fennis and Marielle Stel, "The Pantomime of Persuasion: Fit Between Non Verbal Communication and Influence Strategies," *Journal of Experimental Social Psychology*, vol. 47 (2011), 806—810.

11. Amy Cuddy, "Amy Cuddy: Your Body Language Shapes Who You Are," TED.com, October 2012, http://www.ted.com/talks/amy_cuddy_your_body_language_shapes_who_you_are.html (2013년 5월 18일 확인).

12. Janine Shepherd, "Janine Shepherd: A Broken Body Isn't a Broken Person," TED.com, November 2012, http://www.ted.com/talks/janine_shepherd_a_broken_body_isn_t_a_broken_person.html (2013년 5월 19일 확인).

Chapter **FOUR** | 내게 새로운 걸 알려줘

1. Robert Ballard, "Robert Ballard on Exploring the Ocean," TED.com, May 2008, http://www.ted.com/talks/robert_ballard_on_exploring_the_oceans.html (2013년 5월 18일 확인).

2. 타이태닉호 탐험가 로버트 밸러드와 2013년 2월 18일에 인터뷰한 내용.

3. James Cameron, "James Cameron: Before Avatar...a Curious Boy," TED.com, March 2010, http://www.ted.com/talks/james_cameron_before_avatar_a_curious_boy.html (2013년 4월 11일 확인).

4. 같은 자료.

5. John Medina, *Brain Rules* (Seattle, WA: Pear Press, 2008), 32.

6. 같은 책, 265.

7. Martha Burns, "Dopamine and Learning," Indigo Learning, September 21, 2012, http://www.indigolearning.co.za/dopamine-and-learning-by-martha-burns-phd/ (2013년 4월 11일 확인).

8. 같은 자료.

9. Martha Burns, "Dopamine and Learning: What the Brain's Reward Center Can Teach Educators," Scientific Learning, September 18, 2012, http://www.scilearn.com/blog/dopamine-learning-brains-reward-center-teach-educators.php (2013년 4월 11일 확인).

10. Hans Rosling, "Hans Rosling: Stats that Reshape Your Worldview," TED.com, June 2006, http://www.ted.com/talks/hans_rosling_shows_the_best_stats_you_ve_ever_seen.html (2013년 5월 19일 확인).

11. 같은 자료.

12. Nicholas A. Christakis, "The World's 100 Most Influential People: 2012," *TIME*, April 18, 2012, http://www.time.com/time/specials/packages/article/0,28804,2111975_2111976_2112170,00.html (2013년 4월 11일 확인).

13. Susan Cain, "Susan Cain: The Power of Introverts," TED.com, March 2012, http://www.ted.com/talks/susan_cain_the_power_of_introverts.html (2013년 4월 24일 확인).

14. Revolution.com, About Revolution Web site page, http://revolution.com/ourstory/about-revolution (2013년 5월 19일 확인).

15. Fast Company Staff , "Twitter's Biz Stone and Ev Williams and Charlie Rose: The Long and Short of Creative Conversations," *Fast Company* online, http://www.fastcompany.com/3004361/a-conversation-charlie-rose-biz-stone-ev-

williams (2013년 5월 19일 확인).

16. Seth Godin, "Seth Godin: How to Get Your Ideas to Spread," TED.com, April 2007, http://www.ted.com/talks/seth_godin_on_sliced_bread.html (2013년 4월 24일 확인).

17. Gregory Berns, *Iconoclast* (Boston, MA: Harvard Business Press, 2008), 25.

18. Vivienne Walt, "A Mayoral Makeover," *TIME*, October 2, 2005, http://www.time.com /time/magazine/article/0,9171,1112793,00.html#ixzz2KpjEAsKp (2013년 4월 11일 확인).

19. James Flynn, Michael F. Shaughnessy, and Susan W. Fulgham, "An Interview with Jim Flynn about the Flynn Effect," Academic journal article from *North American Journal of Psychology*, vol. 14, no. 1, http://www.questia.com/library/1G1- 281111803/an-interview-with-jim-flynn-about-the-flynn-effect (2013년 4월 11일 확인).

20. Nicholas D. Kristof, "It's a Smart, Smart, Smart World," *The New York Times,* The Opinion Pages, December 12, 2012, http://www.nytimes.com/2012/12/13/ opinion/kristof-its-a-smart-smart-smart-world.html?_r=0 (2013년 4월 11일 확인).

21. 작가 대니얼 핑크와 2013년 2월 13일에 인터뷰한 내용.

22. 미국 워싱턴 의과대학의 발생분자생물학 겸임 교수인 존 머디나와 2008년 6월 27일에 인터뷰한 내용.

23. Docurama Films, "TED: The Future We Will Create Inside the World of TED," 2007, produced and directed by Steven Latham and Daphne Zuniga.

24. Ben Saunders, "Ben Saunders: Why Bother Leaving the House?", TED.com, December 2012, http://www.ted.com/talks/ben_saunders_why_bother_leaving_t he_house.html (2013년 4월 11일 확인).

Chapter **FIVE** | 탄성의 순간

1. YouTube, "Bill Gates Releases Malaria Mosquitoes TED!! Must See," YouTube, February 6, 2009, http://www.youtube.com/watch?v=tWjpVJ8YNtk (2013년 4월 11일 확인).

2. *NBC Nightly News with Brian Williams,* "Bill Gates Bugs Out," February 5, 2009, 본방송, http://bigdonald.com/nbc-nightly-news-with-brian-williams-bill-gates- bugs-out/gait19 (2013년 4월 24일 확인).

3. John Medina, *Brain Rules* (Seattle, WA: Pear Press, 2008), 80.

4. 같은 책, 81.

5. 토론토대학 심리학 교수 레베카 토드와 2013년 2월 25일에 인터뷰한 내용.

6. 같은 자료.

7. Jill Bolte Taylor, "Jill Bolte Taylor's Stroke of Insight," TED.com, March 2008, http://www.ted.com/talks/jill_bolte_taylor_s_powerful_stroke_of_insight.html (2013년 4월 24일 확인).

8. YouTube, "The Neuroanatomical Transformation of the Teenage Brain: Jill Bolte Taylor at TEDxYouth@Indianapolis," YouTube, February 21, 2013, http://www.youtube.com/watch?v=PzT_SBl31-s (2013년 4월 11일 확인).

9. YouTube, "The Lost 1984 Video (The Original 1984 Macintosh Introduction)," YouTube, http://www.youtube.com/watch?v=2B-XwPjn9YY (2009년 1월 30일 확인).

10. YouTube, "The Microsoft Deal—Macworld Boston (1997)," YouTube, December 21, 2012, http://www.youtube.com/watch?v=PjT19XTxZaU (2013년 4월 11일 확인).

11. YouTube, "Apple Music Event 2001-The First Ever iPod Introduction," YouTube, http://www.youtube.com/watch?v=kN0SVBCJqLs&feature=related (2009년 1월 30일 확인).

12. Apple, "Macworld San Francisco 2007 Keynote Address," Apple, http://www.apple.com/quicktime/qtv/mwsf07/ (2009년 1월 30일 확인).

13. Raghava KK, "Raghava KK: My 5 Lives as an Artist," TED.com, February 2010, http://www.ted.com/talks/raghava_kk_five_lives_of_an_artist.html (2013년 5월 19일 확인).

14. Freeman Hrabowski, "Freeman Hrabowski: 4 Pillars of College Success in Science," TED.com, April 2013, http://www.ted.com/talks/freeman_hrabowski_4_pillars_of_college_success_in_science.html (2013년 5월 19일 확인).

Chapter **SIX** | 진솔한 유머

1. Ken Robinson, "Ken Robinson Says Schools Kill Creativity," TED.com, June 2006, http://www.ted.com/talks/ken_robinson_says_schools_kill_creativity.html (2013년 5월 18일 확인).

2. A. K. Pradeep, *The Buying Brain: Secrets for Selling to the Subconscious Mind* (Hoboken, NJ: John Wiley & Sons, 2010), 29.

3. Rod A. Martin, *The Psychology of Humor: An Integrative Approach* (Burlington,

MA: Elsevier Academic Press, 2007), 120.

4. 같은 책.

5. 같은 책, 128.

6. Fabio Sala, "Laughing All the Way to the Bank," *Harvard Business Review*, September 2003, http://hbr.org/2003/09/laughing-all-the-way-to-the-bank/ar/1 (2013년 4월 11일 확인).

7. YouTube, "Jerry Seinfeld on How to Write a Joke," YouTube.com, December 20, 2012, http://www.youtube.com/watch?v=itWxXyCfW5s (2013년 5월 19일 확인).

8. Dan Pallotta, "Dan Pallotta: The Way We Think about Charity is Dead Wrong," TED.com, March 2013, http://www.ted.com/talks/dan_pallotta_the_way_we_think_about_charity_is_dead_wrong.html (2013년 5월 19일 확인).

9. Jill Bolte Taylor, "Jill Bolte Taylor's Stroke of Insight," TED.com, March 2008, http://www.ted.com/talks/jill_bolte_taylor_s_powerful_stroke_of_insight.html (2013년 5월 18일 확인).

10. John McWhorter, "John McWhorter: Txtng Is Killing Language. JK!!!", TED.com, April 2013, http://www.ted.com/talks/john_mcwhorter_txtng_is_killing_language_jk.html (2013년 5월 18일 확인).

11. Juan Enriquez, "Juan Enriquez: The Next Species of Human," TED.com, February 2009, http://www.ted.com/talks/juan_enriquez_shares_mind_boggling_new_science.html (2013년 5월 19일 확인).

12. Chris Bliss, "Chris Bliss: Comedy Is Translation," TED.com, February 2012, http://www.ted.com/talks/chris_bliss_comedy_is_translation.html (2013년 5월 19일 확인).

13. Rose George, "Rose George: Let's Talk Crap. Seriously," TED.com, April 2013, http://www.ted.com/talks/rose_george_let_s_talk_crap_seriously.html (2013년 5월 19일 확인).

14. YouTube.com, "Jim Carrey and Stephen Hawking on Late Night with Conan O'B," YouTube.com, February 26, 2010, http://www.youtube.com/watch?v=sRO4fAevMZQ (2013년 5월 19일 확인).

15. Stephen Hawking, "Stephen Hawking: Questioning the Universe," TED.com, April 2008, http://www.ted.com/talks/stephen_hawking_asks_big_questions_about_the_universe.html (2013년 5월 19일 확인).

Chapter **SEVEN** | 18분의 법칙

1. 캐나다 워털루대학의 경제학 교수 래리 스미스와 2012년 6월 26일에 인터뷰한 내용.

2. Amit Agarwal, "Why Are TED Talks 18 Minutes Long?" Digital Inspiration, February 15, 2010, http://www.labnol.org/tech/ted-talk-18-minutes/12755/ (2013년 5월 18일 확인).

3. 의사소통 연구에서 영향력 있는 학자인 폴 킹과 2012년 12월 3일에 인터뷰한 내용.

4. Roy Baumeister, *Willpower: Rediscovering the Greatest Human Strength* (페이퍼백) (New York: Penguin Books, 2012), 48.

5. Matthew May, *The Laws of Subtraction: 6 Simple Rules for Winning in the Age of Excess Everything* (New York: McGraw-Hill, 2012), xiv.

6. 영미 및 러시아 역사학자이자 거대사로 알려진 학제간 접근의 창시자 데이비드 크리스천과 2012년 12월 13일에 인터뷰한 내용.

7. Neil Pasricha, "Neil Pasricha: The 3 A's of Awesome," TED.com, January 2011, http://www.ted.com/talks/neil_pasricha_the_3_a_s_of_awesome.html (2013년 5월 19일 확인).

8. Kevin Allocca, "Kevin Allocca: Why Videos Go Viral," TED.com, February 2012, http://www.ted.com/talks/kevin_allocca_why_videos_go_viral.html (2013년 5월 19일 확인).

9. Majora Carter, "Majora Carter: 3 Stories of Local Eco-Entrepreneurship," TED.com, December 2010, http://www.ted.com/talks/majora_carter_3_stories_of_ecoactivism.html (2013년 9월 30일 확인).

10. Carmine Gallo, "How to Pitch Anything in 15 Seconds [Video]," *Forbes*, Leadership, July 17, 2012, http://www.forbes.com/sites/carminegallo/2012/07/17/how-to-pitch-anything-in-15-seconds/ (2013년 4월 11일 확인).

Chapter **EIGHT** | 복합적 감각 경험으로 머릿속 그림을 그린다

1. Michael Pritchard, "Michael Pritchard: How to Make Filthy Water Drinkable," TED.com, August 2009, http://www.ted.com/talks/michael_pritchard_invents_a_water_filter.html (2013년 4월 11일 확인).

2. Richard Mayer, "Cognitive Theory of Multimedia Learning (Mayer)," Learning-Theories.com, posted in Cognitive Theories, Learning Theories & Models, http://www.learning-theories.com/cognitive-theory-of-multimedia-learning-mayer.html (2013년 5월 18일 확인).

3. Emily McManus, "TEDsters Talk about Al Gore's Impact," TED.com, October 12,

2007, http://blog.ted.com/2007/10/12/i_was_actually/ (2013년 4월 11일 확인).

4. Elizabeth Blair, "Laurie David: One Seriously 'Inconvenient' Woman," NPR, Special Series Profiles, May 7, 2007, http://www.npr.org/templates/story/story.php?storyId=9969008 (2013년 4월 19일 확인).

5. Carmine Gallo, "Richard Branson: If It Can't Fit on the Back of an Envelope, It's Rubbish (An Interview)" Forbes.com, October 22, 2012, http://www.forbes.com/sites/carminegallo/2012/10/22/richard-branson-if-it-cant-fit-on-the-back-of-an-envelope-its-rubbish-interview/ (2013년 5월 18일 확인).

6. YouTube, "An Inconvenient Truth (1/10) Movie Clip—Science of Global Warming (2006) HD," YouTube, October 8, 2011, http://www.youtube.com/watch?v=NXMarwAusY4 (2013년 4월 11일 확인).

7. Nancy Duarte, "Nancy Duarte: The Secret Structure of Great Talks," TED.com, February 2012, http://www.ted.com/talks/nancy_duarte_the_secret_structure_of_great_talks.html (2013년 5월 19일 확인).

8. John Medina, *Brain Rules* (Seattle, WA: Pear Press, 2008), 84.

9. 같은 책, 233.

10. Bill Gates, "Bill Gates on Energy: Innovating to Zero!", TED.com, February 2010, http://www.ted.com/talks/bill_gates.html (2013년 5월 19일 확인).

11. David Christian, "David Christian: The History of Our World in 18 Minutes," TED.com, April 2011, http://www.ted.com/talks/david_christian_big_history.html (2013년 5월 19일 확인).

12. Bono, "Bono: The Good News on Poverty (Yes, Th ere's Good News)," TED.com, March 2013, http://www.ted.com/talks/bono_the_good_news_on_poverty_yes_th ere_s_good_news.html (2013년 5월 19일 확인).

13. Chris Jordan, "Chris Jordan: Turning Powerful Stats into Art," TED.com, June 2008, http://www.ted.com/talks/chris_jordan_pictures_some_shocking_stats.html (2013년 4월 11일 확인).

14. Lisa Kristine, "Lisa Kristine: Photos that Bear Witness to Modern Slavery," TED.com, August 2012, http://www.ted.com/talks/lisa_kristine_glimpses_of_mod ern_day_slavery.html (2013년 5월 18일 확인).

15. 패스케일 미셸런과 2013년 1월 22일에 인터뷰한 내용.

16. Janine Shepherd, "Janine Shepherd: A Broken Body Isn't a Broken Person," TED.com, November 2012, http://www.ted.com/talks/janine_shepherd_a_broke n_body_isn_t_a_broken_person.html (2013년 5월 19일 확인).

17. Cesar Kuriyama, "Cesar Kuriyama: One Second Every Day," February 2013, http://www.ted.com/talks/cesar_kuriyama_one_second_every_day.html (2013년 5월 19일 확인).

18. Bono, "Bono: The Good News on Poverty (Yes, There's Good News)," TED.com, March 2013, http://www.ted.com/talks/bono_the_good_news_on_poverty_yes_th ere_s_good_news.html (2013년 5월 19일 확인).

19. Roger Ebert, "Roger Ebert: Remaking My Voice," TED.com, April 2011, http://www.ted.com/talks/roger_ebert_remaking_my_voice.html (2013년 5월 19일 확인).

20. Amanda Palmer, "Amanda Palmer: The Art of Asking," TED.com, March 2013, http://www.ted.com/talks/amanda_palmer_the_art_of_asking.html (2013년 5월 19일 확인).

21. Elliot Krane, "Elliot Krane: The Mystery of Chronic Pain," TED.com, May 2011, http://www.ted.com/talks/elliot_krane_the_mystery_of_chronic_pain.html (2013년 5월 19일 확인).

22. Stacey Kramer, "Stacey Kramer: The Best Gift I Ever Survived," TED.com, October 2010, http://www.ted.com/talks/stacey_kramer_the_best_gift_i_ever_sur vived.html (2013년 5월 19일 확인).

Chapter NINE | 자신의 길에 머물러라

1. Sheryl Sandberg, *Lean In: Women, Work, and the Will to Lead* (New York: Alfred A. Knopf, 2013), 139.

2. 같은 책.

3. 하버드 뇌세포정보센터 대변인인 질 볼트 테일러와 2013년 3월 19일에 인터뷰한 내용.

4. Richard Branson, "Richard Branson on the Art of Public Speaking," *Entrepreneur*, February 4, 2013, http://www.entrepreneur.com/article/225627 (2013년 4월 11일 확인).

5. Meredith Lepore, "6 Essential Tips for Work and Life from Warren Buffet," Levoleague.com, Mary 8, 2013, http://www.levoleague.com/career-advice/ warren-buffett-life-tips (2013년 5월 19일 확인).

어떻게 말할 것인가

1판 1쇄 발행 2014년 10월 6일
1판 13쇄 발행 2023년 5월 2일

지은이 카민 갤로
옮긴이 유영훈

발행인 양원석
편집장 김건희
교정교열 김순영
영업마케팅 조아라, 이지원

펴낸 곳 ㈜알에이치코리아
주소 서울시 금천구 가산디지털2로 53, 20층 (가산동, 한라시그마밸리)
편집문의 02-6443-8902 도서문의 02-6443-8800
홈페이지 http://rhk.co.kr
등록 2004년 1월 15일 제2-3726호

ISBN 978-89-255-5358-0 (03320)